STEPHEN MARCHE

AUFSTAND IN AMERIKA

Der nächste Bürgerkrieg – ein Szenario

Aus dem amerikanischen Englisch
von Christiane Bernhardt

Die Originalausgabe erschien 2022 unter dem Titel
»The Next Civil War« bei Simon & Schuster, New York.

Besuchen Sie uns im Internet:
www.droemer.de

Aus Verantwortung für die Umwelt hat sich die Verlagsgruppe
Droemer Knaur zu einer nachhaltigen Buchproduktion verpflichtet.
Der bewusste Umgang mit unseren Ressourcen, der Schutz unseres Klimas
und der Natur gehören zu unseren obersten Unternehmenszielen.
Gemeinsam mit unseren Partnern und Lieferanten setzen wir uns
für eine klimaneutrale Buchproduktion ein, die den Erwerb von Klimazertifikaten
zur Kompensation des CO_2-Ausstoßes einschließt.
Weitere Informationen finden Sie unter: www.klimaneutralerverlag.de

Deutsche Erstausgabe Februar 2022
Droemer Verlag
© 2022 Stephen Marche
© 2022 der deutschsprachigen Ausgabe Droemer Verlag
Ein Imprint der Verlagsgruppe Droemer Knaur GmbH & Co. KG, München
Alle Rechte vorbehalten. Das Werk darf – auch teilweise – nur mit
Genehmigung des Verlags wiedergegeben werden.
Covergestaltung: total italic, Thierry Wijnberg
Coverabbildung: badvviser / iStock
Satz: Adobe InDesign im Verlag
Druck und Bindung: C. H. Beck, Nördlingen
Printed in Germany
ISBN 978-3-426-27875-8

2   4   5   3   1

Für Elijah und Aviva

»Wann aber ist mit dem Herannahen von Gefahr zu rechnen? Ich antworte, sollte sie uns je ereilen, muss sie uns selbst entspringen. Sie kann nicht aus der Fremde kommen. Wenn Zerstörung unser Los ist, müssen wir selbst ihr Urheber und Vollender sein. Als Nation der Freien müssen wir alle Zeiten durchleben oder durch eigene Hand sterben.«

Abraham Lincoln

Inhalt

Einführung in die unmittelbare Zukunft der Vereinigten Staaten

Die Vereinigten Staaten gehen ihrem Ende zu. Fragt sich nur, wie. Die Antwort wird sich auf jede Regierung, jedes Unternehmen, jeden Menschen auswirken.

Das Unvorstellbare ist in Amerika zum Alltäglichen geworden. Clownhafte Mobs schänden das Kapitol, Tränengas und Panzer in den Straßen Washingtons, Straßenschlachten zwischen Demonstranten und Bürgerwehren, bewaffnete Rebellen, die versuchen, amtierende Gouverneure zu entführen, Ungewissheit über einen friedlichen Machtwechsel – läse man all das über ein anderes Land, man würde meinen, der Bürgerkrieg hätte bereits begonnen. Die Vereinigten Staaten gleiten in die Art sektiererischen Konflikt ab, den man üblicherweise in ärmeren Ländern mit einer Geschichte der Gewalt erwartet, nicht jedoch in der beständigsten Demokratie und größten Volkswirtschaft der Welt. Der Fall kam plötzlich. Noch vor einem Jahrzehnt waren die Stabilität und die globale Vormachtstellung selbstverständlich. Die Erinnerung an den 11. September führte zu regelmäßigen Massenbekundungen nationaler Einheit. Die Vereinigten Staaten standen für Ruhm und Glanz der Demokratie. Doch das ist vorbei. Die Solidarität hat sich aufgelöst. Das amerikanische System ist zu einer Fallstudie der Handlungsunfähigkeit geworden. Politische Gewalt ist auf dem Vormarsch.

Der nächste Bürgerkrieg in Amerika wird nicht wie ein Bürgerkrieg in einem kleineren Land aussehen. Die Vereinigten Staaten sind gebrechlich, aber gewaltig. Ihre Militärmacht bleibt unübertroffen. Ihre Wirtschaft bestimmt über die Gesundheit der globalen Ökonomie. Fällt die amerikanische Republik, so fällt die Demokratie als führendes politisches System in der Welt. Fällt die Demokratie, so werden Friede und Sicherheit der globalen Ordnung fallen. Niemand wird den Konsequenzen entkommen.

Die Wahrscheinlichkeit eines Bürgerkriegs

Peter Mansor, ein pensionierter Offizier der amerikanischen Armee und Professor für Militärgeschichte an der Ohio State University, ist ein Veteran des Irakkriegs, der heute die bewaffneten Aufstände der Vergangenheit erforscht. Ihm fällt es nicht schwer, sich etwas Entsprechendes im Amerika der Gegenwart vorzustellen. »Es wäre anders als beim ersten Bürgerkrieg; ohne Armeen, die sich auf dem Schlachtfeld in Stellung bringen«, sagt er. »Ich denke, dass jeder mitmischen könnte, Nachbar gegen Nachbar, basierend auf Überzeugungen, Hautfarbe und Religion. Und es wäre entsetzlich.«

In einer Umfrage, die kurz nach Trumps Wahl durchgeführt wurde, rechneten 31 Prozent der amerikanischen Wähler damit, dass innerhalb der kommenden fünf Jahre ein zweiter Bürgerkrieg ausbrechen würde. In der Zeitschrift *Foreign Policy* bewertete eine Gruppe nationaler Sicherheitsexperten die Wahrscheinlichkeit eines Bürgerkriegs »in den nächsten zehn bis fünfzehn Jahren«. Die Antworten reichten von fünf bis 95 Prozent. Die große Mehrheit bezifferte die Wahrscheinlichkeit mit 35 Prozent. Sachverständige wie Durchschnittsamerikaner schätzen die Wahrscheinlichkeit eines Bürgerkriegs in naher Zukunft als ebenso hoch ein wie die, ein großartiges Blatt von einem Stapel Spielkarten zu ziehen.

Eine Meinungsumfrage der Georgetown University von 2019 wiederum wollte wissen, wie nahe »am Rand eines Bürgerkriegs« amerikanische Bürger ihr Land auf einer Skala von 0 bis 100 verorten würden. Die Gesamtsumme ihrer Antworten ergab einen Wert von 67,23, also beinahe zwei Drittel des Weges. Der Druck nimmt zu, und die Kräfte, die die amerikanische Einheit aushöhlen – die Hyperpolarisierung innerhalb der Politik, die Zerstörung der Umwelt, die wachsende Ungleichheit – werden stärker.

Laut Definition des Center for the Study of Civil War am Peace Research Institute in Oslo spricht man bei einer Anzahl von tausend im Kampf Getöteten innerhalb eines Jahres von einem Bürgerkrieg. Zivile Unruhen liegen laut Definition ab fünfundzwanzig Toten innerhalb eines Jahres vor. 2019 töteten inländische regierungsfeindliche Extremisten in den Vereinigten Staaten 47 Menschen; 2018 waren es 53; 2017: 37, 2016: 72 und 2015: 70. Theoretisch befindet sich Amerika demnach somit bereits in einem Stadium ziviler Unruhen – an der Schwelle zum Bürgerkrieg.

Die Vereinigten Staaten als komplex ineinandergreifendes System *(cascading system)*

Einem Bürgerkrieg liegt nie nur eine einzelne Ursache zugrunde. Eine Vielzahl an Faktoren trägt dazu bei, wenn eine friedliche, wohlhabende Gesellschaft in Gewalt abgleitet. Deren Zusammenspiel ist turbulent, was selbst stabilen Szenarien den Anschein verleiht, aus dem Nichts ins Chaos zu stürzen. Es ist das Wesen komplex ineinandergreifender Systeme, das erklärt, warum das Unvorstellbare dennoch immer wieder geschieht.

Das Unvorstellbare ist nicht gleichzusetzen mit dem Unvorhersehbaren. Der Zusammenbruch wird schneller und plötzlicher eintreten, als irgendjemand erwartet, doch wenn er kommt, wird es jeder gewusst haben. Amerika zerbricht in einer Zeit, in der die Ausbreitung der Risse mit nie da gewesener Klarheit sichtbar wird. Als die NASA kürzlich ihre Klimamodelle analysierte, kam man zu dem Ergebnis, dass die Prognosen bis auf ein Zwanzigstel eines Grades genau waren. Sowohl die detailgenaue Präzision der Modelle als auch die Qualität der Prognosen sind bemerkenswert. Wenn ein Hurrikan der Kategorie eins, zwei oder drei New York trifft – und dass dies geschehen wird, steht außer Frage –, lässt sich bis auf die Straße genau vorhersagen, welche Teile der Stadt unbewohnbar sein werden. Auch die Wahlprognosen bilden die politische Spaltung derart wirklichkeitsgetreu ab, dass ihre Urheber den Ergebnissen manchmal selbst nicht glauben wollen – eine Gruppe von Politikwissenschaftlern etwa weigerte sich, ihrem eigenen Programm zu trauen, als es ihnen mitteilte, dass Trump gewählt würde. Es erschien zu abwegig. Nie traten die Konturen wirtschaftlicher Ungleichheit deutlicher zutage; nie waren ihre Auswirkungen auf die Demokratie so gut untersucht. Bürgerkriegsforscher, die es gewohnt waren, Konflikte im Ausland zu analysieren, werden nun Zeugen davon, wie sich ihre etablierten Muster auf identische Weise im reichsten Land der Welt, dem Zuhause des mächtigsten Militärapparats der Menschheitsgeschichte, wiederholen.

Geschichtsbücher zum Thema Bürgerkriege beginnen üblicherweise mit Kapiteln über das Vorfeld des Konflikts. Im Fall der USA könnte ein solches Kapitel am heutigen Tage geschrieben werden. Die wirtschaftliche und ökologische Instabilität wächst mit jedem Jahr. Die Früchte des Landes kommen nur denen zugute, die ganz an der Spitze stehen. Auf die Regierung, deren Legitimität nie von allen anerkannt wird, kann man sich nicht verlassen. Das Vertrauen in Institutionen jedweder Art nimmt immer weiter ab. Die traditionelle Führungsrolle des Landes schwindet dahin. Die Solidarität im Land erodiert. Selbst wenn ihr eindeutige Mandate erteilt werden, vermag es die Regierung immer seltener, dem Willen ihres Volkes zu entsprechen. Das politische Ränkespiel zu beherrschen, hat Vorrang vor allen anderen Regierungsbelangen. Zwei der vier letzten Präsidenten sahen sich umfassenden Amtsenthebungsverfahren ausgesetzt. Bei zwei der vergangenen vier Wahlen wurde der Sieger, der die Mehrheit der Wählerstimmen auf sich vereinigen konnte, von einem obskuren, aus dem achtzehnten Jahrhundert übernommenen System bezwungen. Die Justizbehörden sind dogmatisch und derart verkrustet, dass das Gesetz außerhalb des politischen Zusammenhangs, in dem es vom Gericht angewandt wird, seine Bedeutung verliert. Massenmorde sind fester Bestandteil der Abendnachrichten. Gewöhnliche Amerikaner weigern sich, auf die Autoritäten zu hören, selbst wenn es um Fragen geht, die für ihr eigenes Überleben ebenso wichtig sind wie für die allgemeine Gesundheit der Bevölkerung.

Seit nunmehr 160 Jahren haben die Vereinigten Staaten Bestand und mit ihnen ein halbgarer Mythos der Einheit. Doch solche Mythen sind zerbrechlich. Selbst die traditionsreichsten nationalen Identitäten, uralte Verbindungen von Menschen und Glaubensrichtungen, können mit erschreckender Geschwindigkeit auseinanderbrechen. Bevor der Irak von ethnisch motiviertem Hass verzehrt wurde, vor 2006 also, lag der Anteil an zwischen Schiiten und Sunniten geschlossenen

Ehen bei 40 Prozent. Die angeblich immerwährende und unüberwindbare Kluft zwischen den Religionen war ein Relikt alter Zeiten – doch dann war es damit wieder vorbei.

Wo auch immer eine Regierung versagt, wann auch immer eine friedliche Machtübergabe scheitert, braucht es nicht weniger als ein Wunder, um wieder zu einer geordneten Demokratie zurückzufinden. Amerika wird keine Ausnahme sein. Wenn sich weder Demokraten noch Republikaner repräsentiert fühlen, wird die Regierung zu etwas degradiert, das es zu bekämpfen gilt. Empörung nährt einen alles verschlingenden Kreislauf der Rache. Und ist die Stabilität im Land erst einmal passé, fällt es leicht, Gründe dafür zu finden, seine Nachbarn zu töten.

Die Auslöser

Die nachfolgenden Szenarien basieren auf den derzeit besten zur Verfügung stehenden Modellen, deren Prognosefähigkeit als gesichert gilt. Es handelt sich dabei also um mehr als um nur begründete Vermutungen. Bei den Auslösern jedoch ist das etwas anderes. Sie sind gründlich recherchiert, entspringen aber der Vorstellungskraft.

Komplexe ineinandergreifende Systeme sind abstrakt. Sie bilden menschliche Opfer nicht ab. In jedem der folgenden Szenarien beschreibe ich daher ein auslösendes Moment, das die menschlichen Opfer aufzeigt. Inspiriert wurde ich dabei von *The Effects of Nuclear War,* einer Studie des damals beim Senatsausschuss zur Außenpolitik angesiedelten Office of Technology Assessment [vergleichbar mit dem Büro für Technikfolgen-Abschätzung im Deutschen Bundestag, Anm. d. Ü.] und das wohl einflussreichste fiktionale Werk der Geschichte.

Aus *The Effects of Nuclear War* entstand der TV-Mehrteiler *Der Tag danach*. *Der Tag danach* übersetzte »abstrakte Maßnahmen strategischer Macht« in verständliche Begriffe und spielte die Folgen eines Nuklearkriegs basierend auf den neuesten wissenschaftlichen Erkenntnissen durch. Ronald Reagan zitierte *Der Tag danach* in seinen Tagebüchern als wichtigste Inspirationsquelle für den Washingtoner Vertrag über nukleare Mittelstreckensysteme.

Die gegenwärtige Krise erfordert ebensolche Prognosen, da so viele Menschen nicht sehen wollen, was sich vor ihren Augen bereits entfaltet. Zugleich ist die Zukunft jedoch grundsätzlich nicht vorhersehbar. Niemand hätte vorhersagen können, dass ein Mitarbeiter bei Cup Foods in Minneapolis einen gefälschten Zwanzigdollarschein melden würde und dass ein Beamter namens Derek Chauvin beim Eintreffen der Polizei einen Mann namens George Floyd aus seinem Auto zerren und sich während der Festnahme für sieben Minuten und sechsundvierzig Sekunden auf dessen Nacken knien und dabei ignorieren würde, dass dieser ihn mehr als zwanzig Mal anflehte, atmen zu dürfen. Niemand hätte vorhersagen können, dass Beamte in Zivil fälschlicherweise in die Wohnung von Breonna Taylor eindringen und sie töten würden. Und noch viel weniger hätte irgendjemand wissen können, dass genau diese Fälle von Polizeigewalt – im Gegensatz zu buchstäblich Tausenden anderen – massive Proteste in den gesamten Vereinigten Staaten entfachen würden. Doch jeder, der den Geschehnissen aufmerksam folgte, hätte längst wissen können, dass die Militarisierung der amerikanischen Polizeikräfte bereits seit Jahrzehnten vorangetrieben wurde; dass die Polizei in den Vereinigten Staaten ihre eigenen Bürger zwischen drei und dreißig Mal öfter erschießt als die Polizei in anderen Ländern; dass große Teile der afroamerikanischen Bevölkerung die Polizei nicht als legitime Hüter der Gerechtigkeit betrachten und dass Protestbewegungen gegen Polizeigewalt seit der Obama-Administration an Fahrt aufnehmen. Breonna Taylor war eine von 48 afroamerikanischen Frauen, die seit 2015 von der Polizei erschossen wurden. Ihr Name, der genaue Umstand ihres Todes – diese Fakten waren nicht abzusehen. Wohl aber das Ereignis selbst sowie seine Nachwirkungen. Inzwischen ist es vollkommen vorhersehbar, dass sich weitere Fälle von Polizeigewalt ereignen werden, und ebenso vorhersehbar ist es, dass ihnen Ausschreitungen folgen.

Die Perspektive der Szenarien

Meine Nationalität beschert mir einen besonderen Vorteil, wenn es darum geht, den drohenden Zusammenbruch Amerikas zu beschreiben. Zivile Konflikte zwingen Menschen dazu, sich für eine Seite zu entscheiden, und ihre Perspektive wird von ebendieser Seite geprägt. Jedem zivilen Konflikt geht Chaos voraus. Doch als Kanadier befinde ich mich außerhalb dieser spezifischen Wirren.

Kanada verhält sich zu Amerika wie Horatio zu Hamlet, es ist ein nahestehender und mitfühlender, zumeist jedoch irrelevanter Zeuge des großen Dramas auf der anderen Seite der Grenze. Ich bin ein Fremder, der in den Vereinigten Staaten gelebt hat, der in den Vereinigten Staaten arbeitet, der die Vereinigten Staaten liebt. Während ich mich in meinem Land ziemlich in der Mitte des politischen Spektrums befinde, möchte ich nicht unterschlagen, dass ein Großteil der Amerikaner meine Ansichten in politischen Fragen als liberal betrachten würden. Ich lebe in einem Land, in dem ein staatliches Gesundheitssystem und Waffengesetze als gegeben hingenommen werden, sogar von Konservativen.

Demokrat oder Republikaner zu sein, gleicht jedoch immer stärker einer Stammeszugehörigkeit als einem Bekenntnis zu einer bestimmten Politik. Und ich gehöre keinem der beiden Stämme an. Als ich quer durch die Vereinigten Staaten reiste, um mir ein Bild von den Umständen vor Ort zu machen, begegnete ich weißen Nationalisten und Black-Lives-Matter-Demonstranten, Waffenhändlern und den Müttern der Opfer von Amokläufen, all das war gleichermaßen fremd für mich, die sogenannten Flyover States in der Landesmitte wie die von Eliten geprägten Küsten, der Norden wie der Süden. Für mich sind das allesamt unterschiedliche Länder. Auch die Experten, die diese Szenarien beeinflusst haben – militärische Führungskräfte, Vollzugsbeamte, Agrarexperten, Umweltaktivisten, Historiker und Politikwissenschaftler –, kommen aus einem breiten politischen Spektrum. Viele sind zeit ihres Lebens Republikaner. Fast die Hälfte würde sich selbst als konservativ bezeichnen. Auch wenn ich keine unterschiedlichen Blickwinkel angestrebt habe, stammen die Menschen, die wissen, wovon sie reden, doch von beiden Seiten. Sie dienen höheren Zielen als der Parteipolitik. Das vorliegende Buch zeugt von diesem Wissen und diesen Zielen.

Die Ablenkung Trump

Jeder vertritt gegenüber Donald Trump eine Meinung. Entweder ist er der letzte Verteidiger der amerikanischen Größe oder eine fundamentale Bedrohung für die Demokratie der Vereinigten Staaten. Entweder ist er ein Kämpfer für traditionelle amerikanische Werte oder ein Verbrecher, dessen einzige Motivation darin besteht, ungestraft davonzukommen. Dabei ist eigentlich unerheblich, was man glaubt. Trump ist weit weniger bedeutend, als beide Seiten annehmen. Das Intelligenteste, das er je über seine politische Laufbahn geäußert hat, sagte er bei einer Pressekonferenz 2017: »Ich bin nicht einfach aufgetaucht und habe das Land gespalten. Das Land war bereits zerrissen, bevor ich hier ankam.« Trump ist – allenfalls – ein Symptom.

Es ist wesentlich, die folgende unbequeme Wahrheit anzuerkennen: Selbst wenn Clinton 2016 gewählt worden wäre, wären alle Kräfte, die auf den Untergang der Republik hindeuten, ebenso mächtig, wie sie es heute sind. Ebenjene Kräfte sind Thema des vorliegenden Buches – die Hyperpolarisierung innerhalb der Politik, die Teilung des Landes in Blau und Rot, der gewaltsame Hass gegenüber der Bundesregierung, der Mangel an wirtschaftlicher Nachhaltigkeit, die einsetzenden Krisen bei der Nahrungsmittelversorgung und der urbanen Umweltsicherheit, der Aufstieg extrem rechter, regierungsfeindlicher patriotischer Milizen. Das amerikanische Experiment war nie darauf ausgelegt, sich dem zu stellen, was den Vereinigten Staaten heute bevorsteht. Unabhängig davon, wer Präsident ist, wird sich daran nichts ändern.

In seiner Siegesrede nach der Wahl von 2020 verkündete Joe Biden »eine Zeit der Heilung«. Reines Wunschdenken. Selbst als der designierte Präsident versuchte, einen versöhnlichen Ton anzuschlagen, lenkte sein noch amtierender Vorgänger nicht ein. Liberale Amerikaner in den großen Städten halten an einer Art verzweifeltem Glauben an die Institutionen ihres Landes fest, der fast schon an Verblendung grenzt. Seit 250 Jahren reden sich die Amerikaner ein, dass ihr Land mit all seinen Idealen und Systemen die Antwort auf die Geschichte ist. Unter diesen Vorzeichen fällt es schwer zu akzeptieren, dass auch man selbst von der Geschichte hervorgebracht wurde, man selbst halb Täter, halb Opfer ist.

Die Hoffnung auf eine Restauration durch Biden ist wahrlich schwach. Barack Obamas Präsidentschaft beruhte auf etwas, das wir aus reiner Höflichkeit als Illusion bezeichnen werden, die Illusion eines höheren nationalen Ziels. Am leidenschaftlichsten und unverfälschtesten artikulierte er diesen Gedanken in seiner 2004 beim Parteitag der Demokraten gehaltenen Keynote. »Es gibt nicht ein liberales Amerika und ein konservatives Amerika – es gibt die Vereinigten Staaten von Amerika. Es gibt nicht ein Schwarzes Amerika und ein weißes Amerika und nicht ein Amerika der Hispanics und der Asiaten – es gibt nur die Vereinigten Staaten von Amerika.« Es war eine schöne Vision, aber auch ein Trugbild. Es gibt sehr wohl ein rotes Amerika und ein blaues Amerika. Sie bilden unterschiedliche Teile der Gesellschaft mit unterschiedlichen Werten ab, und die politischen Parteien sind Botschafter dieser Unterschiede.

Unglücklicherweise scheint es so, als wäre Amerika in einer selbstzerstörerischen Endlosschleife gefangen, in der das kollabierende System Reformen ebendieses Systems verhindert. Die Kongressabgeordneten bringen es noch nicht einmal fertig, sich darauf zu einigen, den gewalttätigen Extremisten nachzugehen, die ihren Geschäftssitz attackiert und ihre Leben bedroht haben. Nach den Trump-Jahren haben die Demokraten versucht, die den amerikanischen Institutionen zugefügten Wunden zu heilen, aber sie halten dabei überwiegend an alten Methoden fest, an den Vereinigten Staaten, in denen sie aufgewachsen sind. Eine Art, die gegenwärtige politische Situation zu deuten, ist, dass die Republikaner den Niedergang der Institutionen schlicht bereits vor den Demokraten bemerkt haben. Indes schließt sich das Zeitfenster, das es ermöglicht, die Demokratie Amerikas zu wahren.

Parteipolitik ist unter diesen Umständen kaum mehr als eine Ablenkung. 2021 wurde der Abgeordnete Mike Nearman aus dem Parlament Oregons ausgeschlossen, weil er den Randalierern, die das Kapitol des Bundesstaates stürmten, eine Tür geöffnet hatte. Die Republikanische Partei hat inzwischen einen gewählten Flügel und einen bewaffneten militanten Flügel. Tatsache ist, dass weder die Parteien noch die Menschen in den Parteien viel Gewicht haben. Einer Seite die Schuld zuzuweisen, nährt eine widersinnige Hoffnung. »Wenn doch nur mehr moderate Republikaner im Amt wären, wenn das Zweiparteiensystem doch nur wieder in den Zustand zurückversetzt werden könnte, in dem es einmal war.« Solche Hoffnungen zeugen nicht nur von Leichtfertigkeit, sondern sind verantwortungslos. Das Problem besteht nicht darin, wer an der Macht ist, sondern in den Strukturen der Macht. Das amerikanische System ist eine archaische Form des Regierens, die den Realitäten des einundzwanzigsten Jahrhunderts nicht im Geringsten gerecht wird. Gefordert ist die Erneuerung seiner Grundlagen, bloß neue Gesichter reichen nicht.

Auch früher schon haben die Vereinigten Staaten gebrannt. Der Vietnamkrieg, die Bürgerrechtsproteste, die Ermordung John F. Kennedys und Martin Luther King jr.s und Watergate – allesamt nationale Katastrophen, deren Erinnerung auch heute noch lebhaft präsent ist. Allerdings haben die Vereinigten Staaten noch nie eine Krise der Institutionen erlebt wie die, mit der sie sich heute konfrontiert sehen. Das Vertrauen in die Institutionen war in den 1960er-Jahren sehr viel größer. Der Civil Rights Act fand bei beiden Parteien breite Zustimmung. Die Ermordung John F. Kennedys wurde kollektiv als nationale Tragödie betrauert. Rückblickend war Watergate der Beweis für ein funktionierendes System. Die Medien berichteten über die Verbrechen des Präsidenten. Die Amerikaner nahmen die Medien ernst. Die politischen Parteien fühlten sich dazu verpflichtet, auf die ans Licht gekommene Korruption zu reagieren. Nichts von alldem könnte man heute mit Sicherheit behaupten. Das politische System Amerikas ist inzwischen derart von Wut ergriffen, dass selbst die grundlegendsten Regierungsaufgaben zunehmend unmöglich sind. Das Rechtswesen verliert mit jedem Tag an Legitimität. Das Vertrauen in die Regierung befindet sich auf allen Ebenen im freien Fall. Ganz ähnlich verhält es sich mit dem Kongress, dessen Zustimmungswerte sich bei etwa zehn Prozent bewegen – tiefer kann er kaum noch sinken. Nichts von alldem ist eine Vorhersage, ein bloßes Gedankenexperiment. All das ist bereits geschehen. In den Ruinen der alten Ordnung erblühen schon heute die grellen Flammen blinden Hasses.

Was bei dem Konflikt auf dem Spiel steht

Dieses Buch ist eine Warnung. Bürgerkriege sind totale Kriege voller Gräueltaten, ausgefochten nicht zwischen professionellen Soldaten, sondern zwischen zivilen Bevölkerungsgruppen. Aufrührerische Konflikte sind Kriege um Bedeutungshoheit, Konflikte, die ausbrechen, weil sich Ideale und die gemeinschaftliche Vision eines Landes zersetzt haben. Genau deshalb sind Kriege gegen Aufständische so teuflisch: weil die Bedeutungshoheit auf dem Spiel steht. Wer für seine Freiheit und seine Seele kämpft, ist bereit, alles zu geben.

Amerika wurde unter dem Motto »Aus vielen eines« gegründet. Wenn aber das eine versagt, werden daraus viele: die

Schwarzen und die Weißen, der Norden und der Süden, die Küsten und das Landesinnere, Juden, Christen, Muslime, Hindus, Mormonen, Scientologen, die Nation of Islam, fünfzig Staaten, die Seminolen und die Sioux, die Blackfeet und die Komantschen, Einwanderer aus allen Ländern der Erde. Wenn man wollte, könnte man Amerika auf 327 Millionen Arten zerbrechen.

Die Kräfte, die Amerika auseinanderreißen, sind sowohl absolut neu als auch so alt wie das Land selbst. Alles, was heute an die Oberfläche drängt, lauert seit Jahrzehnten darunter, wenn nicht seit Anbeginn der Nation. Blutige Aufstände und eine drohende Sezession sind grundlegende Bestandteile des amerikanischen Experiments. Amerika hatte schon immer viele Gesichter, war schnellen Veränderungen unterworfen. Die Frage heute lautet daher nicht, ob die Situation zwischen den Konfliktparteien eskaliert, ja noch nicht einmal, wie der Konflikt verlaufen wird, sondern vielmehr, welches Amerika siegreich aus diesem Konflikt hervorgeht.

Der Wunsch, nicht zu sehen, was kommt

In gewissem Sinne ist die Krise bereits da. Einzig die auslösenden Vorfälle stehen noch aus. Im Fall des ersten Bürgerkriegs ging James Buchanans Rede zur Lage der Nation dem Krieg selbst um fünf Monate voraus. Doch markiert seine Aussage – dass die Sezession gesetzeswidrig sei, er gemäß der Verfassung aber nichts dagegen ausrichten könne – den Moment, in dem sich Amerika spaltete und der Krieg unabwendbar war. Von da an steuerten zwei separate Staatswesen das Land, zwei Rechtsordnungen. Schon vor seiner tatsächlichen Teilung war das Land von Rissen durchzogen.

Am Vorabend des ersten Bürgerkriegs war sein Eintreten weder für die klügsten noch die bestinformierten, noch die hingebungsvollsten Köpfe des Landes absehbar. Selbst als konföderierte Soldaten am 12. April 1861 mit ihrem Bombardement von Fort Sumter begannen, glaubte niemand, dass der erste Bürgerkrieg unabwendbar wäre. Jefferson Davis, der Präsident der Konföderierten Staaten von Amerika, erklärte, das Ereignis, bei dem niemand zu Tode kam, sei »entweder der Anfang eines schrecklichen Kriegs oder das Ende eines politischen Wettstreits«. Es war beides und keines von beidem. Der Krieg hatte bereits früher begonnen. Der politische Wettstreit sollte noch lange danach andauern.

John Quincy Adams Enkelsohn Henry Adams verkündete im Washington des Winters 1861, dass »niemand in Amerika den Bürgerkrieg je gewollt, erwartet oder angestrebt hat«. James Chestnut, der Senator von South Carolina, der sich wie wenig andere darin hervortat, das Eintreffen der Katastrophe heraufzubeschwören, versprach, alles Blut, das während des gesamten Kriegs verschüttet würde, zu trinken. Seinerzeit lautete die gängige Meinung, er müsse dann wohl noch nicht einmal »einen Fingerhut« davon zu sich nehmen. Der Norden war so wenig auf den Krieg vorbereitet, dass sie noch nicht einmal Waffen hatten.

An welchem Punkt genau aber wurde der erste Bürgerkrieg unabwendbar? Eine Frage, die so quälend ist, weil sie nicht beantwortet werden kann. In South Carolina war die Anwesenheit von Delegierten aus Georgia nötig, damit der Süden seinen kollektiven Mut für die Sezession sammeln konnte, darüber hinaus waren die Delegierten aus Georgia da, um die Fertigstellung einer Eisenbahnstrecke zwischen den beiden Bundesstaaten zu feiern. »Ob es wohl zu einem anderen Zeitpunkt und in anderer Form oder überhaupt eine

Spaltung gegeben hätte, wenn der Bau der Eisenbahnstrecke zwischen Charleston und Savannah einen Monat früher oder später abgeschlossen worden wäre?«, fragt der Historiker William Freehling in *The Road to Disunion*. Wäre diese eine Eisenbahnstrecke nur einen Monat später fertiggestellt worden, hätte dies möglicherweise Hunderttausende Amerikaner vor ihrem Tod bewahrt.

Je näher man an einem Ereignis dran ist, desto unvermeidbarer erscheint es. Hätte es einen Krieg gegeben, wenn Lincoln nicht gewählt worden wäre? George Custer, der später General der Union im Norden werden sollte, beschrieb, wie sich in seiner Zeit als Kadett an der Militärakademie West Point die Männer aus dem Süden zur Anlegestelle der Dampfschiffe aufmachten, um sich ihren Bundesstaaten anzuschließen: »Zu weit weg, um mir ein Adieu zuzuwerfen, selbst wenn die Militärdisziplin es erlaubt hätte, erblickten sich mich, als ich die Strafe für meine Regelverstöße widerwillig über mich ergehen ließ, und zogen ihre Hüte zum Zeichen des Abschieds. Erst nachdem ich mich versichert hatte, dass kein wachsamer Vorgesetzter in Sicht war, erwiderte ich ihren Gruß, indem ich meine Muskete präsentierte.« Die beiden Seiten, selbst damals eng durch ihre Bruderschaft verbunden, gingen salutierend auseinander, zogen voll Kummer ab. Schon seit Jahren hatten die Männer von West Point miteinander über die Sklavenfrage gerungen. Der Gedanke, dass sie sich deshalb gegenseitig umbringen würden, schien jedoch absurd.

Doch je weiter man in die Vergangenheit zurückblickt, desto weniger vermeidbar erscheinen die Ereignisse. Wie hätte es nach der Hinrichtung John Browns und den als »bleeding Kansas« in die Geschichte eingegangenen, blutigen Auseinandersetzungen um die Einführung der Sklaverei in jenem

Staat keinen Bürgerkrieg geben können? Wie hätte es keinen Bürgerkrieg geben können, nachdem Preston Brooks, ein Sklavenhalter und Senator, den Abolitionisten Charles Sumner auf dem Boden des Senats mit einem Gehstock mit goldenem Knauf halb totgeschlagen hatte? Wie hätte es keinen Bürgerkrieg geben können, nachdem South Carolina die Schutzzölle des Bundes während der Nullifikationskrise von 1832 ignorierte? Nach den Auseinandersetzungen über das Diskussionsverbot im Repräsentantenhaus, der sogenannten gag order? Im Nachhinein betrachtet, machte es Amerikas »offensichtliche Bestimmung«, seine »manifest destiny«, unmöglich, den Bürgerkrieg abzuwenden. Mit jedem neuen Territorium – Missouri, Kansas, Texas – stellte sich erneut die Frage, ob Amerika ein Land der Sklaven oder ein freies Land sein wollte. Doch darauf gab es keine Antwort. Jedes neue Territorium stellte die unbeantwortbare Frage: Was ist Amerika?

Niemand sah die Katastrophe des ersten Bürgerkriegs kommen, doch als er begann, war er mit einem Schlag unausweichlich. Heute erscheinen die Ereignisse aus der Nähe betrachtet chaotisch und verwirrend, doch wenn man genauer hinsieht, wenn man dahinter blickt, ist es nicht schwer zu erkennen, in welche Richtung sie führen. Trägheit und Optimismus sind starke Kräfte. Es ist so einfach, sich einzureden, es werde schon alles gut gehen. Und es passiert leicht, sich in das unmittelbare Chaos hineinzusteigern, in die Frage, welcher Funke wohl das gesamte Land in Flammen aufgehen lässt. Niemand wünscht sich das, was uns bevorsteht, und daher möchte niemand dem ins Auge sehen, was auf uns zukommt. In den entscheidenden Momenten der Geschichte blickt uns die Zukunft direkt ins Gesicht. Doch wir bringen es nicht über uns, ihren Blick zu erwidern.

Die Vorbereitungen sind bereits in vollem Gange

Es wird diejenigen geben, die meinen, von einem neuen Bürgerkrieg zu reden, sei alarmistisch. Alles, was ich dazu sagen kann, ist, dass die Realität selbst die alarmistischsten Prognosen bereits überholt hat. Stellen Sie sich vor, zehn Jahre in der Zeit zurückzureisen und den Menschen zu erklären, dass der republikanische Präsident die Diktatur Nordkoreas unverhohlen unterstützt. Kein Verschwörungstheoretiker hätte gewagt, sich so etwas je zu erträumen. Alle, die es vorhergesehen haben, sahen es nur schemenhaft. Die Entwicklungstendenzen waren sichtbar; wo sie hinführen würden, nicht.

Schon heute werben Sheriffs freimütig für den Widerstand gegen die Bundesbehörden. Schon heute trainieren und bewaffnen sich Milizen in Vorbereitung auf den Untergang der Republik. Schon heute verbreiten sich die Lehren einer radikalen, unerreichbaren, messianischen Freiheit im Internet, im Talkradio, im Kabelfernsehen und in den Malls. Schon heute dürstet es radikale Patrioten danach, ihre politischen Fantasien mit Gewalt durchzusetzen. Denn das Vertrauen in die Demokratie ist zerrüttet. Im Nachgang der Wahl Bidens kam eine vom Markt- und Meinungsforschungsinstitut YouGov für die Wochenzeitung *The Economist* durchgeführte Umfrage zu dem Ergebnis, dass 88 Prozent der Republikaner nicht glaubten, Biden habe rechtmäßig gewonnen.

Die Geheimdienste anderer Länder setzen bereits Dossiers zur Wahrscheinlichkeit eines Zusammenbruchs Amerikas auf. Regierungen im Ausland müssen sich für ein postdemokratisches Amerika rüsten, eine autoritäre und somit weit weniger stabile Weltmacht. Sie müssen sich für ein gebrochenes Amerika bereitmachen, eines mit vielen unterschiedlichen Machtzentren. Sie müssen sich für ein verlorenes Amerika wappnen, eines, das derart von seinen Krisen eingenommen wird, dass es nicht länger in der Lage ist, innen- oder außenpolitisch zu planen, geschweige denn zu handeln.

Ziel dieses Buches ist es, den Lesenden Zugang zu ebendiesem Informationsvorsprung zu geben. Die folgenden Szenarien sind konkrete Prognosen, keine reinen Produkte der Fantasie. Der kommende Bürgerkrieg ist nicht länger Science-Fiction. Die Pläne für die erste Schlacht wurden bereits entworfen. Und zwar nicht von Schriftstellern. Sondern von ranghohen Offizieren.

Die Schlacht
an der Brücke

Bevor das Töten beginnt, sieht der Aufstand aus wie eine Party. Am Fluss, in der Nähe der Brücke, werden sich die regierungsfeindlichen Patrioten an Lagerfeuern versammeln.

Bei ihren von Fackeln beleuchteten abendlichen Protestkundgebungen werden lebensgroße Puppen verbrannt. Dicke Rauchschwaden und Sprechchöre liegen in der Luft: »Nicht mein Präsident«, »Amerika den Amerikanern«, »Die Brücke bleibt offen«. Allabendlich geraten die Milizionäre in Rage, was live gestreamt wird und immer damit endet, dass Maschinenpistolen in die Luft gereckt werden. Wie ihre Ideologien ist auch ihr Aufzug eine wilde Mischung. Unter ihnen sind Boogaloo Bois in Hawaiihemden, Neo-Konföderierte in voller Montur, Milizionäre, die gekleidet sind, als würden sie gleich auf Wildjagd gehen.

Der Sheriff trägt wie immer seine Uniform – gebügelte schwarze Bundfaltenhosen, ein hellbraunes Hemd, einen schwarzen Stetson. Er ist mit seinen Männern da, um für Ordnung zu sorgen, aber vor allem ist er der Star der Veranstaltung, der Mann, der sich der Regierung im Namen des American Way of Life widersetzt hat, der Freiheitskämpfer, der Rebell. Mit dem Rauch der Lagerfeuer steigt Gelächter in den Himmel. Es liegt eine Häme in dieser Bruderschaft, eine Häme in dem ganzen Spektakel.

Auf der anderen Seite der Bezirksgrenze harren die amerikanischen Streitkräfte schweigend aus. Ihre Stimmung ist gedrückt. Der General, verantwortlich für die erste Full Spectrum Operation im Inneren*, eine Offensive, die Angriff, Verteidigung und zivile Unterstützungsmaßnahmen miteinander verbindet, hat seine Befehle. Dennoch, diese Stunden sind betäubend. Der General fürchtet den Feind nicht. Die Protestkundgebungen ähneln eher Halloween als einer Bewegung. Sie ziehen eine Ansammlung wütender, leicht aberwitziger Fanatiker an. Selbst den Sheriff umweht ein Hauch des Versagens – als würde er in Tränen ausbrechen, wenn ihm jemand seinen schwarzen Stetson vom Kopf schlägt. Die regierungsfeindlichen Patrioten sind mit Maschinenpistolen bewaffnet, mit unkonventionellen Spreng- und Brandvorrichtungen und unterschiedlichen selbst gebauten Waffen, darunter hochgerüstete Panzerfäuste und improvisierte Drohnen. Der General weiß, dass ihre Feuerkraft, so imposant sie auf Zivilisten auch wirken mag, nicht viel gegen eine Berufsarmee ausrichten kann. Er hat Apache-Kampfhubschrauber und Marines.

Die »Autobahnarmee«, wie CNN die Truppen der regierungsfeindlichen Patrioten getauft hat, die sich an der Brücke versammelt haben, bedrohen die Hoheitsgewalt der Vereinigten Staaten. Dennoch hegt der General Zweifel. Handelt es sich bei ihnen um eine ernst zu nehmende Gefahr für die Union oder ist es doch nur ein Haufen Hooligans, die Dampf ablassen? Sind es Landesverräter oder Festivalbesucher? Die

---

* Der General, der mit mir über die Planung von Full Spectrum Operationen im Inneren sprach, tat dies aufgrund von Drohungen nur unter der Bedingung, dass seine Anonymität gewahrt bliebe. Nachdem regierungsfeindliche Patrioten Wind davon bekommen hatten, dass er an den Entwürfen von Kampfszenarien auf Heimatboden mitgewirkt hatte, stellten sie in seiner Nachbarschaft Reklametafeln auf, auf denen die Frage gestellt wurde, warum er einen Angriff auf die Unabhängigkeit seines Landes plane. Das FBI, und mehr noch seine Ehefrau, sorgten sich um seine Sicherheit. Ich danke ihm für seinen Mut, mit mir zu reden.

Entscheidung, amerikanische Soldaten einzusetzen, um amerikanisches Blut zu vergießen, unterscheidet sich von einem Polizeieinsatz, ja selbst von einem konzertierten Einsatz einer Bundesbehörde. Der General steht kurz davor, Krieg gegen amerikanische Bürger zu führen, denen die Meinungs- und Versammlungsfreiheit zusteht, die jedes Recht haben, Waffen zu besitzen.

Und wie würde so ein Blutbad aussehen? Sechzig Jahre Erfahrung haben die Amerikaner immer wieder die gleiche Lektion über die Bekämpfung von Aufständen gelehrt. Wer verliert, verliert. Wer gewinnt, verliert auch. Aber der General hat seine Befehle. Ihm bleibt keine andere Wahl, als den nächsten Bürgerkrieg zu beginnen. Niemand wird sich fühlen, als hätte er eine Wahl.

Bürgerkriegsvorbereitungen des rechten Flügels

Unmittelbar nach der Wahl Bidens kam es zu einem deutlichen Anstieg von Aufrufen zu aktivem bewaffnetem Widerstand gegen die Bundesregierung. Mehrere der Anwälte des noch amtierenden Präsidenten riefen zu Gewalttaten gegen Wahlhelfer auf. Der ehemalige General und Trump-Verbündete Michael Flynn forderte den Ausnahmezustand. Anschließend forderte er einen gewaltsamen Militärputsch im Stil Myanmars. Ein Redner bei einer von Donald Trump jr. veranstalteten Kundgebung sagte: »Wir sind bereit, zu schießen.« Das Ausmaß der Gewaltrhetorik mag neu gewesen sein, der Inhalt war es nicht. Seit 2008 bereiten sich amerikanische Konservative aktiv auf einen Bürgerkrieg vor. Sie haben sich intellektuell dafür gerüstet, indem sie einen Bürgerkrieg vorhergesagt und seinen Verlauf verbal erprobt haben.

Materiell haben sie sich mit Waffenkäufen und durch Training gewappnet.

Es ist nicht mehr zutreffend, Bürgerkriegsbefürworter als »rechtsradikal« zu bezeichnen. Vor 2008 hatten nur die extremsten Gruppen an den Rändern der konservativen Bewegung sezessionistische Bestrebungen. Inzwischen ist die Bereitschaft zur gewaltsamen Rebellion gegen die Bundesbehörden im Mainstream angelangt. Am 12. September 2016, als sich das Gros der Experten mehr oder minder darüber einig war, der Sieg Hillary Clintons stünde kurz bevor, wiegelte Matt Bevin, damals Gouverneur von Kentucky, sein Publikum zu gewalttätigem Widerstand auf. »Jemand hat mich gestern bei einem Interview gefragt: *Halten Sie es für möglich, dass, wenn Hillary Clinton die Wahl gewinnt, wir überleben werden, dass wir uns als Volk davon erholen könnten?*«, erzählte er der Menge beim Values Voters Summit in Washington, D. C. »Und auch wenn andere, die auf dieser Bühne standen, sagten, es wäre nicht möglich, bin ich da anderer Meinung. Ich denke, es wäre möglich, aber um welchen Preis? Um welchen Preis? Womit werden die Wurzeln des Freiheitbaums gewässert? Mit wessen Blut? Dem der Tyrannen, gewiss, aber mit wessen Blut noch? Dem der Patrioten! Wessen Blut wird vergossen werden? Möglicherweise das der in diesem Raum Versammelten. Möglicherweise das unserer Kinder und Enkelkinder.« Der Mann, der hier spricht, ist nicht irgendein Kerl, der seinem Ärger in einem Facebook-Post Luft macht, oder ein Verschwörungstheoretiker, der seinen finsteren Unfug aus irgendeiner Straßenecke speit. Es ist der Gouverneur von Kentucky, der hier einen blutigen Aufstand heraufbeschwört.

Schwammige Prophezeiungen des Untergangs der Republik gehören seit den 1990er-Jahren zum Hauptprogramm des rechten Talkradios. In letzter Zeit jedoch wurden die Rufe nach einer Abspaltung konkreter. »Das Land steuert auf einen Bürgerkrieg zu, insofern es zwei Seiten gibt, die einander einfach nur hassen, und wenn Robert Mueller es so will, ist da ein großer roter Knopf in der Mitte des Tisches«, sagte der Fernsehmoderator Sean Hannity am 2. April 2018 auf Fox News. »Und wenn Robert Mueller so wichtigtuerisch und arrogant und machthungrig und korrupt ist, dass er den roten Knopf drückt, wird er damit eine Schlacht entfachen, wie wir sie in diesem Land noch nie zuvor erlebt haben.«

Das Genre »Bürgerkriegs-Fantasy«, das umfassender ist, als man es sich vielleicht vorstellt, findet fast ausschließlich im rechten Spektrum statt. Die Abspaltung Texas' von der Union bietet besonders reichhaltigen Stoff. Eine bewaffnete Auseinandersetzung mit der Bundesregierung ist heutzutage eine der populärsten Wunschvorstellungen in den Vereinigten Staaten. Manchmal ist den Möchtegern-Kriegern bewusst, dass sie nur so tun als ob. Beim American MilSim – einem Extremsport, der historisches Reenactment mit militärischen Live-Action-Simulationen verbindet, um realen Kampfhandlungen so nahe wie möglich zu kommen – dienen Szenarien amerikanischer Aufstände als glaubwürdige Hintergrundkulisse.

Weitaus mehr Amerikaner sind sich jedoch nicht darüber bewusst, dass sie sich nur etwas zusammenfantasieren. 2015 gab die in den Vereinigten Staaten routinemäßig durchgeführte Militärübung Jade Helm 15 Anlass zu einer gewaltigen Anzahl an Verschwörungstheorien. Millionen glaubten, ihre eigene Regierung bereite die amerikanische Bevölkerung auf eine Invasion Chinas vor. Andere waren der Überzeugung, die Übung falle mit der Kollision eines Asteroiden zusammen. Der rechte Radiomoderator und Verschwörungstheoretiker Alex Jones behauptete, dass »Helm« ein Akronym sei und für »Homeland Eradication of Local Militants« stehe, also für die »Auslöschung lokaler Milizen auf Heimatboden«. Der texanische Gouverneur Greg Abbott, offensichtlich von der Annahme befeuert, die Bundesregierung habe vor, die Kontrolle über Texas mit Gewalt an sich zu reißen, entsandte die texanische Staatsgarde, um die Operation zu überwachen. Die Desinformations-Pipeline mündet in reale Macht: Internetgenerierte Hirngespinste geistern durch die konservativen Medien und dringen von dort in die Arena der Politik. Der Gouverneur von Texas reagiert mit der Entsendung von Truppen auf Theorien, die jeglicher realen Grundlage entbehren.

Der Wunschtraum eines Bürgerkriegs hat sich auf allen Ebenen der amerikanischen Konservativen fest etabliert – in radikalen Gruppen, unter Medienpersönlichkeiten, bei gewählten Amtsträgern. Ein Symbol wird genügen, ein Aufhänger, an dem sie ihre Wut, ihr Gefühl, bedroht zu sein, festmachen können, damit sie ihre Überzeugung ganz auf die Fantasievorstellung einer säubernden Gewalt lenken.

Die Brücke

Wenn die Schlacht beginnt, wird keiner sich mehr daran erinnern, dass eine Brücke ihr Auslöser war. Keine wichtige Brücke, nicht eine der großen menschlichen Leistungen, die zu den Errungenschaften Amerikas zählen. Nicht die Brooklyn Bridge, nicht die Golden Gate, sondern eine kleine zweispurige Brücke, um deren Benennung sich niemand geschert hat. Eine Brücke über einen Fluss, den gewöhnliche Menschen überqueren müssen, in einem kleinen ländlichen Bezirk, in dem man die Bundesregierung verachtet und beschließt, sich ihren Vorschriften nicht länger zu beugen. Für die extreme Rechte wäre diese Brücke das perfekte Symbol.

Nichts verkörpert die zugrunde gehende amerikanische Regierung mehr als ihre Brücken. Von den 616 087 Brücken Amerikas sind beinahe 40 Prozent fünfzig Jahre oder älter. Die Vereinigten Staaten ließen Infrastrukturwunder bauen, kümmerten sich danach aber nicht mehr um ihren Erhalt. Die Instandhaltung erfordert Geld, und niemandem fällt eine Brücke auf, solange sie nicht gefährlich ist. Aktuell beläuft sich der Rückstand für Brückensanierungen auf 171 Milliarden Dollar. 2016 waren beinahe zehn Prozent der Brücken des Landes baufällig. Die Brücke, die zum Auslöser der ersten Schlacht des kommenden Bürgerkriegs wird, könnte jede von ihnen sein.

An dieser einen Brücke tauchen Beamte des Verkehrsministeriums für eine Routineinspektion auf. Sie finden bröckelnden Beton vor, Wasserschäden durch unsachgemäße Dichtstoffe und dünn gewordene Knotenbleche, aus denen die Nieten herausbrechen könnten. Es bleibt ihnen keine Wahl, als die Aufsicht führende Behörde des Bezirks anzuweisen, die Brücke als Gefahr für die öffentliche Sicherheit zu schließen. Es wird allerdings auch nicht einfach werden, die Brücke wieder instand zu setzen. Die Umweltschutzbehörde fordert eine Umweltprüfung, bevor die Reparaturen durchgeführt werden. Aufgrund von Budgetkürzungen und dem Rückstau von Infrastrukturprojekten mit angeordneter Überprüfung kann die Umweltschutzbehörde keine Frist festsetzen. Einstweilen wird die Brücke mit Betonpfeilern und Stacheldraht abgesperrt. Autofahrer müssen einen langen Umweg auf sich nehmen.

Eines Morgens wird der Sheriff aufwachen und feststellen,

dass seine Wähler fuchsteufelswild sind. Die politischen Hintergründe spielen keine Rolle, die Bürger des Bezirks werden sie noch nicht einmal zur Kenntnis nehmen. Sie sind nur sauer, dass ihnen ihre Brücke weggenommen wurde. Wenn der Sheriff im örtlichen Diner neben den Büros der Bezirksverwaltung einen Zwischenstopp einlegt, muss er sich einiges von seinen Leuten anhören. Wofür gibt es überhaupt eine Regierung, wofür zahlt man eigentlich Steuern, wenn nicht dafür, Brücken offen zu halten?

Selbst tief eingetaucht in die rechtskonservative Sphäre des Internets und aktives Mitglied der Constitutional Sheriffs, die der Ansicht sind, dass lokale Behörden sich der Bundesregierung generell nicht unterzuordnen haben, beschließt dieser Sheriff, ein Held zu werden. In einem Anfall von Entrüstung und mit der festen Überzeugung, einen Dienst an der Gemeinschaft zu tun, setzt er sich auf einen Bagger und schiebt die Betonpfeiler und den Stacheldraht kurzerhand zur Seite, um die geschlossene Brücke wieder zu öffnen. Ein lokaler Fox-Ableger berichtet über den Vorfall. Es ist ganz großes Fernsehen – der Sheriff, der lachend den Bagger bedient, um die Beton-Barriere beiseitezuschieben. Das ist seine erste Straftat, da er keinen Führerschein für Baumaschinen besitzt. In dem Interview, das der Brückenräumung folgt, steht er steif da in seiner gebügelten und gestärkten Uniform. Seinen Stetson behält er auf dem Kopf.

»Warum haben Sie die Brücke geöffnet, Sheriff?«, fragt der Reporter.

»Sehen Sie, die verehrten Vertreter des Verkehrsministeriums und die sogenannte Umweltschutzbehörde verstehen die Bedürfnisse der Menschen dieses Bezirks einfach nicht. Ich aber schon.«

»Erwarten Sie Schwierigkeiten vonseiten der Regierung?«

Der Sheriff lächelt. »Ich erinnere mich daran, dass Ronald Reagan einmal gesagt hat, die neun beängstigendsten Wörter der englischen Sprache seien *Ich bin von der Regierung und möchte Ihnen helfen.*«

»Sheriff, haben Sie mit dem Verkehrsministerium oder der Umweltschutzbehörde gesprochen?«

»Ich denke nicht, dass ich mit denen sprechen muss. Ich gehe mal davon aus, dass die Doktrin der Interposition allgemein bekannt ist.«

»Was entgegnen Sie denen, die sagen, die Brücke sei gefährlich?«

Der Sheriff zuckt mit den Achseln. »Dies ist ein freies Land. Jeder kann sich entscheiden, die Brücke zu benutzen oder es zu lassen. Wissen Sie, mein Opa hat immer gesagt, das Leben ist nun mal gefährlich.«

Der Opa-Kommentar katapultiert den Ausschnitt ins Hauptprogramm. Fernsehsender greifen das Drama an der Brücke auf: Die satirische *The Late Show* macht sich darüber lustig, dass die Konservativen an das »gottgegebene Recht glauben, bei Brückeneinstürzen zu sterben«. Fox-Moderator Tucker Carlson lässt sich zehn Minuten lang darüber aus, warum es für die linken Medien so bequem geworden ist, sich über die Polizei lustig zu machen. Er kommt zum Schluss, dass sie den Sheriff drangsalieren, weil er eine offizielle Institution ist, die etwas getan hat, was zur Abwechslung einmal dem Willen der Menschen entsprochen hat. Das *Wall Street Journal* veröffentlicht eine Aufmacherseite mit der Überschrift »Ein neuer Horatio auf einer alten Brücke«. Von Anfang an spaltet der Sheriff Amerika entlang der Kluft, die es bereits entzweit.

Im Fokus: Ein interpositioneller Sheriff

Sie müssen sich diesen störrischen Sheriff nicht vorstellen. Sie können ihn auf der Stelle in Fleisch und Blut kennenlernen.

Bis zum heutigen Tage ist Richard Mack stolz darauf, dass er eine geschlossene Brücke wieder öffnete, als er von 1988 bis 1996 Sheriff von Graham County, Arizona, war. »Wir hatten eine Brücke im Osten des Bezirks, und zwei unterschiedliche Behörden erklärten uns, wir könnten die Brücke nicht reparieren«, erinnert er sich, und in seiner Stimme schwingt ein Ton vergnügter Verachtung mit. »Die Umweltschutzbehörde und das Pionierkorps des Heeres der Vereinigten Staaten sagten zu uns, wir dürften sie nicht instand setzen, bevor sie nicht ihre Umweltverträglichkeitsstudie abgeschlossen hätten. Nun, das zog sich zehn, elf Monate hin. Und schließlich fassten die Verwaltungsbeamten des Bezirks den Mut und entschieden einstimmig, dass die Brücke repariert wird. Daraufhin drohte die Bundesregierung damit, die Verwaltungsbeamten und alle Bauarbeiter vor Ort festzunehmen. Da habe ich mich eingeschaltet. Ich sagte zu ihnen: *Ich komme mit allen gut aus, aber in meinem Bezirk nehmt ihr niemanden fest, Leute. Wenn ihr irgendeinen Versuch startet, jemanden in meinem Bezirk festzunehmen, werde ich euch festnehmen. Ihr könnt nicht einfach hierherkommen und versuchen, uns davon abzuhalten, eine Brücke zu reparieren.*« Mack glaubt an die Lehre der Interposition – »sich in den Weg stellen« –, die Pflicht des Sheriffs, staatlichen Übergriffen entgegenzutreten. »Die Gründerväter haben einen Krieg geführt, um sich staatlichen Übergriffen zu widersetzen«, ergänzt er. Im Fall *Cooper vs. Aaron* von 1958 wies der Supreme Court die Rechtmäßigkeit der Interposition jedoch ab, sei es auf Ebene eines Bezirks oder auf der eines Bundesstaates. Dieses klare Urteil hat der Beliebtheit des Konzepts bei den örtlichen Polizeibehörden keinen Abbruch getan.

Mack ist nicht allein mit seinen Ansichten über die Macht, die dem Amt des Sheriffs innewohnt. Die Constitutional Sheriffs and Peace Officers Association hat über fünftausend Mitglieder. So also sehen regierungsfeindliche Patrioten mit Einfluss aus. »In den Bezirken hat das FBI nur wenig zu sagen«, so Mack. Seine Befugnisse sind auf Ermittlungen wegen Geldfälschung, Landesverrat, Grenzschutz, Produktpiraterie und Verstöße gegen das Vertragsrecht beschränkt. Der Sheriff hingegen ist für Mack eine heilige Figur, der gemäß der Verfassung die Aufgabe zukommt, sich der Bundesregierung entgegenzustellen. »Die Bundesregierung sollte nicht groß sein«, sagt er. »Die Bundesregierung war darauf ausgelegt, klein und machtlos zu sein.« Die Sheriffs, die überall in den Vereinigten Staaten gewählt werden, sind da, um für diese Machtlosigkeit zu sorgen, glaubt er.

Die Vereinigten Staaten hatten den Widerstand gegen die Regierung schon immer im Blut. Der Widerstand wird lauter und wütender.

**Die politischen Konsequenzen der
»Informationsverschmutzung«**

Der nächste Bürgerkrieg wird ein Krieg um die Bedeutungshoheit sein. Die Spaltung beginnt bei den Informationssystemen – den Medien, der Maschinerie der Wahlkampfpolitik, dem Internet und den sozialen Netzwerken. Jede seit der Entstehung der sozialen Medien durchgeführte Studie zum Thema Viralität hat gezeigt, dass moralische Entrüstung, gleich nach dem Erleben von etwas wahrhaft Erhabenem, zweitstärkster Treiber für Traffic ist. Kombiniert man die Macht der Empörung mit dem geringen Risiko, hinter einem Bildschirm moralisch verurteilt zu werden, und dem, was Psychologen »Reduktion von empathischem Stress« nennen, die grundsätzliche Unmenschlichkeit also, die die Anonymität des Internets erlaubt, erhält man einen mächtigen Apparat der Entmenschlichung, ganz egal, mit welchen Inhalten er gefüttert wird.

Dieses Phänomen beschränkt sich keineswegs nur auf die Vereinigten Staaten. Die gleichen Auswirkungen konnten in Bangladesch, im Mittleren Osten und an anderen Orten beobachtet werden – mit unzähligen Toten als Folge.

Da die Informationsnetzwerke von Wut angetrieben werden und diese Netzwerke Bedeutungen produzieren, sollte es kaum überraschen, dass die Sheriffs des 21. Jahrhunderts liebend gerne wütende Shows abziehen. Sie wollen berühmt sein. 2017 ignorierte der Gesetzeshüter Joseph Arpaio die Verfügung der Bundesregierung, die ihm »Razzien unter Einwanderern« untersagte, doch selbst nachdem er der kriminellen Missachtung des Gerichts für schuldig befunden wurde, begnadigte ihn Präsident Trump. Seine Begnadigung verdiente er sich durch seine Bekanntheit. In seinem Gefängnis Tent City, das zwischen 1993 und 2017 betrieben wurde und in dem die Erniedrigung der Kriminellen als wichtiges Abschreckungsmittel diente, bestand er darauf, dass Häftlinge pinkfarbene Unterwäsche trugen. Zu Promo-Zwecken für seine Buch-Tour verkaufte er pinke Handschellen. Aber es ist nicht nur Arpaio. Der Trump-nahe Sheriff David Clarke trug bei seinen Medienauftritten zweiundzwanzig Abzeichen, obwohl er nie in der Armee gedient hat.

Die Informationsnetzwerke der Vereinigten Staaten sind zu Polarisierungsmaschinen geworden. Sie arbeiten mit Wut, durch Wut und auf Wut hin. Die Dynamik der Viralität unterscheidet sich nicht von der der Spaltung. Die Wucht des Spektakels treibt die amerikanische Politik aufseiten der Rechten wie der Linken an. Doch das Spektakel fordert immer größere Einsätze. Es verzerrt die Perspektive. Aus kleinen, unwesentlichen Themen – wie der Schließung einer ländlichen Brücke – werden so gravierendste Fragen wie die, ob die Bundesregierung Befehlsgewalt besitzt.

Das Spektakel des Sheriffs

Ist der Sheriff erst einmal eine Berühmtheit, steht die Brücke ständig im Mittelpunkt der medialen Aufmerksamkeit.

Mit Fox News spricht der Sheriff in ernstem Tonfall über die Notwendigkeit, der Bundesregierung Zügel anzulegen, und über seinen Antrieb, sich die Freiheit zurückzuholen. »Dieses Land ist nicht darauf gebaut, Brücken zu schließen«, sagt er. »Es ist kein Land, das von Bürokraten errichtet wurde. Und es ist auch kein Land, das von Männern erschaffen wurde, die auf Bürokraten hören.« Für das Talkradio und die großen Nachrichtensender wird er automatisch zum Helden, erscheint allabendlich in ihren Sendungen. Der Sheriff wird mit weißen Nationalisten ebenso bereitwillig sprechen wie mit Vertretern von Stätten des europäischen Kulturerbes.

Unweigerlich wird er zum Meme, klein geschnitten, parodiert, »pornifiziert«, mit Musik untermalt, vergöttert, dämonisiert, angebetet, in Horrorfilmparodien, in alte Fernsehsendungen oder ältere Memes eingefügt, ein weiteres Bild, das zerstört und neu zusammengesetzt werden kann. Für Liberale ist er ein Furcht einflößender Autokrat, ein Sinnbild des Landes, das sich selbst in Stücke reißt. Für die Konservativen der Mitte steht er für die Hingabe an den Minimalstaat. Dem Talkradio-Unterhaltungskomplex serviert er eine Verhöhnung der politischen Ordnung und wirft mit weitschweifigen Tiraden um sich, die die Einschaltquoten in die Höhe schnellen lassen. An den Rändern, für die extreme Rechte ist er schlichtweg ein Held.

Spricht er mit Leitmedien wie der *New York Times* oder der *Washington Post,* tritt er eher höflich und gemäßigt auf und stellt seine Volksnähe in den Vordergrund. »Ich wollte einfach nicht zusehen, wie den Leuten ihre Bewegungsfreiheit genommen wird«, sagt er gegenüber dem *Boston Globe.* »Ich denke, es ist einfach meine Aufgabe, den Menschen den Weg frei zu machen.«

»Dabei stellen Sie sich allerdings in den Weg der Regierung.«

»Tja, so ist das wohl. Ich kann mir nicht vorstellen, dass ich momentan viele Freunde in Washington habe. Aber es ist eben auch meine Aufgabe, den Leuten die Regierung vom Hals zu schaffen.«

Bei Fox News und anderen Rechtsauslegern der Medienlandschaft wirkt er ernster, weniger zu Späßen aufgelegt. Nachdem einer seiner Interviewpartner sich lang und breit darüber auslässt, dass die Regierung die Umweltschutzbehörde und andere Bundesbehörden dazu benutzt, um die Interessen von Schwarzen und Juden vor denen der Weißen voranzubringen, sagt er nichts, außer: »Ich verstehe, was Sie meinen.« Er stimmt nie zu und widerspricht auch nicht, was es den etablierten Medien erlaubt, ihn nicht als bloße Randfigur abzutun.

»Was haben Sie vor, wenn erst mal das FBI hinter Ihnen her ist?«, fragt Fox-News-Moderator Geraldo Rivera während einer Livesendung.

»Nun, Sir, wenn das FBI irgendjemanden hier in diesem

Bezirk verhaften wollte, müsste es zunächst den Sheriff zurate ziehen.«

»Und Sie verfügen da über gute Kontakte?«

»Ich meine, den Sheriff ziemlich gut zu kennen.«

Stets ungezwungen, immer in seiner gebügelten und gestärkten Uniform, immer mit seinem Stetson-Hut, ist der Sheriff Karikatur und Legende zugleich. Seine Bescheidenheit scheint ebenso grenzenlos wie seine Arroganz, seine Härte und Förmlichkeit wird durch die Verletzlichkeit in seinen Augen ausgeglichen. Dieser Mann der leisen Missachtung verbreitet das Gefühl, die Welt stehe kurz vor ihrem Niedergang, dass das letzte Fünkchen Anstand so gut wie erloschen sei, dass er allein sich der Flutwelle entgegenstelle, die drauf und dran ist, die Welt zu verschlingen. Die eine Hälfte der amerikanischen Bevölkerung liebt es.

Schnurstracks wird er zu zwei Memes. Das »Opa hat gesagt«-Meme, bei dem ihm ein Journalist eine äußerst komplizierte oder unbeantwortbare Frage stellt – »Wie können wir die Klimakrise lösen, zugleich das Wirtschaftswachstum aufrechterhalten und das Einkommensgefälle verringern?« oder »Warum lässt ein liebender allmächtiger Gott es zu, dass Kinder an Krebs erkranken?« –, und der Sheriff darauf in der nächsten Szene mit »Opa hat gesagt …« antwortet. Das andere, das »Ich bin so ungezwungen«-Meme, zeigt das Bild des ach so ungezwungenen Sheriffs, das in immer absurdere Situationen hineingeschnitten wurde – auf einen Berggipfel, in eine Pornostar-Orgie aus den 1990ern, in eine Szene aus einem der Horrorthriller der *Saw*-Reihe.

Langsam machen sich Milizen im Landkreis des Sheriffs breit. Sie bringen Flaggen mit. Es sind keine amerikanischen Flaggen.

Wie man sich die extreme Rechte Amerikas vorzustellen hat

In den vorliegenden Szenarien verwende ich den Begriff »regierungsfeindliche Patrioten«, um die extreme Rechte der Vereinigten Staaten zu beschreiben. Ich glaube, dass dieser Ausdruck die grundlegende Verbindung zwischen einer äußerst heterogenen Ansammlung verschiedener Gruppierungen erfasst. Sie hassen die Regierung, lieben aber das Land. Durch die Intensität ihres Hasses auf die Regierung drücken sie ihre Liebe für ihr Land aus. Sie sind davon überzeugt, dass die Bundesbehörden das wahre Amerika zerstören.

Diese Grundüberzeugung findet ihren Ausdruck auf Hunderte, wenn nicht gar Tausende verschiedene Arten. Um den sich ständig verändernden Überzeugungen der extremen Rechten auf der Spur zu bleiben, müsste darüber täglich, manchmal sogar stündlich berichtet werden. Wie Metastasen wuchern Verschwörungstheorien unaufhörlich im konservativen Lager Amerikas. Wer zu den Boogaloo Bois zählt, wird sich bis zum Zeitpunkt der Drucklegung dieses Buches verändert haben. Angetreten sind sie als rechtsextreme White-Power-Gruppierung, haben sich inzwischen aber bereits in einen Rassenkrieg-Flügel und einen libertären Flügel aufgespalten. Einige von ihnen wiederum sind in letzter Zeit bei Black-Lives-Matter-Demonstrationen in Erscheinung getreten, um die Protestierenden zu unterstützen. Ganz ähnlich hat sich QAnon – eine ausufernde Verschwörungstheorie, die auf der Überzeugung basiert, hochrangige Politiker der Demokraten wären in einen internationalen Kinderhändlerring involviert – in eine ganze Reihe von Verschwörungserzählungen verwandelt, deren Dreh- und Angelpunkt der *Deep State* ist. Diese Ideologien sind instabil und doch überraschend langlebig; sie werden immer wieder aufs Neue über den Haufen geworfen und umgestaltet.

Die extreme Rechte reicht in Amerika heute von Männern und Frauen, die nur wenige Schritte entfernt von den konservativen Minimalstaatanhängern stehen, bis zu handfesten Kriminellen und Geisteskranken. Die Gründe, aus denen sie die amerikanische Regierung hassen, sind mannigfaltig. Unter ihnen sind Leute, die gegen Steuern protestieren und glauben, dass die Einkommenssteuer unrechtmäßig wäre, und dann gibt es die Souveränen Bürger (»sovereign citizens«), die davon überzeugt sind, der Vierzehnte Verfassungszusatz* sei ungültig. Auch stilistische Differenzen sind von Belang. Anders als der Ku-Klux-Klan vertritt die Alt-Right-Bewegung einen aufpolierten Rassismus. Es gibt kompromisslose Anhänger des Zweiten Verfassungszusatzes, es gibt Minutemen, Sagebrush-Rebellen** und es gibt Bürgerwehren an den Grenzen. Selbst der White-Power-Flügel der regierungsfeindlichen Patrioten unterteilt sich in weiße Suprematisten, Nationalisten, Identitäre und Neonazis – deren Motive und

---

* Der Vierzehnte Verfassungszusatz wurde nach dem Bürgerkrieg verabschiedet. Unter anderem beinhaltet er den gleichen Schutz durch das Gesetz für alle Bürger, wozu der Schutz des Rechts auf Leben, Freiheit und Eigentum zählen. (Anm. d. Ü.)

** Der Zweite Verfassungszusatz verbietet es, das Recht auf den Besitz und das Tragen von Waffen einzuschränken. Die Minutemen waren ursprünglich eine Miliz in den britischen Kolonien in Nordamerika, die nach Aufforderung besonders schnell – innerhalb einer Minute – kampfbereit sein sollten. Anfang des neuen Jahrtausends bildeten sich verschiedene Gruppierungen, die sich als selbst ernannte Wächter an den Südgrenzen des Landes gerierten. Inzwischen sind diese Minutemen-Organisationen zwar zerschlagen, ihr rassistisches Gedankengut jedoch lebt weiter. Die Sagebush-Rebellion war eine Bewegung in den Weststaaten der USA, die in den 1970er- und 1980er-Jahren aktiv war. Anhänger der Bewegung – darunter diverse Politiker der Neuen Rechten – protestierten gegen Umweltauflagen und setzten sich dafür ein, dass der Bund, der Eigentümer zahlreicher Landflächen ist, diese den Bundesstaaten übertragen sollte. (Anm. d. Ü.)

Vorgehen sich allesamt voneinander unterscheiden. Viele dieser intellektuellen Strömungen fließen ineinander, häufig überlappen sie sich. Aber keine ist auf die anderen angewiesen. Es ist durchaus möglich, die Bundesregierung für ihren Besitz öffentlicher Flächen zu hassen und nicht zugleich weißer Nationalist oder gar Rassist zu sein. Es gibt souveräne Bürger, die Schwarz sind.

Anstatt einer kohärenten Ideologie oder einer Reihe von Ideologien zu folgen, bietet die regierungsfeindliche Rechte ein Buffet der Befindlichkeiten. Hier ist für jeden etwas dabei: White Power, christlicher Fundamentalismus, die Unantastbarkeit des Zweiten Verfassungszusatzes, Steuerhass, der Glaube daran, die Bundesregierung wäre illegitim. Verschwörungstheorien erblühen, verflechten sich ineinander und trennen sich wieder voneinander ab. Alle paar Monate tauchen neue Splittergruppen auf. Die Milizen entstehen aus einem allgemeinen Gefühl der Feindseligkeit gegenüber der Regierung, das weite Verbreitung gefunden hat – etwa ein Drittel der Bevölkerung zählt zur Basis der Unterstützer. Diese Basis ist der Nährboden, aus dem die inländischen Extremisten emporsprießen.

Allerdings sollte die intellektuelle Inkohärenz keinesfalls mit Schwäche verwechselt werden. Die Macht der regierungsfeindlichen Patrioten ist real und nimmt zu. Die extreme Rechte ist sehr viel größer und weit gewalttätiger, als die meisten glauben wollen. Eine Studie des Institute for Family Studies an der University of Virginia von 2018 legt nahe, dass allein beinahe elf Millionen Amerikaner die Ansichten der Alt-Right-Bewegung teilen. Die überwältigende Mehrheit terroristischer Anschläge in den Vereinigten Staaten wird von der extremen Rechten verübt, und wie die globale Terrorismusdatenbank der University of Maryland zeigt, hat sich die

Anzahl terroristischer Gewaltakte in den Vereinigten Staaten seit 2013 verdreifacht. Während der Jahrzehnte, in denen Amerika vom Aufstieg des islamistischen Terrors im Mittleren Osten besessen war, versagte es darin, den Aufstieg eines hausgemachten Pendants zu bemerken, eines radikalen Amerikanismus, eines Westentaschen-IS im Herzen des Landes.

Das parteiübergreifende Center for Strategic and International Studies kam 2020 zum Schluss, dass »rechtsextremer Terrorismus den Terror anderen Typus oder anderer Verursacher deutlich überholt hat, einschließlich den linksextremer Netzwerke und den von Einzeltätern, die vom sogenannten Islamischen Staat und von Al-Qaida beeinflusst sind. Zwei Drittel aller Anschläge und Übergriffe gingen 2019 auf das Konto von Rechtsextremisten, und zwischen dem 1. Januar und dem 8. Mai 2020 waren es über 90 Prozent.« Der Erfolg des rechtsextremen Terrors hat die Idee befeuert, man könne einen Bürgerkrieg durch die Anstiftung zu Chaos und Gewalt schneller herbeiführen. Zwei neonazistische Organisationen – die in Anlehnung an die Nationalsozialisten benannte Atomwaffen Division und The Base, eine White-Power-Version von Al-Qaida – propagieren schon heute Terroranschläge als Teil ihres Plans. Demgemäß streben sie es an, nach dem Systemzusammenbruch der Vereinigten Staaten einen weißen Ethnostaat (»white ethnostate«) zu errichten.

Selbst Randbewegungen wie die regierungsfeindlichen Patrioten haben ein beträchtliches Ausmaß. Eine vorsichtige Schätzung der Anzahl Souveräner Bürger beginnt bei dreihunderttausend, was der Anzahl an Menschen entspricht, die sich aus Prinzip weigern, ihre Steuererklärung abzugeben und damit eine schwere Straftat begehen. Um dies anschaulicher zu machen: Die in den 1960er- und 1970er-Jahren aktive, militant-linksradikale Untergrundorganisation The Weather

Underground umfasste zu ihrer Hochphase gerade einmal um die tausend Mitglieder. Und auch die Black Panthers sollen schätzungsweise nicht mehr als zehntausend Mitglieder gehabt haben, was jedoch äußerst umstritten ist. Die Panthers redeten zwar sehr viel über die Notwendigkeit von Gewalt, begingen jedoch nur wenige Gewalttaten. Sie ermordeten mehr ihrer eigenen Leute als weiße Polizisten. Den größten Einfluss, den sie je erlangten, waren ein paar Sitze in einigen wenigen örtlichen Regierungsausschüssen in Oakland. Dennoch sorgten die Panthers und der Weather Underground in den späten 1960er-Jahren für eine ungeheure Panik und massive Reaktionen des FBI. Die Souveränen Bürger und die Bewegung der regierungsfeindlichen Patrioten heute sind insgesamt viel größer, bis zu den Zähnen bewaffnet und geradezu davon besessen, die Regierung stürzen zu sehen. Und sie töten jährlich Dutzende Menschen. Seit 2012 listet das FBI die Souveränen Bürger als größte Terrorbedrohung im Inland.

Souveräne Bürger glauben, sie wären Souveräne ihrer selbst und daher gegenüber allen staatlichen Gesetzen sowie den Strafverfolgungsbehörden immun. Sie glauben, die Bundesregierung wäre eine fiktive Instanz, die mit der Absicht, amerikanische Bürger als Sklaven zu halten, außerhalb des Geltungsbereichs der Verfassung agiert. Bis zur Immobilienkrise 2008 und der Wahl Barack Obamas waberten ihre Vorstellungen an den extremen Rändern der amerikanischen Politik. Dann explodierten sie. Die abnehmende Finanzkraft und der Aufstieg eines zunehmend multikulturellen Bildes der USA – die Souveränen Bürger sind ihr Ergebnis.

Die regierungsfeindlichen Patrioten und die Souveränen Bürger, die als deren extremste Anhänger betrachtet werden können, verleihen dem Verlust weißer Privilegien in den Vereinigten Staaten am offenkundigsten Ausdruck. Angetrieben vom verlorenen Vertrauen in die Regierung und dem zunehmenden Gefühl, als Weiße benachteiligt zu werden, vertreten sie eine totalitäre Vision der absoluten individuellen Freiheit und des Widerstands gegen den Staat als solchen.

»Die Ideologie der Souveränen Bürger nachzuvollziehen, ist so, als würde man versuchen, einen Riss abzubilden, der sich über die Windschutzscheibe ausbreitet, nachdem diese von einem Kieselstein getroffen wurde. Es ist ein wildes, ein chaotisches Durcheinander«, erzählt mir Ryan Lenz, ein leitender Forscher am Southern Poverty Law Center. Manchmal findet der Geist des Ungehorsams seinen Ausdruck in blindwütiger Gewalt, wie im Fall von Jerry Kane jr. und Joseph Kane, die bei einer routinemäßigen Verkehrskontrolle in Memphis zwei Polizeibeamte töteten. In anderen Fällen findet er seinen Ausdruck in verklausulierten Steuertricks, wie im Fall des Gründers der Republic for the united States of America (RuSA), James Timothy Turner, der verurteilt wurde, nachdem er sich eine erfundene Anleihe von über 300 Millionen Dollar auf seinen Namen ausgestellt hatte. Zwischen 2008 und 2009 reiste er durchs Land und hielt Seminare über das ausgeklügelte System, das dem Steuerrecht zugrunde liege und wie normale Bürger sein Wissen darüber nützen könnten, um sich ihren finanziellen Verpflichtungen zu entziehen, oder, um es mit den geläufigeren Worten des FBI auszudrücken, um die Bundessteuerbehörde zu betrügen. Turner wurde zu achtzehn Jahren Gefängnis verurteilt. Bruce Doucette, ein Souveräner Bürger und selbst ernannter Richter, der das Land mit ganz ähnlichen finanziellen Rettungsplänen im Gepäck bereiste, plante alternative Parlamente für die Bundesstaaten. Er wurde zu einer achtunddreißigjährigen Haftstrafe verurteilt.

Gemäß einer der beliebtesten, unter Souveränen Bürgern kursierenden Theorien ist der Vierzehnte, erst nach dem Bürgerkrieg verabschiedete, Verfassungszusatz, der den Bürgern des Landes unter anderem das Recht auf einen Prozess nach den Gesetzen des Staatsbürgerschaftsrechts einräumt, illegal, was die aktuelle Regierung zu einer *de facto*-Regierung macht. Die echte Regierung, die Regierung, die die Souveränen Bürger anerkennen, die sie herbeifantasieren, ist demgegenüber *de jure*. Für ihre ausgefeilten Taktiken, mit denen sie gerichtliche Verfahren stört, ist die Bewegung berüchtigt. Sie sind Meister des »Papierkriegs«.

Eine ihrer Lieblingstaktiken ist es, Richter mit falschen Pfandbriefen zu bombardieren, um ihre Fälle zu behindern und so ein Ablehnungsgesuch zu erzwingen. »Zwischen 2012 und 2014 gab es massive Bestrebungen, Bezirksbeamte in ländlichen Gebieten und Metropolregionen darüber zu informieren, worauf sie achten müssen, wenn ein Souveräner anrückt, um irgendeinen frei erfundenen Popanz einzureichen«, sagt Lenz. Sie machen aus jeder Mücke einen Elefanten.

Mein Lieblingsbeispiel: Die Flaggen fast aller amerikanischer Gerichte werden von Goldfransen geziert, traditionellerweise vor dunkelblauem Grund. Zufolge irgendeiner der Theorien der Souveränen Bürger bedeutet dies, dass man, verlässt man den Zuschauerraum des Gerichts, in ein Hoheitsgebiet eintritt, in dem das Seerecht gilt. Die Theorie des Strohmanns ist noch so eine verworrene Vorstellung, bei der eine Verschwörungstheorie mit einem wirtschaftlichen Heilsversprechen verknüpft wird. In charakteristischer Manier wird dabei von verborgenen Kräften geraunt, die unsere Alltagsrealität formen. Sie glauben, dass »es für jeden Bürger ein Konto bei den Regierungsbehörden gibt, das von diesen angelegt wurde und auf den zukünftigen Einkünften jedes Einzelnen beruht«, berichtet mir Lenz. Es handelt sich um ein geheimes Konto, zu dem man Zugang erhält, wenn man nur weiß, wie. »Da draußen schwirren Souveräne Bürger herum, die glauben, die amerikanische Regierung bestehe aus reptiloiden Aliens«, sagte Lenz. »Turner hat behauptet, er habe Dokumente, die beweisen, dass die amerikanische Regierung intergalaktische Friedensverträge mit Außerirdischen-Nationen geschlossen hätte.« Die Verschwörungstheorien haben die Erdoberfläche buchstäblich verlassen.

»Die Souveränen Bürger bereiten sich konkret darauf vor, dass die Regierung fällt – sie gehen fest davon aus«, sagt Lenz.

Souveräne Bürger verüben in den Vereinigten Staaten mehr oder minder täglich Verbrechen. Im April 2014 töteten Jerad und Amanda Miller, Souveräne Bürger, die bei der Konfrontation zwischen den Behörden und der Bundy-Familie anwesend waren, in einer CiCi's-Pizza-Filiale in Las Vegas zwei Polizeibeamte. An den Körper einer der Polizisten hefteten sie eine Notiz: »Das ist der Anfang der Revolution.« Zu schockierten Außenstehenden sagten sie: »Die Revolution hat begonnen.« 2014 kam eine Untersuchung, die von Beamten der amerikanischen Geheimdienste im gesamten Land erhoben wurde, zum Ergebnis, dass die Souveränen Bürger die oberste Priorität der Strafverfolgungsbehörden seien.

Die Widerstandsbewegung in den USA ist groß, bedrohlich und gewaltbereit. Sie ist intellektuell inkohärent, aber ihren Ideen treu ergeben. Es ist wesentlich zu begreifen, dass die Inkohärenz Teil ihrer Anziehungskraft ausmacht. Das Fehlen einer zusammenhängenden oder beständigen Ideologie macht Wissen esoterisch und bedeutet, dass die Welt durch versteckte Botschaften und Zusammenhänge Bedeutung gewinnt, die nur Eingeweihte kennen. Hat man keine explizite Ideologie, keine verbindliche Methode, kann man auch nicht für die Auswirkungen einer Ideologie belangt werden: Bezeichnet man sich selbst als Nazi, muss man die Geschichte des Nazismus bereitwillig akzeptieren. Mit den sich ständig wandelnden, als Satire getarnten Verschwörungstheorien hat man alle Vorteile davon, einem Stamm anzugehören, aber keine der Pflichten. Das Internet bietet die Möglichkeit, mit der Realität zu flirten, und wenn dann wirklich jemand loszieht und einen Polizisten tötet, kann man im Nachhinein immer noch behaupten, man hätte nur Spaß gemacht. Die Fraktion der regierungsfeindlichen Patrioten, die einen Bürgerkrieg heraufbeschwören möchte, verliert zunehmend an ideologischem Gehalt. Sie verehren den Unabomber und Timothy McVeigh gleichermaßen. Sie wollen einfach nur die Zerstörung des Staates. Zu welchem Zweck, hat dabei immer weniger Bedeutung.

Die extreme Rechte Amerikas bewegt sich auf einem weiten Spektrum zwischen geisteskranken Straftätern und Beamten der Strafverfolgungsbehörden. In gewisser Weise erschwert es dieses Spektrum, die wahre Größe der Bewegung zu erfassen: Man kann die Straftäter als Straftäter abtun, und meinen, die Gesetzestreuen stellten keine Bedrohung dar. Doch zeugt das Spektrum von einem Ausmaß an Unterstützung im ganzen Land, das eben nicht nur Folge lokaler Bedingungen ist. Der Widerstand gegen die amerikanische Regierung ist, obgleich unübersichtlich und verwirrend, doch weit verbreitet. Und, noch verwirrender: Einige der regierungsfeindlichen Kräfte sind bereits selbst in die Regierung eingezogen. Marjorie Taylor Greene aus Georgia und Lauren Boebert aus Colorado, die 2020 beide in den Kongress gewählt wurden, bekennen sich öffentlich als QAnon-Anhängerinnen. Ich denke, der Begriff rechter Rand (»far right«) hat damit seine Gültigkeit verloren. Aus diesem Grund verwende ich stattdessen den Begriff »rechtsextrem« (»hard right«). Der konservative Mainstream und das politische Establishment der Republikaner haben sich beide mit dem regierungsfeindlichen Patriotismus gemein gemacht. Die Ansichten vom rechten Rand stehen somit per Definition nicht mehr am Rand.

Chaos ist der natürliche Zustand zu Beginn eines jeden Umsturzes. In anderen Ländern und zu anderen Zeiten war es anfangs nie ganz klar, ob nun wirklich ein Bürgerkrieg ausbrechen würde. Wer ist ein Rebell, wer Dieb? Wer ist ein Freiheitskämpfer, wer Terrorist? Die Trennlinie zwischen Kriminalität und Revolution wurde in Mexiko, in Kuba, in Nordirland, in Algerien, ja, einfach überall, verwischt. Was wäre, wenn Amerika sich bereits in einem bewaffneten Aufstand befände, es bislang aber niemand bemerkt hat? Was, wenn wir es einfach nicht gewohnt sind, dass bewaffnete Aufstände an Orten geschehen, die wir kennen?

Die Versammlung an der Brücke

Neo-Konföderierte, weiße Nationalisten, spießige Nazis, Klansmen, die Alt-Right, Three Percenters, die Spartan Youths, Anhänger des amerikanischen Auslegers der Goldenen Morgenröte, Frontiersmen, Oath Keepers, sie alle strömen zur Brücke und stellen Hakenkreuze, Odal-Runen, Schwarze Sonnen, Eiserne Kreuze, Wotansknoten, Deus-vult-Kreuze, Konföderierte Kriegsflaggen und vieles andere zur Schau. Die größten Milizen, die ihre Zelte ein wenig abseits errichten, werden die Light Food Milizen aus Pennsylvania und New York sein sowie die Minutemen-Milizen aus Virginia und Oregon, doch nach und nach schlagen die Milizionäre aus allen fünfzig Staaten, darunter ein einsamer Vertreter aus Hawaii, ihr Lager auf.

Für ihren Strom benutzen sie Generatoren, ihr Wasser reinigen sie mit kolloidalem Silber. Endlich haben sie die Gelegenheit, das ganze Equipment einzusetzen, das sie auf all den Prepper-Konferenzen gekauft haben. Im Gebiet stromabwärts von der Brücke werden Buden aufgestellt, an denen Essensrationen und Waffen verkauft werden und Kampfausrüstung und Bücher darüber, wie man sich seine eigene Bazooka baut oder wie man nach einem Atomschlag einen Garten anlegt und über die Unterwanderung des CIA durch Muslime und über die jüdische Kontrolle der Medien. Tagsüber wird der Platz um die Brücke einer Open-Air-Waffenmesse gleichen.

Das Geschehen beherrscht die Berichterstattung auf allen Kanälen. Nach CNN bezeichnet auch das *Time Magazine* sie als Autobahnarmee, der Begriff verfestigt sich. CNN selbst wird zum 24-Stunden-»Die Schlacht an der Brücke«-Sender. Jedes Hotel, jede Airbnb-Unterkunft im Bezirk ist ausgebucht. Bald schon folgen die internationalen Medien. Keine Information wird sich als zu unwichtig erweisen, wenn es um den Sheriff oder den Bezirk im Widerstand geht. Die Argumente aller Seiten werden in den sonntäglichen Talkshows bis ins kleinste Detail durchgekaut. Indes hält jede militante Gruppierung neben ihrem gesamten Waffenarsenal und ihrer Notausrüstung auch ihre Kameras bereit. Sie übertragen ihren Widerstand live im Netz. Die Grenze zwischen rechtsextremen Journalistenverbänden und rechtsextremen Milizen ist bestenfalls schwammig. Die Krise an der Brücke löscht alle Unterschiede aus. Die Schlacht wird nicht um eine Brücke geführt, sondern um ein Narrativ. Sie beginnt in einem Bezirk, wird dann aber zunächst in den Medien ausgefochten – dem Internet, dem Fernsehen, auf anderen Kanälen.

Nachts versammeln sich die Milizen für fackelbeleuchtete Kundgebungen. Der beliebteste Sprechchor – neben »Ihr werdet uns nicht austauschen« und »Blut und Boden« – wird »So sieht Demokratie aus« lauten. Nacht für Nacht wird sich die Menge auf der Brücke versammeln, um zu zeigen, wie viel Gewicht diese tragen kann. »Die Brücke bleibt offen«, johlen sie. Kein Weg führt daran im Fernsehen vorbei; es entstehen Memes, die völlig durch die Decke gehen.

Als ihn ein *Times*-Reporter fragt, ob er dieses Fest der Wut in seinem Bezirk unterstütze, antwortet der Sheriff: »Ist Redefreiheit nicht wunderbar?«

Als die Moderatorin Rachel Maddow den Schauplatz als »Woodstock des Hasses« bezeichnet, heißt der Sheriff das gut. »Sieht ganz danach aus, als wäre es an der Zeit, dass echte Amerikaner mal eine Party unter sich feiern.« Für die Gruppierungen auf der Brücke ist der Sheriff eine Ikone, unabhängig, welcher Ausrichtung sie folgen. Wenn er spricht, braucht er kein Mikrofon. Alles verstummt.

Zwischen den Hakenkreuzflaggen und denen der Armee von North Virginia wird eine neue Fahne gehisst. Die Gadsden-Flagge, die im ersten Bürgerkrieg als Zeichen des Widerstands der Südstaaten gegen die Union Kultstatus erlangte, wird wie üblich von einer Klapperschlange und dem Motto »Don't Tread On Me« geziert, nur nicht wie sonst auf gelbem, sondern auf schwarzem Grund.

Um jene Zeit beginnt der Sheriff, diverse hochrangige Mitglieder der Milizen zu seinen Stellvertretern zu ernennen. Der Sender NBC prägt den Ausdruck »amerikanischer IS«, um die Entwicklungen zu beschreiben. Fox behauptet, der Sheriff brauche Hilfssheriffs, um die Ordnung während »dieser Sturmflut der Freiheit« an der Brücke aufrechtzuerhalten. »Wir haben es ganz offiziell mit Landesverrätern zu tun«, schreibt hingegen *New York Times*-Reporter Frank Bruni. Linke Podcaster rechnen in Kürze mit einem Putsch, angeführt vom Sheriff. Eine Umfrage des Non-Profit-Newsdesk ProPublica kommt zum Ergebnis, dass 73 Prozent der Amerikaner der Aussage zustimmen: »Der Sheriff verkörpert eine Rebellion gegen die rechtmäßige Regierung der Vereinigten Staaten«. Dahingegen zeigen sich nur 36 Prozent mit der Aussage einverstanden, dass »die amerikanische Regierung mit militärischen Mitteln eingreifen sollte«.

Im Fokus: Eine Prepper-Konferenz

Auch in diesem Fall müssen wir noch nicht einmal unsere Vorstellungskraft bemühen, um die Bilder zum Leben zu erwecken. Die regierungsfeindlichen Patrioten rüsten sich bereits heute für den Zusammenbruch der Vereinigten Staaten. Sie machen sich für einen bewaffneten Konflikt mit ihrer eigenen Regierung bereit. Und wir können ihnen dabei zusehen.

Am Rande des Städtchens Bowling Green liegt die Woodland Mall, in und vor der der Ohio Prepper and Survivalist Summit stattfindet. An einigen Dutzend Verkaufsständen werden nicht nur massenhaft Waffen verkauft, sondern auch solarbetriebene Taschenlampen, die angeblich sieben Jahre lang haltbar sind, und Plastikschütten, die hundertzwanzig Notfallrationen für 274,99 Dollar beinhalten (auch glutenfreie Rationen sind erhältlich, sollte man einen glutenfreien Untergang planen). Bei dem Gipfeltreffen wird eine breite Palette an Kursen angeboten, die alle der Kunst des Rückzugs im Fall eines Zusammenbruchs der Zivilisation gewidmet sind und vom Packen einer Notfalltasche und dem Bauen eines Waffenlagers bis hin zu Schwarzpulver-DIY-Anleitungen, Überlebenstechniken und Homöopathie, Bogenschießen und Selbstverteidigung reichen. Die Frontiersmen – eine gut organisierte Prepper-Gruppe – ziehen mit Pistolen im Gürtel von Stand zu Stand. Die Oath Keepers tragen schwarze Hemden und geben sich als Sicherheitsleute.

Die Vorbereitungen für den anstehenden Zusammenbruch sehen anstrengend aus. Jim Cobb ist Autor mehrerer Bücher, darunter *Prepper's Armed Defense,* und seine Pläne, mit denen er die Apokalypse überleben möchte, haben es in sich: Legen Sie drei sichere Orte fest, in drei unterschiedlichen Richtungen von Ihrem Wohnort aus, alle weniger als zweihundert Meilen von Ihrem Zuhause entfernt, sodass Sie diese auch ohne vollen Tank mit dem Auto erreichen können. Sie sollten außerdem je drei verschiedene Routen bestimmen, die zu den drei Orten führen. Insgesamt also neun Routen. Zeichnen Sie diese nicht auf einer Karte ein. Was, wenn Sie unterwegs angehalten werden? Dann wissen andere Menschen, wo Ihre sicheren Standorte sind, und stehlen Ihnen Ihre Vorräte. Jim rät uns, unseren Kopf zu benutzen – »aber nicht nur als Hutständer«. Er empfiehlt außerdem, die Waffenlager am Rand der Zufluchtsorte anzulegen, für den Fall »ungeplanter Partygäste«. Und am allerwichtigsten: Drill. Ihrer Frau mag das nicht gefallen. Ihren Kindern mag das nicht gefallen. »Drill ist ätzend«, sagt Jim. Dennoch, man muss sich drillen, hart trainieren, um ein »Muskelgedächtnis« aufzubauen. Jeder braucht eine Notfalltasche, klar. Er stolziert vor dem Kurs auf und ab und versprüht dabei die Begeisterung einer mittleren Führungskraft, die einer regionalen Außenstelle zum x-ten Mal effektive Verkaufsstrategien erklärt.

Die Vorstellungen der Prepper sind absurd und düster,

aber sie sind nicht nutzlos. Eva Gonzales unterrichtet, wie man sich eine Hausapotheke zusammenstellt und das Gärtnern für die Zeit nach dem Kollaps. Sie hat die traurigen Augen einer Frau, die versucht, Menschen, die nicht zuhören, etwas zu erklären, so als hätte sie zu lange die Schulbibliothek einer Kleinstadt geleitet. Neben mir diskutiert eine Sojabäuerin mit grauem Haar und einer Blümchenbluse aus den Siebzigern mit einem Kerl, der ein Nationalgarde-T-Shirt trägt und eine Zeitschrift über die Nahrungssuche in der freien Natur dabeihat, über die Vorzüge wilder Möhren. Sie sind sehr gesund, aber man muss vorsichtig sein. Denn sie sehen Geflecktem Schierling ja so ähnlich.

Gonzales möchte, dass ihre Zuhörer lernen, Sprossen zu ziehen. Bohnensprossen sind voller Nährstoffe und wachsen schnell. Sie möchte, dass wir alle Saatgut alter Sorten kaufen, die man selbst vermehren kann, wobei man allerdings beachten sollte, dass sich das Saatgut innerhalb von fünf Jahren um bis zu 50 Prozent verringert. Und man sollte auf keinen Fall vergessen, seine Ernte zu schützen. Die Prepper sind sich darüber einig, dass jeder jeden im Krisenfall bestehlen möchte. Der schlimmste Dieb von allen wird die Regierung sein. Gonzales warnt uns gleichermaßen vor Plünderern wie vor den Bundesbehörden. Ihre Lösung ist brillant: Man soll seinen Garten mit nahrhaften Kräutern füllen – Wassernabelkraut, Gänsefuß, Amarant, Löwenzahn. »Per Dekret kann die Regierung alles einsacken, aber Löwenzahn nehmen sie nicht mit«, sagt sie.

Nick Getzinger, die rechte Hand des Präsidenten der Ohio Oath Keepers und Betreiber eines Oath-Keepers-Außenpostens, unterrichtet den Kurs über Survival Caches. Diese Notfalllager werden aus röhrenförmigen PVC-Behältern gebaut und dann an sicheren Orten vergraben. Hauptsächlich befüllt Getzinger sein PVC-Rohr mit ungemein aufwendigen Mitteln zur Wasseraufbereitung. Alle halten es für selbstverständlich, dass der LifeStraw, ein Wasserfilter in Form eines Strohhalms, nicht ausreicht. Dennoch empfiehlt einem jeder, einen zu kaufen. Seine Methode der Wasseraufbereitung besteht aus einer Kombination aus Hypochlorit, kolloidalem Silber und Kohle. Als Grillanzünder verwendet er eine Fresnel-Linse oder wachsbeschichtete Streichhölzer. Er empfiehlt eine Rettungsdecke als Solarofen und Ponchos aus der Zeit des Vietnamkriegs, da sich diese besonders gut aufrollen lassen. Eine komplett bepacktes Survival Cache beinhaltet darüber hinaus Fallstricke, ein Metallsägeblatt, Saatgut sowie Silica-Gel-Beutel und Oxidationsmittel, um die Auswirkungen von Feuchtigkeit zu reduzieren. Er ist Verfechter einer neuen Art Schleuder, einer kompakten Zwille, bei der die Munition aus einem Kunststoffring katapultiert wird (»treffsicherer als eine handelsübliche Wrist-Rocket«). Was Munition betrifft, empfiehlt er, sich bei all seinen Waffen auf ein Kaliber festzulegen. Schließlich möchte man ja keine 38er-Pistole und 45er-Patronen, nicht wahr?

Die Prepper teilen eine ganz konkrete Fantasie. Es handelt sich nicht um einen nuklearen Winter. Nicht um den Klimawandel. Es handelt sich um eine Welt ohne Obrigkeit, in der Banden umherziehen und versuchen, einem seine mühsam errungenen Vorräte zu rauben, wo Autarkie und Selbstverteidigung über das Überleben entscheiden. All das scheint dem, wie die amerikanische Frontier aussah, verdächtig ähnlich – oder besser gesagt, dem, wie die amerikanische Frontier im Kino aussieht. Die Kursteilnehmer werden oft dazu ermutigt, »wie die Pioniere zu denken«. Die Prepper und Survivalisten fantasieren nicht nur das Ende Amerikas herbei. Sie träumen auch von einem neuen Anfang.

Und ebenjener Traum der Wiedergeburt ist der Kern ihrer radikalen Ideologie. Neben Waffen sind die beliebtesten Artikel, die zum Verkauf stehen, T-Shirts mit dem Aufdruck »Black Guns Matter« und Flaggen mit der gewundenen »Don't Tread On Me«-Schlange – das Übliche eben. Es gibt einen Spartanerhelm mit den Buchstaben ΜΟΛΩΝ ΛΑΒΕ an der Unterseite. ΜΟΛΩΝ ΛΑΒΕ ist griechisch und bedeutet »Komm, hol sie dir«. Mit diesen Worten soll König Leonidas von Sparta aufbegehrt haben, als Xerxes, der König von Persien, ihn bei der Schlacht bei den Thermopylen aufforderte, seine Waffen niederzulegen. In ihrer Analogie entspricht die amerikanische Regierung den Persern, die Prepper sind die Spartaner.

Der Höhepunkt des Ohio Prepper and Survivalist Summit ist der Auftritt von Challice Finicum Finch, deren Vater bei einer Auseinandersetzung mit der Polizei starb. 26 Jahre alt, vier Kinder, blond und schmal, weiß sie genau, wer die Bösen sind. Die Bösen, das ist die Bundesregierung. Was Finicum Finchs Vater damals wirklich zustieß, ist umstritten. Kein Zweifel besteht daran, dass LaVoy Finicum 2016 an einer Schießerei mit Beamten der Bundespolizei beteiligt war, als seine Gruppe das Malheur National Wildlife Refuge besetzte. Es besteht auch kein Zweifel daran, dass Finicum seinen Pick-up-Truck bei einem Ausweichmanöver in eine Schneewehe fuhr und er daraufhin versuchte, zu Fuß zu fliehen. Folgt man der Version des FBI wurde Finicum angeschossen, als er nach einer Handfeuerwaffe griff. Bei seiner Festnahme habe er gebrüllt: »Los, erschießt mich. Ihr müsst mich schon umlegen.«

Die Polizei erklärte seine Erschießung für gerechtfertigt. Einer der FBI-Beamten, Joseph Astarita, wurde jedoch angeklagt, weil er mutmaßlich gelogen und verschleiert hatte, wer zuerst schoss. Später jedoch wurde er in allen Anklagepunkten freigesprochen. Challice Finicum Finch aber glaubt, ihrem Vater wäre dreimal in den Rücken geschossen worden und dass er dann über Nacht zum Sterben im Schnee zurückgelassen wurde.

Für sie geht es bei den Befugnissen der Bundesbehörden weder um so etwas Abgehobenes wie demokratische Legitimität, noch sind sie eine rein technische Frage der Gerichtshoheit. Sie sind eine Frage des Blutes.

»Wir sind versklavt«, verkündet sie dem Publikum.

Warum sind Amerikaner versklavt?

»Wer nichts besitzt, ist ein Sklave.«

Und warum besitzen Amerikaner nichts?

»Wer seine Grundsteuer nicht abführt, wird ziemlich schnell herausfinden, ob er etwas besitzt. Man hat sich das Recht erkauft, sich etwas von der Regierung zu mieten.«

Sie fragt: »Wer wurde von Obama bestraft, weil er keine Krankenversicherung hat?« Ein paar Hände schnellen in die Höhe. »Uns gehört noch nicht einmal unser Körper.«

Wie sind die Amerikaner zu Sklaven geworden?

Finicum Finchs Antwort darauf lautet, sie hätten die Verfassung nicht gelesen. Sie muntert das Publikum dazu auf, sich wöchentlich, ja, gar täglich mit der Grundordnung zu befassen.

Was hat Finicum Finch aus ihrer Lektüre gezogen?

Sie hat herausgefunden, dass die Bundesstaaten gegenüber der Bundesregierung Vorrang haben, weil die Bundesstaaten die Bundesregierung überhaupt erst erschaffen haben. Sie hat herausgefunden, dass die Bundesregierung »80 Prozent« des Landes im Westen besitzt, Land, das ihr nicht zusteht.

Sie erzählt von einer kürzlich erst stattgefundenen Begegnung mit der Polizei: »Ich wurde angehalten und habe, wie eine kleine Sklavin, alles getan, was der Polizist von mir verlangte. Und dann, als ich zu Hause ankam, wurde mir bewusst, hey, das war falsch. Er hat meine Rechte mit Füßen getreten.«

Im Publikum befinden sich viele Veteranen und Polizeibeamte. Die bewaffneten Kräfte der regierungsfeindlichen Bewegung finden bei denen, die der Regierung dienen – oder besser: der Regierung, die sie nun verdammen, einst gedient haben –, großen Zuspruch. Finicum Finch liebt die Polizeikräfte und die, die aktiv im Dienst sind. Sie wiederholt, dass sie nicht regierungsfeindlich sei; nur gegenüber der korrupten Regierung sei sie feindlich gesinnt. Es ist genau dieser Satz, diese Aussage, auf die sich der neue radikale Amerikanismus beruft.

Die Männer und Frauen, die an den Verkaufsständen des Prepper Summit entlangflanieren, kaufen die Bücher und das Saatgut und die Waffen um der Vorstellung willen, wie sie den Bundesbehörden Widerstand leisten. Die Bücher, das Saatgut, die Kurse, die Waffen – sie alle gehören zu einem Narrativ, dem immer mehr Amerikaner folgen. In dieser Geschichte sind die Regierungsbehörden die Bösen und sie sind die Guten.

In der Woodland Mall steht fest, dass, was auch immer Freiheit sein mag, sie keine Freiheit genießen. »Wie lange wollt ihr euch noch herumschubsen lassen?«, fragt Challice Finicum Finch. »Wann ist eure Überzeugung stärker als eure Angst?« Und auch wenn es kaum möglich ist, sich momentan einen Umsturz des amerikanischen Regierungssystems vorzustellen: »Glauben wir nicht alle an einen Gott, der Wunder vollbringt?«

Die Gegendemonstranten

Die »New Freedom Riders« werden in der nächstgelegenen Großstadt gegründet, um Widerstand gegen den Sheriff und die versammelten Milizen zu mobilisieren. Die nach dem demokratischen Politiker und Bürgerrechtler benannten »John Lewis Bataillons« möchten ganz demonstrativ »die Brücke nicht überqueren«. Sie bemalen Schilder, auf denen etwa steht »Noch immer Amerika« und »Auf Landesverrat steht die Todesstrafe« und »Kein Amerikkka«.

Einige der Proud Boys fangen die Demonstranten ab, als ihr Bus an einem Red Roof Inn gleich hinter der Grenze des Bezirks zum Halten kommt. Sie haben halbautomatische Waffen und Baseballschläger dabei. Die Proud Boys zerren die Gegendemonstranten aus ihrem Bus, prügeln mit auf sie gerichteten Waffen auf sie ein und werfen sie dann wieder in das Fahrzeug.

Als die New Freedom Riders im Krankenhaus in der nächsten Stadt eintreffen, sind drei von ihnen tot. Der Sheriff tut die Toten mit einem Achselzucken ab: »Ich würde ja sagen, der gesunde Menschenverstand verbietet nun mal, da hinzugehen, wo man nicht erwünscht ist.«

Er lehnt es ab, gegen die Proud Boys vorzugehen. »Meinungs- und Versammlungsfreiheit sind grundlegende amerikanische Werte«, sagt er.

Auf die Frage, ob er glaube, Demonstranten mit auf sie gerichteter Waffe zu verprügeln, sei vom Ersten Verfassungszusatz abgedeckt, lächelt er. »Ich denke, die Jungs haben ihrer Meinung einfach nur recht deutlich Ausdruck verliehen.«

Die Organisatoren der New Freedom Riders sagen ihre geplanten Proteste ab. Alle Sender beginnen, vierundzwanzig Stunden am Tag über die Story vom Schlachtfeld zu berichten. Der Aufstand im Bezirk wird zur alles dominierenden News-Story.

Exkurs: Die Bedrohung seitens der Linken

Die extreme Linke ist in den Vereinigten Staaten in jeglicher Hinsicht sehr viel schwächer als die extreme Rechte. Nichtsdestotrotz kursiert die Idee der Interposition auch im linken Flügel, die Weigerung also, die Autorität der Regierung anzuerkennen. Das, was der Schlacht an der Brücke am nächsten kommt, ist die Capitol Hill Autonomous Zone (CHAZ), die progressive Kräfte während der Black-Lives-Matter-Proteste in Seattle errichtet haben.

Die autonome Zone war ein Sammelbecken diffuser Überzeugungen – mit kerzenbeleuchteten Schreinen für George Floyd, Gemeinschaftsgärten, einem Raucherbereich und einer »No Cop Co-Op«, in der sich Demonstranten kostenlos mit Lebensmitteln versorgen konnten. Die CHAZ förderte sowohl die intellektuellen als auch die materiellen Schwächen der Linken zutage. Die Gruppe veröffentlichte eine dreißig Punkte umfassende Liste, die weit mehr verlangte, als einfach die Polizei abzuschaffen: »Wir fordern eine Wiederaufnahme der Verfahren aller People of Color, die momentan aufgrund eines Gewaltverbrechens eine Gefängnisstrafe verbüßen, durch eine Jury aus Mitmenschen ihrer Community« stand etwa auf der Liste. Kein einziger Politiker des demokratischen Mainstreams stellte sich auf ihre Seite.

Ohne Polizei konnte sich die Gemeinschaft nicht selbst schützen. Proud Boys und Aktivisten der rechtsextremen Gruppe Patriot Prayer bedrohten das Kollektiv, und eine Verfügung der Bürgermeisterin von Seattle zählte »gemessen am gleichen Zeitraum 2019 zwischen dem 2. und dem 30. Juni 2020 eine 525-prozentige Zunahme an Verbrechen, 22 zusätzliche personenbezogene Straftaten in unmittelbarer Umgebung, darunter zwei Morde, sechs zusätzliche Überfälle, und 16 zusätzliche Fälle schwerer Körperverletzung (zu denen zwei weitere nicht tödliche Schießereien zählen).« Die CHAZ bot eine unfreiwillige Zurschaustellung der Handlungsunfähigkeit der Linken: politische Inkohärenz und keine ernst zu nehmenden Mittel zur Verteidigung.

Die größte Bedeutung kommt der radikalen Linken zu, insofern sie den Boden für die Radikalisierung der Rechten bereitet. »Das Zusammenspiel, dieser Tanz zwischen der extremen Linken und der extremen Rechten, kann in eine Gewaltspirale eskalieren«, erklärt mir Ramon Spaaij. Er ist Soziologe aus Amsterdam, hat sich auf gewalttätigen Extremismus spezialisiert und arbeitet mit den Strafverfolgungsbehörden zusammen, um die Anzeichen zu ermitteln, die darauf hinweisen, dass es zu Terroranschlägen kommen könnte. Die Handlungen vom einen Rand führen zu einer Reaktion des anderen und so »radikalisieren sie sich gegenseitig. Es ist ein wechselseitiger Prozess.«

Eine politische Interposition und die daraus erwachsende politische Krise wird sehr viel eher von der Rechten ausgehen. Nicht etwa, weil die Linke weniger wütend wäre. Oder sich weniger von ihren Gegnern bedroht fühlen würde. Sondern schlicht, weil ihr Bewusstsein für Widerstand weit weniger ausgeprägt ist; da ihr Traum, sich dem Staat entgegenzustellen, weit weniger stark ausgeprägt ist. Die Antifa existiert zwar, aber sie hat keinerlei Macht und verfügt auch über keinerlei Möglichkeiten, um an Macht zu gelangen. Wenn es dazu kommt, ist die Ablehnung gegenüber den Bundesbehörden vonseiten des linken Flügels tendenziell formaljuristischer und politischer Natur und wird von Angestellten der Bundesstaaten veranlasst. Einer Studie der Stiftung CSIS zufolge, die die 893 Terroranschläge auswertete, die zwischen Januar 1994 und Mai 2020 auf amerikanischem Boden verübt wurden, können nur 22 der 3086 Toten dem Terror linksgerichteter Gruppierungen zugeschrieben werden.

Die politische Krise

Es wird keine Rolle spielen, wer Präsidentin ist oder welcher Partei sie angehört, wenn der Sheriff seine Stellung bezieht. Sie wird auf ihn reagieren müssen. Egal, wie konservativ sie auch sein mag, als Repräsentantin der Bundesregierung muss sie deren Autorität befürworten. Auch sie wird keine Wahl haben, bei der Geschichte, die sie schreibt.

Das FBI ist unfähig zu reagieren – eine auf die Bekämpfung von Kriminalität ausgerichtete Sicherheitsbehörde kann bei Unruhen nicht als militärische Streitkraft eingesetzt werden. Die Rolle des Sheriffs hat sich von der eines Gesetzeshüters hin zu der eines politischen Widerstandskämpfers verschoben. Dennoch bleibt er weiterhin gewählter Amtsträger, ein Vertreter der Strafverfolgung.

Außerdem können die Bundesbehörden keiner der Polizeibehörden vertrauen. Schon heute sind diese von der extremen Rechten infiltriert.

Die Unterwanderung der Strafverfolgungsbehörden
und des Militärs durch die extreme Rechte

Die extreme Rechte hat die Strafverfolgungsbehörden der Vereinigten Staaten in einem solchen Ausmaß unterwandert, dass keiner Polizeistation oder Bundesbehörde im Kampf gegen die rassistische Ideologie der weißen Vorherrschaft vertraut werden kann. In zahlreichen Bundesstaaten wurden Kontakte zwischen den Strafverfolgungsbehörden und weißen Suprematisten oder rechtsextremen Milizen geknüpft, darunter Alabama, Kalifornien, Connecticut, Florida, Illinois, Louisiana, Michigan, Nebraska, Oklahoma, Oregon, Texas, Virginia, Washington und West Virginia. Es gibt Hunderte dieser Kontakte.

Michael German, ein ehemaliger FBI-Agent, der in den 1990er-Jahren undercover gegen Inlandsterroristen ermittelte, weiß aus eigener Erfahrung, dass die innerhalb der Polizeidienststellen gehegten Sympathien für das Gedankengut der White-Power-Bewegung den Ermittlungen gegen Inlandsterrorismus im Wege stehen. »Der 2015 veröffentlichte Leitfaden zur Terrorismusbekämpfung des FBI instruiert FBI-Agenten, die auf Fälle im rechtsextremen Spektrum angesetzt sind, diese nicht der Terror-Watchlist hinzuzufügen, wie sie das üblicherweise tun würden«, sagt er. »Denn dann könnten die Polizisten die Liste durchgehen, und sie würden sehen, dass es sich um ihre Freunde handelt.« Die Beobachtungslisten gehören zu den effektivsten Mitteln im Kampf gegen den Terror, doch das FBI kann sie nicht einsetzen.

German hat die rassistische Unterwanderung hautnah miterlebt. »Damals habe ich haufenweise Leute getroffen, die absolute Vollblut-Nazis waren. Sie kannten die Geschichte, hatten eine Vision, wie sie den Nationalsozialismus in die

Vereinigten Staaten importieren wollten, haben Newsletter veröffentlicht, Bücher geschrieben, gingen auf Vortragsreisen. Wenn sie mich trafen, fragten sie mich: *Mit wem bist du hier?* Und ich zeigte dann auf die leicht ungepflegten Typen in der Ecke, woraufhin sie erwiderten: *Junge, du musst sehen, dass du von diesen Idioten wegkommst. Die werden dich hinter Gitter bringen. Für diese Bewegung bist du dann tot. Du hast keine Tätowierungen, also zieh dir einen Anzug an, und wir verschaffen dir einen Posten in der Schulverwaltung.«* Die weißen Suprematisten sind keine Randbewegung in den Vereinigten Staaten, sie agieren im Inneren der Institutionen.

Die jüngsten Aufrufe zu Reformen oder dazu, der Polizei die Finanzierung zu entziehen (»defund the police«), haben sich auf die Vorurteile und die Methoden der Polizei fokussiert. In gewisser Weise sind die Demonstranten zu hoffnungsvoll. Denn der gewöhnliche Alltagsrassismus ist eine weit geringere Bedrohung als die Präsenz weißer Suprematisten in Machtpositionen. Bei den Demonstrationen in Oregon trieben teils in Zivil gekleidete Vertreter der Strafverfolgungsbehörden vom Ministerium für Innere Sicherheit sowie vom Bundesamt für Gefängnisse die Demonstranten zusammen. »Betrachtet man, wie autoritäre Regimes an die Macht gelangen, stellt man fest, dass sie es stillschweigend hinnehmen, wenn eine Gruppe politisch motivierter Schlägertypen mit Gewalt gegen ihre politischen Gegner vorgeht«, sagt German. »So etwas führt zu massiver Gewalt auf den Straßen und dazu, dass sich die Öffentlichkeit dann über diese Straßengewalt entrüstet und sagt: *Regierung, du musst etwas gegen diese Straßengewalt unternehmen,* und die Regierung sagt: *Ach herrje, meine Hände sind gebunden, räumt mir große Handlungsmacht ein, dann werde ich diese Schlägertypen verfolgen.* Und natürlich wird diese große Handlungsmacht, ist sie erst einmal eingeräumt, nicht dafür eingesetzt, die Schläger zu verfolgen. Diese werden entweder Teil des offiziellen Sicherheitsapparats oder einer Hilfstruppe.« Weder Kriminelle noch Regierungsstreitkräfte, sind die getarnten Mitarbeiter vom Bundesamt für Gefängnisse eine gesetzlose Gewalt ohne Autorität. Sie existieren in einem schwerelosen Zustand der Straffreiheit.

Regierungsfeindliche Patrioten haben sich die Wut gegenüber der Black-Lives-Matter-Bewegung wirksam zunutze gemacht, um sich eine Unterstützerbasis in den Strafverfolgungsbehörden aufzubauen. »Eine der besten Taktiken war es, den Blue-Lives-Matter-Aufnäher in Umlauf zu bringen. Es erstaunt mich sehr, dass die Polizei darauf hereingefallen ist, dass sie diese Gruppierungen wirklich unterstützen«, sagte German. »Es wäre das eine, wenn sie sich geschlossen dafür entschieden hätten, keine Polizisten mehr ins Visier zu nehmen. Aber so ist es nicht. Sie töten weiterhin Polizisten. Scheinbar checkt die Polizei nicht, dass die Leute, die sie protegiert, mit denen sie Fotos macht, dieselben Leute sind, von denen sie andernorts umgebracht werden.« Der gegenwärtige Zustand der amerikanischen Strafverfolgungsbehörden bringt einen extremen Widerspruch ans Licht: Die Ordnung, die sie durchsetzen, ist von ebenjenen Kräften durchdrungen, die den Terror im Inland heraufbeschwören.

Des Weiteren berichtete der Zeitungsverlag *Military Times* 2019, eine Umfrage unter 1630 Soldaten im aktiven Dienst habe ergeben, dass auch unter den Streitkräften 36 Prozent der aktiven Truppen Anzeichen für »Ideologien der weißen Vorherrschaft und andere rassistische Ideologien« aufweisen, ein deutlicher Anstieg seit 2018, als diese Zahl noch bei 22 Prozent lag.

Der Ursprung eines Sumpfes

Zunächst hofft die Präsidentin, dass der Gouverneur des Bundesstaates, in dem sich der Bezirk befindet, um Hilfe bittet. Dann könnte sie einen Militäreinsatz durch den Insurrection Act, das Aufstandsgesetz, rechtfertigen, das »auf Anforderung des Gouverneurs die Zerschlagung eines Aufstands gegen die Regierung eines Bundesstaates« erlaubt.

Der Gouverneur aber möchte mit einer solchen Anforderung nichts zu tun haben; bereits die geringste Unterstützung der Bundesregierung gegen die Einheimischen würde seine Chancen, wiedergewählt zu werden, vernichten. Daher muss die Präsidentin in den Bezirk einmarschieren, und das tut sie auf Grundlage von Title 10 des United States Code, Abschnitt 333, der es ihr erlaubt, militärische Streitkräfte im Inneren einzusetzen, um einen Aufstand oder gewalttätige Ausschreitungen niederzuschlagen, wenn diese »(1) die Durchsetzung der Gesetze in einem Ausmaß behindern, dass ein Teil der Bevölkerung oder eine bestimmte Bevölkerungsgruppe ihrer Verfassungsrechte beraubt wird und der Bundesstaat nicht fähig ist oder sich weigert, diese Rechte zu schützen, oder, wenn (2) diese den Vollzug des Bundesrechts stören oder die Rechtsfindung nach Bundesrecht behindern«. Die Erwägung, die Nationalgarde einzusetzen, wird sie gleich wieder verwerfen. Denn das wäre unklug. Es könnte den Eindruck erwecken, der Staat führe Krieg gegen sich selbst.

Die vierzehntägige Frist, die die Präsidentin dem friedlichen Abzug der Milizen einräumt, verstreicht. Die Aufständischen machen mit ihrem Spektakel weiter. Sie halten massenhaft Kundgebungen ab. Voller Häme werben sie auf jedem nur erdenklichen Kanal für ihre Ideologien. Die Präsidentin beruft sich auf Präzedenzfälle – die Ära der Reconstruction nach dem Bürgerkrieg; Dwight Eisenhower, der Soldaten nach Little Rock entsandte; die gewaltsamen Unruhen in Los Angeles. Und als sie dann schließlich das Militär anfordert, macht sie keine halben Sachen. Der Justizminister und das Justizministerium werden die Führung übernehmen, doch das Nördliche Kommando der Vereinigten Staaten, die US Army North, Einheiten in Fort Bragg und Fort Stewart George sowie die Marines in Camp Lejeune werden unter dem Befehl des Generals stehen.

Der General

Der General stammt aus einer Familie mit langer Militärtradition. Er ist Absolvent von West Point, war auf Feldzügen im Irak und in Afghanistan. Er ist eine Frohnatur und sportlich. Geht mit seinen Truppen laufen. Schafft noch immer achtzehn Klimmzüge. Seinen Jura-Abschluss hat er von Harvard, was ihn, mehr noch als alles andere, dafür qualifiziert, die erste Full Spectrum Operation im Inneren zu leiten. Abends liest er Julius Caesar im Original. All das erfährt man aus dem Porträt in der *GQ,* das er dem Männermagazin zugestanden hat.

Die oberste Priorität des Generals lautet, jegliches Eindringen weiterer Milizen in das Gebiet zu unterbinden. Das Chaos, das jeder Feldzug unweigerlich mit sich bringt, wird dadurch, dass eine Full Spectrum Operation auf heimischem Boden ein Novum ist, um ein Vielfaches verstärkt. Der Sheriff ist nicht annähernd so vorbereitet und taktisch gewieft wie die Taliban oder der sogenannte IS. Diesmal jedoch ist der Feind Amerikaner. Die Probleme des Generals werden juristischer Natur sein, nicht taktischer. Seine eigenen Leute umzubringen, ist sehr viel komplizierter, als Fremde zu töten. Die Unterwerfung des Bezirks erfordert sowohl eine Armee aus Anwälten als auch eine Armee aus Soldaten.

Das operative Konzept der Streitkräfte definiert diese als Schützer »der Souveränität der Vereinigten Staaten, ihrer Gebiete, ihrer heimischen Bevölkerung und ihrer zentralen Infrastruktur zur Verteidigung gegen Bedrohungen und Aggressionen von außen und gegen andere Bedrohungen nach Anweisung des Präsidenten«.

Also, was von beidem ist es nun wohl? Wird die Armee anrücken, um das Land gegen »Bedrohungen von außen« zu schützen? Oder ist die Kategorie »andere Bedrohungen« weit genug, um auch aufständische Milizen zu umfassen? Unter den Mitarbeitern des Generals herrscht Einigkeit darüber, dass die Begrifflichkeiten derart unspezifisch sind, dass ohne ausdrückliche Anweisung der Präsidentin kein noch so kleiner Schritt gegen die Aufständischen unternommen werden sollte.

Da es der Insurrection Act vorsieht, dass das Justizministerium im Fall einer Befriedung im Inneren als federführende Behörde agiert, beauftragt die Präsidentin zudem eine hochrangige zivile Vertreterin des Justizministers (Senior Civilian Representative of the Attorney General, kurz: SCRAG) damit, die bevorstehende Operation zu leiten. Die SCRAG wird vom Justizministerium abgestellt. Sie war mit der Präsidentin auf Harvard. Von der Präsidentin bis zum kleinsten Infanteristen wird niemand Kenntnis darüber haben, ob es sich bei dem einsatz um polizeiliche Maßnahmen handelt oder um den Sturz einer feindlichen Macht. Und die öffentliche Anordnung der Präsidentin, nur mit der erforderlichen Mindestkraft zuzugreifen, spaltet die militärischen und politischen Fronten noch weiter. Sollte der Konflikt mit einem Leichenberg enden, das wird die Präsidentin allen klarmachen, trägt der General die Verantwortung dafür.

Die zweigliedrige Autoritätsstruktur lähmt die Bemühungen der Informationsbeschaffung. Der Präsidialerlass 12333 aus der Zeit des Kabinetts Reagan verfügt ausdrücklich, dass das Militär von amerikanischen Bürgern nur so viel Informationen sammeln darf, wie für die Lagebeurteilung nötig ist. Ein Bundesgericht muss jedes einzelne Abhörgerät bewilligen, und auch wenn die Richter Tag und Nacht arbeiten, dauert es seine Zeit, bis die Bewohner eines ganzen Bezirks verwanzt sind. Kein General, kein Soldat wird ohne vollständige Lagebeurteilung einen Kampfeinsatz einleiten.

Die Informationsbeschaffung wird auch dadurch erschwert, dass die SCRAG und der leitende Beamte der Strafverfolgungsbehörden des Bundes sich nicht darüber einigen können, welche rechtlichen Rahmenbedingungen vorliegen müssen, damit man einen Namen auf die Liste hochrangiger Ziele setzen darf. Der Stab kann nicht mit der örtlichen Strafverfolgungsbehörde zusammenarbeiten, da die örtliche Strafverfolgungsbehörde der Feind ist. Der General kann nicht mit den Vertretern des Bundesstaates kooperieren, da sie ein Sicherheitsrisiko darstellen. Niemand kann wirklich sagen, wem ein Polizeibeamter die Treue hält, wenn es um den Sheriff geht. Die Direktive 5240. 1 des Verteidigungsministeriums, die für Operationen in Zusammenhang mit zivilen Unruhen gilt, besagt, dass »nach der besonderen Bewilligung durch den Verteidigungsminister oder seinen Bevollmächtigten Informationen beschafft werden dürfen, die zur Erfüllung der sich aus der Mission ergebenden operativen Anforderungen notwendig sind, sodass die Unterstützung der Zivilbehörden bei der Bewältigung von zivilen Unruhen durch das Verteidigungsministerium geboten ist«. Weiter heißt es, »eine solche Bewilligung kann nur erteilt werden, wenn eine schwerwiegende Bedrohung durch zivile Unruhen vorliegt, die die Einsatzmöglichkeiten der einzelstaatlichen und lokalen Behörden übersteigt«. Die SCRAG, die nicht im Militär gedient hat, legt den Teilsatz »die zur Erfüllung der operativen Anforderungen notwendig sind« wörtlich aus. In diesem Fall jedoch sind Meinungsverschiedenheiten über die Auslegung des Gesetzestextes weit mehr als nur formaljuristischer Natur. Die Aufständischen müssen aufs Peinlichste genau nach der Verfassung behandelt werden. Jeder Verstoß gegen ihre Rechte rechtfertigt ihre Behauptung, die Regierung sei illegitim.

Der General sieht den juristischen und taktischen Schwierigkeiten relativ entspannt entgegen. Für den Starruhm und seine Schwierigkeiten hingegen ist er nicht gerüstet. Der Sheriff wird ihn zu einem Schurken des Unrechts machen, zu einem Benedict Arnold*, einem Monster der Überregulierung. Die konservativen Medien beschuldigen ihn, unter Einfluss des Auslands zu stehen. Er muss dabei zusehen, wie sein Gesicht entstellt, sein Name mit dem Teufel gleichgesetzt wird. Der General muss sich nun selbst auf das Niveau der Bildmanipulation einlassen, ein Feld, auf dem weder er noch seine Mitarbeiter Erfahrung haben. Dieser Kampf wird kritischer beobachtet als jede andere Militäroperation in der Geschichte der Vereinigten Staaten.

Operationen zur Informationsbeschaffung sind die große Schwäche des amerikanischen Militärs – die Kontrolle über die subtilen, doch zugleich ungemein wirkmächtigen Narrative, die einer Regierung Legitimität verschaffen, haben sich

---

* Benedict Arnold kämpfte im Amerikanischen Unabhängigkeitskrieg zunächst für die Armee der dreizehn rebellierenden Kolonien und lief später zu den Briten über. Er gilt in den Vereinigten Staaten als Urbild eines Verräters. (Anm. d. Ü.)

selbst den brillantesten amerikanischen Militärstrategen schon immer entzogen. Bereits 1986 schrieb der Viersternegeneral John Galvin, die soziale Dimension der Kriegsführung mache das Militär nervös. Bei jedem General, der ein neues Feldhandbuch zur Aufstandsbekämpfung verfasst oder über die Gründe für die Fehlschläge in Afghanistan und im Irak berichtet hat, darunter auch David Petraeus und Stanley McChrystal, hat dieses mangelnde Verständnis des Zusammenwirkens von Kultur und Konflikt Erwähnung gefunden. Militärführer sind von Natur aus eher Techniker denn Humanisten. Ganz bewusst sind sie keine Politiker. Kann es da also überraschen, dass sie von Politik nichts verstehen? »Wir haben eine Regierung im Kasten, bereit anzutreten«, sagte General McChrystal 2010 nach der Offensive im südafghanischen Mardscha. Seine Regierung im Kasten wurde nicht einmal ein Jahr später wieder gezwungen abzutreten. Das Versagen der Vereinigten Stabschefs (»Joint Chiefs of Staff«), der auf den zunehmenden Wert von Informationen ausgerichteten Natur von Konflikten im 21. Jahrhundert Rechnung zu tragen, ist ein weiteres Beispiel für den ältesten Schwachpunkt der Kriegsführung. Die Generäle bereiten sich immer auf den letzten Krieg vor.

Wie der General bald feststellt, ist der für die psychologische Kriegsführung verantwortliche PSYOP-Offizier* wichtiger für den sogenannten IPB-Prozess** zur nachrichtendienstlichen Vorbereitung des Einsatzes als alle anderen und wichtiger als jeder technische Offizier. Sein PSYOP-Offizier ist für alle Operationen zu Machtdemonstration, den soge-

---

* PSYOP steht für Psychological Operations, also für die psychologische Kriegsführung. (Anm. d. Ü.)
** IPB steht für Intelligence Preparation of the Battlefield, was der Ausspähung des Kriegsschauplatzes entspricht. (Anm. d. Ü.)

nannten SOFOS*, und für alle medialen Maßnahmen während des Konflikts befugt. Er steht außerdem mehr oder weniger komplett in Opposition zur SCRAG, die sich weigert, auch nur eines der zum Ersten Verfassungszusatz gehörenden Freiheitsrechte auszusetzen. In den Fängen des Bürgerkriegs, konnte Lincoln den Habeas Corpus** erst nach einem ausufernden Rechtsstreit mit dem Supreme Court aussetzen – und nachdem ein besonderer Gesetzesentwurf vom Kongress verabschiedet worden war. Doch selbst diese extreme Maßnahme erforderte einen der üblichen Taschenspielertricks, für die Lincoln so bekannt war. Der Kern des Problems liegt damals wie heute darin, Feinde zu haben, die zugleich Mitbürger sind, denen Rechte zustehen.

Die sonntäglichen Morgentalkshows kritisieren den General bereits, bevor er auch nur einen ersten Schuss befohlen hat. Militärexperten machen geltend, die monatelange Verzögerung koste die Initiative an Schlagkraft, was wiederum Menschenleben koste. Rechtsexperten wiederum wenden ein, das FBI und das Ministerium für Innere Sicherheit seien die ordnungsgemäßen Organe, um den Aufstand zu bewältigen, nicht das Nördliche Kommando. Fox News – von Anfang an treu ergeben an der Seite des Sheriffs – deutet an, die Verzögerung sei ein Zeichen mangelnden Vertrauens aufseiten des Militärkommandos, dass amerikanische Truppen tatsächlich auf amerikanische Bürger schießen. Die Internet-Kanäle der Verschwörungsapologeten wirbeln neue Theorien auf: von Beschuldigungen, der General habe sich mit den Aufständischen verbündet, um die Präsidentin zu stürzen, bis dahin, in

---

* SOFOS steht für Show of Force Operations. (Anm. d. Ü.)

** Der Habeas Corpus ist ein Gesetz zum Schutz der persönlichen Freiheit. Es besagt, dass niemand ohne Gerichtsbeschluss verhaftet oder in Haft gehalten werden darf. (Anm. d. Ü.)

dem Bezirk gäbe es Außerirdische mit überlegenen Technologien, die die Fünfte US-Armee nicht besiegen könne.

Der Widerstand des Sheriffs wirkt elektrisierend. Seine täglichen Verkündungen von der Brücke herab haben bis zu hundert Millionen Aufrufe. Videos, die den Sheriff dabei zeigen, wie er Liegestütze macht oder wie er seinen Stetson, sein Erkennungszeichen, zieht, um sein kahles Haupt zu präsentieren, gehen sofort viral. Die Facebook-Profile der Liberalen hingegen sind voll von elaborierten Vergleichen des Aufstiegs des Sheriffs mit dem von Mussolini oder Benedict Arnold. Kanye West tritt bei einer Veranstaltung im Rahmen der Paris Fashion Week mit einem Stetson auf. »Sie haben Angst!«, brüllt der Sheriff bei einem seiner täglichen Auftritte auf der Brücke. »Sie wissen, dass sie einstecken müssen.« Er schwankt zwischen unglaublichem Selbstvertrauen und einer apokalyptischen Vision seiner Selbstopferung. Entweder stolziert er, oder er weint. »Nicht jeder Mensch ist dazu geboren, in seinem Bett zu sterben«, verkündet er mit tränenüberströmtem Gesicht. »Und nicht jede Generation kann der Endzeit entkommen. Wir stehen für Freiheit! Männer, die für die Freiheit sterben!«

Die Prominenz des Sheriffs hat militärische Konsequenzen. Jede Gruppierung regierungsfeindlicher Patrioten bekommt ihr eigenes mediales Outlet. Sie spannen ein gewaltiges Netz der Hetze und Falschinformationen über das gesamte Land. Bis zum Juni glauben 36 Prozent der Amerikaner, der General wäre ein chinesischer Funktionär. Einer Umfrage des Wahlbüros Rasmussen Reports zufolge stimmen nur 48 Prozent der amerikanischen Bürger der Aussage zu »Das amerikanische Militär sollte bei Aufständen im Inneren eingesetzt werden«. Von dem Widerstand angestachelt, attackiert ein weißer Nationalist die Wilshire Boulevard Synagoge in Los Angeles mit einer Brandbombe und richtet ein Blutbad an, als er mit einem legal erworbenen halbautomatischen AR-15 in die fliehende Gemeinde schießt. »Die Bundesregierung hat ein Feuer entfacht«, erklärt der Sheriff. »Sie glauben, sie könnten das Feuer hier vor Ort eindämmen, aber Feuer ist Feuer. Man kann es nicht davon abhalten, sich auszubreiten. Es wird sich im ganzen Land ausbreiten.« Der Bekanntheitsgrad des Sheriffs nimmt solche Ausmaße an, dass ihn Konservative des Mainstreams, selbst wenn sie ihn nicht gutheißen, doch auch nicht angreifen.

Die Waffen der Aufständischen

Wenn sie anrücken, die Aufständischen, werden sie bewaffnet sein. Allein 2020 kauften 17 Millionen Amerikaner Waffen, der offizielle Jahresrekord. Die meisten davon wurden von Afroamerikanern und Frauen erworben. 40 Prozent der Waffenkäufe wurden von Erstkäufern getätigt.

Die Anzahl der Waffen in den Vereinigten Staaten beläuft sich auf circa 400 Millionen. Amerikaner kaufen zwölf Milliarden Schuss pro Jahr, und auch wenn eine fundierte Schätzung dessen, wie viel Munition sich in Privatbesitz befindet, kaum erhoben werden kann, liegt die Anzahl wahrscheinlich über einer Billion Patronen. Wenn es um Waffengewalt geht, sind die Vereinigten Staaten im globalen Vergleich ein absoluter Ausreißer, ganz und gar außergewöhnlich. In den USA gibt es 75 Mal mehr Amokläufe an Schulen als in allen anderen Industrieländern zusammen. Vor dem Ausbruch der Corona-Pandemie gab es in den Vereinigten Staaten an neun von zehn Tagen einen Amoklauf (mehr als vier Tote, den Schützen ausgenommen). 2017 verloren beinahe 40 000 Amerikaner ihr Leben durch Waffengewalt, das sind zwölf Tote pro 100 000 Menschen, verglichen mit 0,3 im Vereinigten Königreich und 0,9 in Deutschland.

Es gibt zudem keine verlässliche Statistik über die Zunahme an »Geisterwaffen«, die zu Hause mit Bausätzen und 3-D-Druckern hergestellt werden, da sie nirgends registriert sind. Im Mai 2019 berichtete das Amt für Alkohol, Tabak, Schusswaffen (ATF) und Sprengstoffe jedoch, dass es sich bei 30 Prozent der polizeilich sichergestellten Waffen um Geisterwaffen handle. Zwischen 2018 und 2019 stieg die Anzahl an Geisterwaffen im Bezirk Los Angeles um 50 Prozent und in Washington, D. C., um 342 Prozent.

Zum heutigen Zeitpunkt ist es schlicht unmöglich, den Waffenbesitz in den Vereinigten Staaten zu kontrollieren.

Im Fokus: Die größte Waffenschau der Welt

Bei der Wanenmacher's Arms Show in Tulsa, Oklahoma, erfährt die gewöhnliche amerikanische Waffenkultur, eine Kultur des Widerstands, ihre größte Aufmerksamkeit. Sie sei die größte Waffenschau der Welt, behauptet Wanenmacher, und groß genug wäre sie dafür. Die Veranstaltung füllt das gesamte Expo Center auf dem Messegelände Tulsas, jeden seiner 44 000 Quadratmeter. Bei zügigem Tempo braucht man fünfeinhalb Minuten, um vom einen Ende ans andere zu gelangen, acht Stunden, um die 4200 Verkaufsstände abzuklappern. Es ließe sich einwenden, die jährlich stattfindende Shot Show in Las Vegas sei größer, doch diese richtet sich ausschließlich an Fachpublikum, an die Polizei und Händler. In Tulsa jedoch bewaffnen sich die gewöhnlichen Leute, nicht die Behörden.

Hier sind Waffen, so vielfältig und schön wie der Mensch selbst, und es gibt sie in jeder erdenklichen Form, Farbe, in jedem Preisniveau und für jeden Zweck. Es gibt Gewehre und Pistolen und halbautomatische Waffen, sortiert nach Marke, Typ und Preis. Es gibt gebrauchte alte 22er, die man vielleicht einem Jugendlichen zum Eichhörnchen-Schießen gibt, und es gibt Waffen mit Kaliber .50, die eher Kanonen gleichen und aussehen, als könnten sie gepanzerte Autos in Stücke reißen. Es gibt alte Western-Colts mit langem Lauf und handliche Glocks mit der glatten Geschmeidigkeit eines MacBook Air. Es gibt billige Munition, die man durchrasseln lassen kann; teure Munition, um seine Präzision zu testen; Material, um sich seine Munition selbst herzustellen; antiquarische Munition für Wissenschaftler und Nostalgiker. Je nach Budget kann man sich einen hässlichen kleinen Armscor-Revolver mit Kaliber .22 für 69 Dollar kaufen oder davon träumen, auf eine revolvierende Artemis-Schrotflinte zu bieten, deren Wert irgendwo zwischen 100 000 und 200 000 Dollar liegt.

Es wird ebenso viel Innovatives ausgestellt wie Historisches, neue Konzepte für Läufe, Zielscheiben, Schalldämpfer, Laservisiere, Panzerung, spezialangefertigter Hörschutz, Abzüge, die nicht gegen das Verbot von automatischen Waffen verstoßen, inklusive »eines Zertifikats vom ATF«. Das Barrett mit Nachtziel- und Wärmebildgerät ist Kult, geballte Kraft in Form gegossen. »Es ist ein Leichtgewicht. Halten Sie es ruhig einmal«, gurrt die Händlerin. Sie hat recht. Das Gewicht ist phänomenal, obgleich es ungewöhnlich in der Hand liegt, wie ein mit Wasser gefülltes Portemonnaie. Das Gerät ist ein Wunder der Ingenieurskunst, seine Mündung wie eine Pfeilspitze, ein primitiver Todbringer am Rande der Zukunft.

Aber es ist das AR-15, das die Leute kaufen – eines bekommt man für gerade einmal 349 Dollar, man kann es individuell gestalten lassen, zum Beispiel mit der amerikanischen Flagge, man kann es auf jede vorstellbare Spezifizierung hin anpassen. Das AR-15 kann ohne Weiteres als die beliebteste Waffe in den Vereinigten Staaten gelten, und dabei ist es weder zum Jagen noch zur Selbstverteidigung geeignet. Es ist ein für den zivilen Gebrauch angepasstes M-16. Es wurde mit den unterschiedlichsten Werbeversprechen für allerlei Verwendungszwecke umgerüstet, doch in Wirklichkeit ist es für Zivilisten, die eine Militärwaffe besitzen wollen.

Was eine Waffe über die Ladentheke wandern lässt, wodurch sich eine Waffe wirklich verkauft, ist das Versprechen, dass die Regierung sie verbieten wird. Wenn die Regierung nicht möchte, dass man eine besitzt, muss man sie unbedingt haben. Bei manchen Waffenschauen veröffentlichen Händler Listen mit Waffen, die kurz davorstehen, verboten zu werden. Jedes künftige Waffengesetz – seien es konsequentere Zuverlässigkeitsüberprüfungen oder das Verbot von Sturmgewehren – ist unter diesen Umständen irrelevant. Die Vereinigten Staaten sind mit Waffen überversorgt. Doch diese Waffen, so eindrucksvoll sie auch sind, haben selbst weniger Bedeutung als die Symbolik, für die sie stehen. Hauptsächlich kaufen sich Amerikaner Waffen, um sich die Geschichte vom Scheitern der Regierung einreden zu können. Sie sind nicht für den sportlichen Gebrauch, nicht zum Jagen. Zwei Drittel aller Waffenbesitzer haben ihre Waffe zum »Schutz«. Schutz, wo er ihnen von der Regierung versagt wird, und Schutz vor der Regierung. Die Waffenkultur ist eine Kultur, die sich grundsätzlich gegen die Bundesregierung richtet.

Dank der amerikanischen Waffenkultur sind zahlreiche Menschen stolze Besitzer von Waffen, die ihnen die Regierung lieber verbieten würde. Daraus folgt jedoch unweigerlich, dass, wenn die Bundesregierung einer rechtsextremen

Widerstandsbewegung entgegentritt, diese schwer bewaffnet sein wird.

Zugriffsmöglichkeit auf Militärwaffen

Zigtausend Menschen in den Vereinigten Staaten besitzen Gewehre mit Kaliber .50, und es ist auch nicht sonderlich schwer, ein AR-15 so umzumodeln, dass es in etwa einem M-16 entspricht. Neben Handgranaten und Drohnen beinhalten die Kriegskassen der extremen Rechten auch radiologische Waffen. Bei zwei separaten Vorfällen, der erste 2008, der zweite 2017, fand die Polizei Materialien für sogenannte schmutzige Bomben in den Wohnhäusern weißer Suprematisten auf amerikanischem Boden. Die extreme Rechte der Vereinigten Staaten ist also im Besitz sämtlicher Waffen – von Pistolen bis hin zu schwach radioaktiven Sprengsätzen.

Die taktische Situation

Die extreme Rechte der Vereinigten Staaten ist schwer bewaffnet. Sie haben Waffen, die militärischen Anforderungen entsprechen. Sie haben trainiert. Aber die amerikanische Regierung ist besser bewaffnet, hat besser trainiert. Viel besser. Unendlich viel besser.

Das Waffenarsenal, das der amerikanischen Bevölkerung und dem regierungsfeindlich gesinnten Teil dieser Bevölkerung zur Verfügung steht, ist zweifellos eindrucksvoll. Aber die US-Marines sind nun mal die US-Marines. Sie haben M-16s, M240-Maschinenpistolen und M110-Scharfschützengewehre, und sie haben auf Humvees montierte BGM-71-Panzerabwehrlenkwaffen mit optischer Zielverfolgungseinheit und präzisionsgelenkten Raketen. Sie verfügen über mit Hellfire-Luft-Boden-Raketen ausgerüstete Apache-Kampfhubschrauber.

Als ich dem pensionierten Offizier die Frage stellte, was wohl passieren würde, wenn die extreme Rechte auf professionelle Militärkräfte stieße, fiel ihm darauf keine Antwort ein. Zu fragen, was geschieht, wenn bewaffnete Aufständische einem Aufgebot der Marines gegenüberstehen, ist in etwa so, als würde man fragen, was wohl passiert, wenn die lokalen Hobby-Spieler des Christlichen Vereins Junger Menschen auf eine Basketballmannschaft der NBA stoßen. Es wäre eine komplett einseitige Angelegenheit.

In unmittelbarer Zukunft ist schlicht keine Situation vorstellbar, in der es eine Miliz – egal, wie gut vorbereitet, egal, wie hochgerüstet – ernsthaft mit den amerikanischen Streitkräften aufnehmen könnte.

Krieg als Spektakel

Nach der erforderlichen monatelangen Lagebeurteilung beginnt der General, gemäß dem gängigen militärischen Protokoll, die Stadt weichzuklopfen, indem er ihr das Wasser und den Strom abstellt. Anstatt aber die Milizen damit zu bestrafen, leiden nur die gewöhnlichen Bewohner des Bezirks darunter. Die Aufrührer haben Generatoren, digitale TV-Sticks, ihre eigenen Wasseraufbereitungsanlagen.

Wie immer wird das Militär darin versagen, die informelle und narrative Dimension des Kriegs zu umreißen. So, wie es die kulturellen Rahmenbedingungen der Einsätze im Irak, in Afghanistan und in Vietnam schon nicht verstanden hat, wird es auch darin versagen, die narrative Wirkung zu begreifen, die die Ankunft einer massiven Streitkraft in einer kleinen ländlichen Gemeinschaft hat. »Ist die Präsidentin zu weit gegangen?«, fragt die *Washington Post* auf ihrer Titelseite. Die *New York Times* widmet ein ganzes Samstagsmagazin den rechtlichen Fragen, die von einer Besetzung durch amerikanische Truppen aufgeworfen werden. Die *National Review* argumentiert, »sogar die Liberalen sind von der Überreaktion der Präsidentin schockiert«. Der PSYOP-Offizier wird die SCRAG beknien, den Zugang zum Internet im Bezirk zu kappen, aber eine derartige Berechtigung liegt nicht vor, außerdem stehen die Rebellen weiterhin unter dem Schutz des Ersten Verfassungszusatzes.

Der PSYOP-Offizier muss also bereits erprobtere Maßnahmen der psychologischen Kriegsführung anwenden und leitet eine Operation zur Machtdemonstration ein. Er organisiert eine Militärparade auf der Straße, die zu der Brücke führt. Doch es sind die Aufständischen und nicht das Militär, die wissen, wie Symbolpolitik funktioniert – sie kehren den Soldaten einfach den Rücken. Auf Bildschirmen überall in den Vereinigten Staaten schaut das Publikum der Fünften US-Armee dabei zu, wie sie ins Leere läuft. Für viele ist dies die beängstigendste Szene, seitdem sich die Lage an der Brücke festgefahren hat. Die Präsidentin und der General verlieren allmählich die Kontrolle über das Narrativ. In den Bezirk entsandte Soldaten werden von Nachrichten ihrer Familien und Freunde überflutet, die sie anflehen, »die Kräfte der Freiheit« nicht anzugreifen.

Die Maßnahme, mit der der Sheriff selbst eingeschüchtert werden soll, hat mehr Erfolg. Nachdem seine Wachen außer Gefecht gesetzt sind, spaziert der General mit einem Team der Navy SEALs in die Büroräume des Sheriffs. Er klopft sogar an die Tür seines Büros, bevor er eintritt. »Hallo, Sheriff«, sagt er und schüttelt dessen Hand. »Ich wollte Sie nur wissen lassen, dass ich mir überallhin Zutritt verschaffen kann, wo Sie sind, ohne dass Sie davon überhaupt etwas mitbekommen.«

Der Sheriff ist erschüttert, ringt sich aber ein Lächeln ab. »Es wäre mir lieber gewesen, Sie hätten einen Termin vereinbart. Ich hätte mich gerne mit Ihnen getroffen.«

»Man braucht keinen Termin, wenn einem die Fünfte US-Armee zur Verfügung steht.«

»Haben Sie je die Verfassung gelesen, General?«

Was folgt, ist eine weitschweifige, ziemlich langweilige Diskussion darüber, wie sich der Dritte Verfassungszusatz zur Einquartierung von Milizen verhält.

Der Stab des Generals beginnt, ihm klarzumachen, dass ihm eine unlösbare Aufgabe zugeteilt wurde. Die Präsidentin möchte, dass das militärische Problem aus der Welt geschafft wird, und zwar schnell. Der Justizminister fordert, es dürfe gegen keine Gesetze verstoßen werden. Die Regierung und die Öffentlichkeit bestehen darauf, der General möge Krieg führen, ohne Krieg zu führen.

Die Einsatzregeln, die der siebten Infanteriedivision während der Unruhen in Los Angeles 1992 ausgehändigt wurden, gaben vor, zivilen Unruhen mit so wenig Gewalt wie möglich zu begegnen. Die Unruhen von 1992 waren völlig unorganisiert. Es gab keine koordinierende Stelle. Dennoch erteilt der Vorsitzende der Vereinigten Stabschefs eine beinahe identische Satzung für die Schlacht an der Brücke. Der Vorsitzende muss sich vor Anklagen schützen, die künftig möglicherweise auf ihn zukommen könnten. Sollten die Medien nach der Schlacht zum Schluss kommen, es wäre zu viel Blut geflossen, wird die Standing Rule for the Use of Force (SRUF) eine perfekte Ausrede abgeben. Vom General wird gefordert, einen

Krieg gegen Menschen zu führen und zugleich ihre verfassungsmäßigen Rechte zu wahren. Ein Scheitern scheint unausweichlich, und er wird, das ist ihm bewusst, als Sündenbock dafür herhalten. Am Vorabend der ersten Schlacht des kommenden Bürgerkriegs sorgt sich der General nicht um den Sieg, sondern vor dem Papierkrieg.

Der unmittelbare Auslöser

Der Konflikt wird eher der Logik einer Reality-TV-Show entsprechen als der einer Revolution. Je aufsässiger der Sheriff, desto höher seine Klickzahlen. Die extremsten Meinungen, die grellsten Verschwörungstheorien, die Aussicht auf die spektakulärsten Gewalttaten erhalten am meisten Aufmerksamkeit. Niemand wird sich dafür interessieren, gemeinsam Ursachen auf den Grund zu gehen oder Auswege zu finden.

Die Mainstream-Medien, die über die vielfältige Unterstützung des Sheriffs berichten, verschaffen den Figuren vom Rand und ihren extremen Positionen unweigerlich eine massive Präsenz. Die aus Kameras bestehende Front der Pro-Miliz-Webseiten verbreitet ihre Ikonografie und ihre Botschaft einem bislang unerreichten Massenpublikum. Virale Beiträge bündeln Aufmerksamkeit. Der Sheriff redet weiterhin von Interposition, von der Unrechtmäßigkeit des Bundes, und nimmt dabei immer extremere Positionen ein. Er redet sich so lange in Rage, bis er schließlich bei der Unabhängigkeitserklärung anlangt. »Wenn im Gange menschlicher Ereignisse es für ein Volk notwendig wird, die politischen Bande zu lösen, die sie mit einem anderen Volk verknüpft haben, und unter den Mächten der Erde den selbstständigen und gleichen Rang einzunehmen, zu dem die Gesetze der Natur und ihres Schöpfers es berechtigen, so erfordert eine geziemende Rücksicht auf die Meinung der Menschheit, dass es die Gründe darlegt, die es zu der Trennung veranlassen«, verliest der Sheriff am Fuß der Brücke. »Und unsere Gründerväter, davon bin ich überzeugt, würden diese Zusammenkunft der Souveräne feiern.«

Für die Öffentlichkeit ist es bloß eine weitere wilde Rede des bekanntesten Outlaws Amerikas. Der Gebrauch des Wortes »Souveränität«, mit seiner Implikation einer eigenständigen Macht, wird die Präsidentin und den General schockieren. Der Protest gegen die Bundesbehörden ist zu einer Gefahr für die nationale Einheit geworden. Der Präsidentin wird keine Wahl bleiben, als zu reagieren, möchte sie die Noch-Vereinigten-Staaten weiterhin anführen.

Der Vorabend der Schlacht

Die mit Fackeln erleuchteten Kundgebungen, bei denen sich die Rebellen in Rage peitschen, enden oft damit, dass Waffen in die Luft abgefeuert werden. In der Nacht des Angriffs durchschlagen ein paar Irrläufer Militärfahrzeuge im Gelände. Das wird ausreichen, um ein Gefecht zu legitimieren. Die SRUF-Regulierung der Vereinigten Stabschefs wird verfügen, dass »jedem Vorfall, bei dem Schüsse abgegeben werden, nachgegangen werden muss«. In der Nacht vor der Schlacht werden die Truppen des Sheriffs ihre Waffen wie üblich abfeuern. Diesmal jedoch wird genau das dem General als Rechtfertigung dienen.

Der General zieht sich zum Beten in sein Zimmer zurück. Jetzt ist er sich darüber gewiss, dass er einen Platz in der Geschichte einnehmen wird – der General, der erstmals seit dem Ende des ersten Bürgerkriegs amerikanische Streitkräfte gegen amerikanische Bürger eingesetzt hat. Er denkt an George Washington und an die Whiskey-Rebellion. Er denkt an Henry Lee und Ulysses S. Grant. Er denkt an William T. Sherman und seinen Marsch zum Meer. Unweigerlich drängen sich die sektiererischen Konflikte im Irak und in Afghanistan in sein Bewusstsein: wie ihnen jegliche militärische Kontrolle abhandenkam, wie er die Menschen hasste, die ihn und seine Jungs aus Gründen, die sie selbst nicht zu begreifen schienen, ins Chaos stürzten. Die Anführer, die er verachtete, befehligten ihren Männern, zu töten und zu sterben, um die Welt zu verändern. Sie veränderten die Welt. Sie hatten aber nicht daran gedacht, in was sie die Welt verwandeln würden. Damals hasste er die Entscheidungsträger. Jetzt ist er selbst einer. Noch so ein verwirrter Mann, der tut, was er meint tun zu müssen, während die Geschichte über ihn hereinbricht. Der General muss anderen amerikanischen Soldaten befehlen zu töten, nur dass es diesmal ihre eigenen Leute sind. Wer weiß, was dabei herauskommen wird?

Die Schlacht an der Brücke

Innerhalb einer Stunde zerstören Apache-Hubschrauber die wesentlichen Punkte der Kommunikationsnetzwerke der Milizen. Die Straßenschlacht ist bereits vorbei, als die Medien mit Anbruch des Tages eintreffen. Die regierungsfeindlichen Patrioten haben kaum eine Chance, Widerstand zu leisten. Wer kann, flieht. Der Rest wird gefangen genommen.

Die Gruppe, die den weit größten Widerstand leistet, sind die »übergelaufenen Marines«, ehemalige Soldaten, die sich den regierungsfeindlichen Patrioten angeschlossen haben.

Ein Team der Navy SEALs nimmt den Sheriff in seinem Büro fest. Als er fortgezerrt wird, brüllt der Sheriff in Richtung eines rechten Journalisten, mit dem er gerade in einem Livestream zu sehen war: »Verbreite meine Geschichte! Hätten die Briten George Washington festgenommen, wäre er in der gleichen Lage gewesen wie ich jetzt.« Er blickt über seine Schulter zurück und schreit zornig: »Ist das, was Amerika verbindet, nicht unser Streben nach Freiheit?«

Die Bedeutung der Schlacht an der Brücke

Am Morgen bietet sich ein Bild der Zerstörung. Leichen säumen die Ufer des Flusses. Panorama-Aufnahmen der Brücke und der Stadt offenbaren zerschmetterte Körper und Einschlagkrater, eine ruhige Provinzstadt hat sich in die Art Schlachtfeldszenerie verwandelt, die man von Militärabenteuern aus dem Mittleren Osten kennt. Auf einem Foto ist eine abgetrennte Hand auf der Straße zu sehen. Ein einsames Kind heult im aufgewirbelten Staub. Unter der Aufsicht einiger in der Distanz aufgestellter Kameras lädt die Armee massenhaft Gefangene in Busse, die in ein kleines Kriegsgefangenenlager im Nachbarbezirk transportiert werden sollen. CNN betrauert den Verlust eines vereinten Landes. Fox News betrauert den Verlust der Freiheit. Faktenbasierte Schilderungen des Kampfgeschehens lassen sich nicht von den Verschwörungstheorien unterscheiden, die das Internet mit Fantasiegebilden eines unmittelbar bevorstehenden Genozids der »weißen Rasse« anheizen, mit einer chinesischen Unterwanderung der Fünften US-Armee, mit jüdischen Intrigen, der niederträchtigen Beeinflussung durch den CIA und andere Regierungsbehörden, mit der Invasion Außerirdischer, mit

Geschichten von Engeln, die dem Sheriff zu Hilfe eilen, mit Berichten, seltsame Lichtstrahlen hätten das Schlachtfeld erleuchtet. Das Entsetzen ist überwältigend; mit jeder weiteren Internetmeldung wächst der Rachedurst. So ein Gemetzel stärkt die Selbstgerechtigkeit. So etwas wie kollektive Trauer gibt es nicht, nur panische Vorbereitungen und Zorn.

Die Schlacht selbst wird von weit geringerer Bedeutung sein als ihr Nachhall. Sie sät Traumata und Abscheu; beide Seiten halten die jeweils andere für mörderische Verräter, das absolute Gegenteil von allem, wofür Amerika steht.

Die unmittelbaren Folgen

Das Justizministerium stellt den Sheriff wegen Landesverrat unter Anklage, ein paar seiner engsten Mitverschwörer wegen Volksverhetzung. Der Rest wird mit Bußgeldern belegt oder erhält auf Grundlage des Insurrection Act kürzere Gefängnisstrafen. Allen ist es fortan untersagt, für ein öffentliches Amt zu kandidieren. Der Sheriff, von der extremen Rechten augenblicklich zum Märtyrer stilisiert, ist in der gleichen Zelle in Colorado inhaftiert, in der schon Ramzi Yousef, einer der Drahtzieher der Anschläge auf das World Trade Center, vor seiner Verlegung auf seine Hinrichtung wartete. Der einzige Häftling, der nun noch gemeinsam mit dem Sheriff in diesem Trakt einsitzt, ist der Unabomber, Tad Kaczynski. Jeden Tag verbringen sie ihren einstündigen Freigang zusammen im Hof.

Die bleibenden Schäden

In bestimmten Bauten des Bezirks darf sich die Armee nicht niederlassen, da dies eine Verletzung des Dritten Verfassungszusatzes dargestellt hätte – es ist aber zulässig, dass sie jedes Grundstück auskundschaftet. Die Bewohner vor Ort werden dieses Eindringen spüren, und dass es angeblich der Verfassung entspricht, wird ihnen auch kein besseres Gefühl verschaffen.

Gegenwärtig ist die offizielle Strategie zur Aufstandsbekämpfung nach wie vor eine Version von General Petraeus' Clear-Hold-Build-Strategie* von 2006. In der aktuellen Ausgabe der militärischen Richtlinien, der *Joint Publication 3-24,* wird diese als »Shape, Clear, Hold, Build, Transition« skizziert und ist Teil einer ganzen Reihe von Strategien der Aufstandsbekämpfung, zu denen auch ein generationenübergreifender Ansatz (mit den jungen Menschen in Dialog zu treten, die am ehesten gefährdet sind, sich den Aufständischen anzuschließen) und Netzwerkaktivitäten (in den sozialen Medien) zählen. All diesen Strategien haftet etwas Verzweifeltes an. Das Militär hält dennoch an ihnen fest, nicht etwa weil sie funktionieren würden, sondern weil es immerhin Strategien sind. Seit fünfzig Jahren zeichnet sich das amerikanische Militär durch seine Erfolglosigkeit aus, Aufstände im Ausland zu zerschlagen. Warum sollte es ihnen zu Hause besser gelingen?

So gravierend die Probleme auch gewesen sein mögen, denen sich die amerikanischen Streitkräfte auf fremdem Boden ausgesetzt sahen, bei einer Besatzung im Inneren wären sie weit größer. Die Clear-Hold-Build-Theorie verspricht, dass

---

* Im Deutschen in etwa säubern, halten, aufbauen. (Anm. d. Ü.)

Frieden und Sicherheit sich wie ein Tintenfleck von einer zentralen Position auf die gesamte zu kontrollierende Zone ausbreiten. Die amerikanischen Truppen in Afghanistan hatten eine andere Metapher für die Strategie: »den Rasen mähen«, denn in dem Moment, in dem sie mit dem Aufbau beginnen wollten, mussten sie schon wieder damit beginnen, die Zone zu säubern.

Der Bezirk ist nur ein Schauplatz des überall schwelenden Chaos. Der Ort, an dem sich die Aufständischen mobilisieren, von dem aus sie sich verstreuen. Ihre Unterstützer gehen ins Netz, oder in den Untergrund, einfach überallhin. Es ist taktisch nicht möglich, Terroristen in Schach zu halten, wenn sie von großen Teilen der Bevölkerung außerhalb der Kontrollzone unterstützt werden. Dann gilt es auch noch, das schiere Ausmaß der Vereinigten Staaten zu bedenken: Wie soll man das gesamte Land säubern und halten?

Das weit größere Problem aber ist, dass es für einen Besatzer unmöglich ist, sich Legitimität zu verschaffen, denn der Prozess des Haltens ist selbst mit den besten Intentionen demütigend und zerstörerisch. Jeder, der je einen amerikanischen Checkpoint passiert oder ein amerikanisches Gefängnis betreten oder selbst nur die Grenze überquert hat, kennt die Unmenschlichkeit, die den Vorschriften innewohnt. Die zwangsläufige Unrechtmäßigkeit einer Besatzungsmacht – die Franzosen in Algerien und Indochina, die Russen in Afghanistan, die Engländer überall auf der Welt – käme in einem amerikanisch-amerikanischen Kontext weit ausgeprägter zum Tragen. Der Widerstand beginnt mit der Behauptung, die Bundesbehörden wären illegitim. Wenn man eine Hochburg regierungsfeindlicher Patrioten besetzt, ist jedwede Art von Staatenbildung erzwungen. Die Ortsansässigen wollen nicht, dass sich die Regierung einmischt. Genau das ist ja der

Punkt. Aber wie soll es einer Militärmacht ohne Legitimierungsapparat im Hintergrund möglich sein, den Gewaltverursachern entgegenzuwirken?

Man muss nicht lange suchen, um ein Beispiel für eine gescheiterte Besatzung auf amerikanischem Boden zu finden. Zur Zeit der Reconstruction von 1863 bis 1877 brachten die Südstaaten den Ku-Klux-Klan, die Red Shirts und die White League hervor – Terrororganisationen, die die Verwaltung des Nordens so lange drangsalierten, bis diese das Projekt der Versöhnung ad acta legte. Der Unmut über die Besatzung nach dem ersten Bürgerkrieg ist bis heute zu spüren. In den Südstaaten sind weder die Gräueltaten vergessen, die auf Shermans Marsch zum Meer begangen wurden, noch hat man dem Norden die Erniedrigung der Unterwerfung vergeben. Die belagerten Amerikaner hassten die belagernden Amerikaner. Dieser Hass hält auch heute noch an.

Der Wiederaufbau

Nach einem Skandal infolge der Vernichtung von Informationen, die zur Lagebeurteilung gesammelt wurden, tritt der General sechs Monate nach Beginn der Besatzungszeit zurück. Diese Datenvernichtung, neunzig Tage nach der Schlacht, ist eine Vorgabe gemäß *Feldhandbuch 3–28, Civil Supports Operations*, allerdings hat die SCRAG im Vorfeld dem nicht ihre Genehmigung erteilt. Es wirkt wie eine Vertuschungsaktion. Der General muss gehen.

In Bezug auf die Besatzung sind die Amerikaner nach sechs Monaten so gespalten wie eh und je. 49 Prozent der Befragten stimmen der Beschreibung des Sheriffs als Verräter zu, 49 Prozent der Beschreibung des Sheriffs als Patriot. Der kommende Bürgerkrieg wird kein Krieg zwischen organisierten Gegnern, schlüssigen Ideologien oder ethnischen Gruppen sein. Es wird eine Schlacht zwischen den Kräften der Ordnung und denen des Chaos sein. Der Kampf um eine kohärente Definition von Amerika.

Als Teil ihrer Wiederaufbaumaßnahmen bauen die Streitkräfte der amerikanischen Armee eine neue Brücke über den Fluss.

Szenario zwei:
Porträt eines Attentats

Der Attentäter wird ein junger Mann sein, wahrscheinlich, aber nicht zwingend, weiß. Er könnte ganz gewöhnlich aussehen. Es fällt leicht, sich sein Gesicht vorzustellen. Wie das von Patrick Crusius, der 23 Menschen, darunter zahlreiche mexikanischstämmige Amerikaner, in einem WalMart in El Paso erschoss, nachdem er ein vom »Großen Austausch« inspiriertes Manifest im Internet veröffentlicht hatte. Oder wie das von Jared Lee Loughner, der 2011 die demokratische Kongressabgeordnete Gabrielle Giffords in Tucson erschoss, oder wie das von Dylann Roof, der neun Afroamerikaner während einer Bibelstunde in der Emanuel African Methodist Church in Charleston tötete, darunter den Gemeindepastor Clementa Pickney, der einen Sitz im Senat des Bundesstaates innehatte. Auch in seinen Augen wird ein unbestimmter Ausdruck des Kummers liegen, er wird zerzaust aussehen, ungekämmt, nicht wirklich erwachsen. Die drei Militärveteranen, die sich 2020 in einer Boogaloo-Facebook-Gruppe trafen und einen Aufstand planten, der die amerikanische Regierung mittels aufsehenerregender Explosionen hätte stürzen sollen, sahen genauso aus. Der Attentäter wird einer der vielen verunsicherten jungen Männer Amerikas sein. Keiner hätte je von ihm gedacht, dass er die Präsidentin ermordet. Keiner wird überrascht sein, wenn er es tut.

Stochastischer Terrorismus

Wir leben in einem Zeitalter des stochastischen Terrorismus, auch bekannt als »der Terror der einsamen Wölfe«, wobei diese Bezeichnung ungenau ist. »Einsamer Wolf« klingt nach Kino. Der Begriff legt nahe, dass spektakuläre Gewalttaten das Ergebnis minutiöser Planung wären, dass ein einsames, geniales Genie sich wie ein Bond-Bösewicht in weit entfernten Ländern verstecken und dort Pläne schmieden würde, die dann von Untergebenen ausgeführt werden könnten. Die Realität der aktuellen Bedrohung ist weit banaler. Das Hintergrundrauschen der hyperpolarisierten Parteien, der Zorn und Hass in der amerikanischen Tagespolitik führen zu einer weitverbreiteten Toleranz von Gewalt. Und irgendwann reagiert dann jemand darauf. Die Wahrscheinlichkeit, dass eine ausländische Regierung oder Terrororganisation den Präsidenten der Vereinigten Staaten ermordet, ist verschwindend gering. Der Secret Service ist einfach zu kompetent. Doch beim stochastischen Terrorismus geht es um einen unbestimmten Zorn, und den gibt es in Amerika zuhauf. So verdichtet sich das allgemeine Klima des Hasses und gegenseitiger Schuldzuweisungen zur Mordtat.

Ramón Spaaji forscht als Soziologe zu politischem Extremismus und ist auf stochastischen Terrorismus spezialisiert. Die Atmosphäre von Gewalt und politischer Feindseligkeit, von der die amerikanische Gesellschaft durchsetzt ist, macht ihm Angst. »Das hyperpolarisierte Zweiparteiensystem hat ganz eindeutig Einfluss auf radikale politische Gewalttaten«, sagt Spaaji. »Sind viele Menschen einer radikalen Politik der Spaltung ausgesetzt, werden manche das in Gewalttaten übersetzen.« Die Gewaltrhetorik dient als Richtschnur, selbst wenn sie keinen expliziten Plan und noch nicht einmal spezifische

Angriffsziele bietet. »Es liegt kein direkter Kausalzusammenhang vor, aber eine Reihe kultureller Skripte, auf die man sich beziehen kann«, sagt Spaaji.

Die kulturellen Skripte für politische Gewalt verbreiten sich überall in den Vereinigten Staaten und verankern sich immer stärker. Zum gegenwärtigen Zeitpunkt gibt es im gesamten Land Agenten und Attentäter, die sich gegenseitig jagen und einander ausweichen. Sie sind Kraftfelder; der Attentäter, der den Wirren des Zorns und der Abscheu entsteigt, die die amerikanische Politik überwältigen, und der Agent, der versucht, die Integrität der amerikanischen Institutionen vor diesem Zorn und dieser Abscheu zu beschützen. Aufseiten des Agenten stehen technische Effizienz, ein ausgeklügeltes System im Zeichen einer »Null-Fehler«-Mentalität und ein Korps, das sich buchstäblich bis zum Tode verpflichtet hat. Die Agenten haben ihr glänzendes Können, ihren Mut. Der Attentäter wiederum hat eine große Menge Gleichgesinnter, außerdem Zeit und Zufall auf seiner Seite.

Die Tradition des Präsidentenmords

Die mit Abstand beliebteste Form politischer Gewalt in den Vereinigten Staaten ist die Ermordung des Präsidenten. Die historische Bilanz des Landes lautet: ein Bürgerkrieg, kein Staatsstreich. Und wie steht es um Attentate? Die Wahrscheinlichkeit, als Präsident ermordet zu werden, beträgt eins zu elf. Siebzehn Präsidenten überlebten Attentatsversuche. Das ist eine ganze Menge.

Im Vergleich zu anderen Ländern: Der einzige britische Premierminister, der je durch ein Attentat getötet wurde, war Spencer Perceval im Jahr 1812. In der Geschichte Australiens gab es zwei Attentatsversuche, in der Kanadas einen. Nach dem Präsidentenamt ist der zweitgefährlichste Beruf in den Vereinigten Staaten der eines Fischers. Einer von tausend stirbt bei der Arbeit. Die Sterblichkeitsrate bei Truppen im Einsatz liegt bei zweiundachtzig von hunderttausend. Es ist also wenig überraschend, dass der Secret Service täglich Millionen von Dollar ausgibt, um den Präsidenten am Leben zu erhalten. In den Vereinigten Staaten sind Attentate Teil des politischen Geschehens.

Ursache für die hohe Mordrate amerikanischer Präsidenten ist ihre Rolle als lebendes Symbol der nationalen Einheit, wie das sonst in keinem anderen Land üblich ist – hier wirken Ikonen als Steuergewalt. Im Jahr 1782 machten die Gründerväter *e pluribus unum* zu ihrem Motto, ein Diktum, das vieles bezeichnen kann – »aus vielen Bundesstaaten ein Land«, »aus vielen Menschen ein Volk« –, aber gerade die spezifische Rolle des Präsidenten, eines Anführers, der eher der allgemeinen Bevölkerung als der Aristokratie entsprang, war von zentraler Bedeutung: »aus vielen Bürgern ein Präsident«. Wird die Queen erschossen, ist das keine Stellungnahme zur Regierung des Landes. Wird der Premierminister Großbritanniens erschossen, wurde nur der erste Berater der Queen getötet. Der Präsident hingegen hat eine Aura, die kein Staatsdiener, keine Monarchin besitzt oder je besitzen kann. Wird ein Präsident umgebracht, so stirbt damit ein Amerika, das hätte sein sollen.

Einer der pensionierten Agenten des Secret Service, mit denen ich sprach, ein Mann, der sich den Beweggründen der Menschen umfangreich gewidmet hat, die den Präsidenten töten wollen, bot mir eine einfache Erklärung für die Popularität des Präsidentenmordes in den Vereinigten Staaten: »Es ist der schnellste Weg, die Geschichte zu verändern.« Wo das politische System keinen historischen Wandel herbeiführen kann, wird dies von einer Waffe erledigt.

Aktuelle Entwicklungen hinsichtlich von Attentaten

Der Secret Service geht jeder direkten oder indirekten Bedrohung gegen den Präsidenten nach und bewertet Vorsatz, Mittel und Möglichkeiten. Ein Agent des Secret Service, der anonym bleiben will – sie müssen anonym bleiben, wenn sie sich auch nur zu einem Punkt ihrer Vorschriften äußern möchten –, schilderte mir, wie stark sich der Bewertungsprozess aufgrund der Zunahme des politischen Hasses innerhalb der letzten zehn Jahre verändert hat. »Vor einigen Jahren noch war die Situation relativ überschaubar, weil die Drohungen beim Präsidenten per Telefonanruf oder Brief eingingen oder die Menschen direkt am Weißen Haus aufkreuzten«, sagt er. »Heutzutage erlauben es die digitalen Plattformen, dass weit mehr Drohungen abgesetzt werden – und das sehr viel öfter von Menschen, die unerkannt bleiben können.« Es ist so einfach, dass jeder es tun kann – ob Attentäter, Jugendlicher oder einfach irgendein Spinner. Jeder kann in einen Starbucks in Amerika gehen, eine anonyme Todesdrohung mittels des öffentlichen Wi-Fi in die Welt setzen und sich wieder davonmachen. In großen Mengen können solche Drohungen nahezu nicht mehr zurückverfolgt werden. Der Secret Service setzt daher künstliche Intelligenz ein, um die schiere Menge an Gewaltandrohungen zu bewältigen, doch die Effizienz dieser Methode ist bislang nicht belegt. Nur wenn sie versagt, weiß man, bis zu welchem Punkt sie funktioniert. Und bislang hat sie nicht versagt. Noch nicht.

Behörden zur Terrorismusbekämpfung wenden sich immer öfter an Wissenschaftler wie Spaaji, um konkrete Signale vom Dauerrauschen unterscheiden zu können. Er mag zwar Soziologe sein und zu politischem Extremismus forschen, doch seine Arbeit ist psychologischer Natur. Er ermittelt die Muster, die häufig bei Einzelpersonen auftreten, bevor sie einen verheerenden Gewaltakt begehen. Es gibt viele wütende Menschen in Amerika, jedoch deutlich weniger, die sich wirklich darauf vorbereiten, Politiker zu ermorden. Spaaji und der Secret Service sehen sich mit dem gleichen Problem konfrontiert. Wie kommt es dazu, dass kulturelle Skripte kippen, dass daraus gewaltsame Handlungen abgeleitet werden? Was muss geschehen, damit jemand, der vor seinem Computerbildschirm wütet, einen Abzug betätigt?

Spaaji sieht, was anderen in einer Welt tiefster Unsicherheit und unentzifferbaren Zorns verborgen bleibt. »Wenn es so etwas wie einen gemeinsamen Nenner gibt, dann ist es die Suche nach Zugehörigkeit, der Wunsch nach Bedeutung«, erzählt mir Spaaji. Der Geisteszustand, der zu Attentaten führt, entspringt sowohl einer persönlichen Krise (der Unfähigkeit, sich zu binden) als auch einer politischen Krise (eine Krise der Geschichte). Das toxische Gemisch besteht aus Größenwahn und Kränkung. Der Attentäter hat das Gefühl, nicht zu bekommen, was ihm zusteht, und betrachtet »sich selbst als historische Figur«.

Die Unfähigkeit, sich zu binden

Der Attentäter ist allein, und doch gibt es viele wie ihn. Er gehört einer Generation verlorener junger Männer an, entfremdete Außenseiter in einem Zustand der Verzweiflung, denen es schlechter gehen wird als noch ihren Eltern, die ein kürzeres Leben haben werden als jene, die Amerika als Land im Niedergang erleben werden. Wie Crusius, Loughner und Roof ist auch er ein Scheidungskind. Sein Vater ist weggezogen, als er ein Kind war. Seine Mutter arbeitet viel, um sie durchzubringen.

Er hat es hinbekommen, die Highschool abzuschließen, aber nicht ohne Zwischenfälle – Wutausbrüche aus dem Nichts, plötzliche Aggressionen gegenüber einer Lehrerin –, die dazu führten, dass er suspendiert wurde. Die anderen Schüler gingen ihm aus dem Weg. Geschichte war sein Lieblingsfach, aber er glaubte nicht an das, was sie ihm beibrachten. Er war im Netz andauernd auf der Suche nach alternativen Geschichten, coolem Zeug: wie die Aliens die Pyramiden erbaut und die Nazca-Linien in Südamerika erschaffen haben, wie mächtige verborgene Kräfte die Welt geformt haben. Wohin es ihn wirklich zieht, ist das Darknet. Dort kann man sehen, was man nicht sehen soll. Hier findet sich, was es wert ist, gelesen zu werden. Außerdem ist es zum Schreien komisch.

Bei seiner Abschlussfeier war er nicht anwesend. Sie wollten ihn nicht dabeihaben, also wollte er nicht bei ihnen sein.

Der Attentäter lebt in seinem Kinderzimmer im Obergeschoss des Hauses seiner Mutter. Seine Wände sind mit Postern zugekleistert – eine Einheit alter B-52-Bomber, *Reservoir Dogs, Moonrise Kingdom*, die Szene aus *Uhrwerk Orange,* in der Alex' Augen gewaltsam aufgesperrt werden. Auf einem kleinen Schreibtisch stehen eine alte Schreibmaschine und ein halb gelöster Zauberwürfel, daneben ein zerbrochenes Brett von seinem Taekwondo-Kurs an der Grundschule und ein paar alte Teilnahmemedaillen vom Jugendfußball. Auf seinem Schreibtisch bewahrt er ein Fernglas auf. Vom Fenster aus kann er über die Lärmschutzwand der Autobahn hinweg sehen.

Im Herbst nach seinem Abschluss setzt sich seine Mutter für eine ernste Unterhaltung mit ihm zusammen. Sie beginnt damit, wie sehr sie ihn liebt und dass sowohl sie als auch sein Vater das Beste für ihn wollen. Sie sagt, sie wisse, dass er in der Highschool eine schwere Zeit durchgemacht habe und dass sie ihn nicht dafür verantwortlich macht. Der Attentäter sitzt nur da und hört zu. Je weniger er sagt, das weiß er bereits, desto kürzer sind die Gespräche. »Du kannst hier wohnen, aber nur, wenn du dir einen Job suchst oder zur Uni gehst«, sagt seine Mutter zu ihm. Dagegen ist nichts einzuwenden.

Er erzählt seiner Mutter, dass er vorhabe, sich am Community College zu bewerben, um Schreiner zu werden, doch er schiebt es vor sich her, die Bewerbung abzuschicken, und verpasst schließlich die Einreichfrist. Er erzählt seiner Mutter nichts davon. Sie fragt nicht.

Einer der alten Freunde seines Vaters besitzt einen Baumarkt. Der Attentäter fängt an, dort in Teilzeit zu arbeiten. Er mag den Geruch von Holz. Er verabscheut den Geruch von Menschen. Eines Tages beobachtet er, wie der Besitzer zusammen mit einem Lieferanten im Holzlager lacht, einem Schwarzen Lieferanten. So etwas hat er noch nie gesehen. Aus für ihn unerklärlichen Gründen erfüllt ihn die Szene mit einer unbändigen Abscheu und mit Angst, und er geht einfach und kehrt nie wieder zurück.

Er irrt durch die Straßen, vorbei an den riesigen Zeltlagern der Obdachlosen, hinunter zur örtlichen Stadtbibliothek, wo er Dinge auf den Computern lesen kann, die er zu Hause nicht lesen würde.

Er gibt ein: »Warum hassen Schwarze und Mexikaner weiße Menschen?« Das Diskussionsforum füllt sich mit Antworten.

– Weil sie einen Krieg gegen weiße Leute führen. Sieh dich um. Die wollen Jobs, nur weil sie sind, was sie sind! Kein Weißer bekommt so Arbeit!

– Die »niedrigeren Lebensformen« hassen uns, weil wir besser sind. Sie hassen es, dass die Weißen die Welt erschaffen haben und sie nur darin leben. Und es ist egal, wie viel wir ihnen geben, sie wollen immer mehr.

– Alle wollen nur unter ihresgleichen sein. Schau dich doch mal um, du Snowflake.

– Es ist Krieg, Mann. Es ist Krieg.

»Sich selbst als historische Figur betrachten«

Trotz aller Wirren seines jungen Lebens wird der Attentäter eines sicher wissen. Er weiß, dass er zu mehr bestimmt ist als zu einem Leben mit seiner Mutter, ohne Job, Freundin, Freunde oder Perspektiven. Er weiß, dass er eine Bedeutung hat für den Lauf der Welt.

Der politische Mord als Suche nach Erlösung

»Die politische Ideologie wird zur Entschuldigung, zum Deckmantel, einem Weg, der unbedeutenden persönlichen Erfahrung Sinn und Bedeutung abzutrotzen«, sagt Spaaji. Das brutale Resultat wird zu »einer Suche nach Erlösung«. Der Secret Service nennt so etwas schlicht »niedere Beweggründe«.

Der Lebenslauf von Jared Loughner, der die Kongressabgeordnete Gabby Giffords aus Arizona erschoss, ist dafür exemplarisch: Nach einer Reihe von Gewaltausbrüchen vom

College abgegangen, Aufnahme ins Militär verweigert, fand keinen Job, kompensierte seine Erniedrigung mithilfe von politischen Onlineforen und postete seine Gewaltfantasien in den sozialen Medien und auf YouTube. Der Attentäter, wo immer er sein mag, schmort in seinem Versagen und in seinem Idealismus. Er ist ein Loser, ein Träumer, ein Halbstarker, dem eine Bestimmung verwehrt wurde, von der er glaubt, sie stünde ihm zu. Sein Gefühl der Bedeutsamkeit wird durch jede weitere Niederlage nur weiter bestärkt.

Die Suche nach Erlösung kann ganz unterschiedliche Formen annehmen: ein Kleinkrimineller, der ins Strafvollzugssystem eingespeist wird und als radikaler Muslim herauskommt; ein Vater, der seine Hypothek nicht bedienen kann und sich den Souveränen Bürgern zuwendet; ein junger Mann mit psychischen Problemen, der keine Arbeit findet und sich der White-Power-Ideologie verschreibt. Das Internet wird die Seele des Attentäters durch den »selektiven Konsum von Online-Materialien« weiter verfinstern, die Welt in Gut und Böse einteilen und bestätigen, was er ohnehin bereits weiß. Das Netz ermöglicht es ihm, Hass zu produzieren, Hass zu teilen, seine Fehlschläge ideologisch aufzuladen, und treibt ihn zu einem einzigen Schluss, zur alleinigen Antwort auf das Unheil in seinem Leben und das Unheil in seinem Land.

»Unseres Wissens beginnt Online-Radikalisierung mit einer gesellschaftlichen Entfremdung, weshalb man in allen sozialen Schichten auf radikalisierte Menschen trifft«, so Alex Newhouse, Forschungsleiter am Center on Extremism, Terrorism and Counter-Terrorism des Middlebury Institute of International Studies. »Gesellschaftliche Entfremdung geht mit Wut über die eignen Lebensumstände einher. Sie beginnt immer mit irgendeiner Form der Unzufriedenheit, und der nonkonformistische Standpunkt bietet oft eine Erklärung dafür, eine sehr klare, äußerst angenehme Erklärung dafür, warum man sich so fühlt.«

Der erste Schritt zur Online-Radikalisierung ist häufig nichts anderes als der Konsum nonkonformistischer Medien – die Dave Rubins oder Joe Rogans dieser Welt, Sendungen mit gigantischem Publikum, von dem die Mehrheit Gewalt niemals in Erwägung zieht. Nonkonformismus ist selbstverstärkend. »Das Verlangen nach einer Begründung für die Wut, die sie verspüren, drängt sie zu immer weiter am Rand stehenden Figuren«, sagt Newhouse. Diejenigen, die sich radikalisieren, entwickeln sich von Konsumenten gewöhnlicher, solider alternativer Medien hin zu Konsumenten von solchen, die wie ein Brandbeschleuniger offen für Massenmord werben. »Ein anderer Weg ist algorithmischer Natur«, sagt Newhouse. »Facebook, YouTube, in geringerem Ausmaß auch Twitter, geben Empfehlungen, die die Auseinandersetzung mit immer stärker an den Rändern verorteten Inhalten befördern.« Schaut man sich einen Facebook-Auftritt libertärer Waffenbefürworter an, werden einem Vorschläge für Seiten gemacht, wie denen von »Bürgerkriegsgruppierungen, die explizit zur Gewalt gegen den Staat aufrufen«. Eins führt zum anderen. Daraufhin ist das System ausgelegt.

Möchte man verstehen, was Menschen zur Gewalt motiviert, muss man sich der Kränkung zuwenden, die sie fühlen. Die Verzweiflung im Leben des Attentäters findet ihre Entsprechung in der allgemeinen Verzweiflung: »Es stehen keine demokratischen Mittel mehr zur Verfügung, und daher ist Gewalt die einzige Lösung«, sagt Spaaji. Der Attentäter muss mit ansehen, wie sein Leben scheitert, bevor es richtig begonnen hat, und er sieht dabei zu, wie sein Land auseinanderbricht, bevor er wirklich Teil davon werden kann.

»Selektiver Konsum von Online-Materialien«

Nach seinem Abschluss verbringt der Attentäter mehr Zeit online. Meistens ist er allein im Haus. Manchmal tut er so, als würde er nach Arbeit suchen, aber dann macht er sich auf den Weg zur Bibliothek und scrollt durch seine Lieblingsdiskussionsforen über Politik und Geschichte. Manchmal wird sein Umherschweifen von elektronischen Träumereien unterbrochen, von Großmacht- und Gewaltfantasien und von Pornografie.

In erster Linie liest er witziges Zeug. So etwas wie »Was sind die besten Foltermethoden aller Zeiten?« (der Blutadler) und »Was ist das schrägste Pornogenre?« (die »Lemon-Party«). Er findet heraus, dass Moos auf der Nordseite von Bäumen wächst. Er findet heraus, dass es Napoleon vorzog, wenn sich seine Mätresse nicht wusch, bevor sie Sex hatten. Er findet heraus, dass Washington von Pädophilen regiert wird. Das ist gut belegt. Die Presse wusste darüber seit zehn Jahren Bescheid. Die Präsidentin organisiert Partys in Restaurants in DC, auf denen ihre Freunde kleine Kinder vergewaltigen und ermorden. Es widert ihn an.

– Das ist nur der Anfang. In der »Regierung« wird nur »Führungsperson«, wer keine Moral hat. Es ist wie eine Art Test. Ein Test, der ihnen zeigt, ob man so weit geht, Kinder zu vergewaltigen. Tom fucking Hanks wird für ein Amt kandidieren. Ihr werdet schon sehen.

– Es heißt das große Erwachen. Nicht das große woke sein. Und all die Schlampen, die wegen irgendwelchem verkackten Snowflake-Mist rumheulen. Die juckt es nicht, wenn KINDER VERGEWALTIGT WERDEN.

– Schon mal von einem Pädophilen gehört, der sich allein mit Pä-

dophilie begnügt? Was kommt »als Nächstes«? Es ist der Kitzel des Neuen, der sie scharfmacht. Heute sind es die rettungslosen kleinen Kinder. Was wird ihre nächste Schandtat sein?
– Wir müssen denen mal so richtig auf die Fresse geben.

Ein Krieg ist im Gange oder steht kurz davor, auszubrechen. Dafür braucht der Attentäter keine speziellen Insiderinformationen. Das berichten ihm die gewöhnlichen Nachrichten. Und alles ist die Schuld dieser Schlampe, der Präsidentin. Sie beaufsichtigt die Auslöschung des weißen Volkes, der weißen Männer, doch das weiße Volk und die weißen Männer setzen sich endlich zur Wehr.

Es ergibt Sinn. Wie konnte die Welt nur so den Bach runtergehen? Die Reichen und Mächtigen haben sie kaputt gemacht.

Er sieht ein Pop-up für eine Waffenmesse in der Stadt. »Sport- und Jagdausrüstung sowie historische Memorabilien!« Obwohl die Veranstaltung in einer Mall stattfindet, von der er noch nie gehört hat, zieht er los, mit fünfzig Dollar in der Tasche, die er aus dem Portemonnaie seiner Mutter geklaut hat. Er muss drei verschiedene Busse nehmen, zu einem Gewerbepark neben einem Logistikzentrum von Amazon. Im Inneren finden sich eine Anwerbungskampagne der Oath Keepers und ein paar Dutzend Verkaufsstände auf Klapptischen. Historische Memorabilien werden nur an einem Stand angeboten, bei einem dickbäuchigen Knacker, der eine alte Pistole restauriert und kaum einmal von seiner Arbeit aufblickt. Da liegen sie, unter Glas – winzige Silbertassen, die Hermann Göring gehörten, Abzeichen aus Vietnam, Fußfesseln von Sklaven und Übereignungsurkunden.

Der Attentäter betrachtet ein paar der billigeren Waffen, und ein Kerl mit einem T-Shirt, auf dem steht *Ich unterstütze alleinerziehende Mütter* und auf dem die Umrisse von Stripperinnen zu sehen sind, sagt: »Ich kann dir diese Pistole günstiger verkaufen. Die Waffe da drüben.« In dem Koffer ist eine kleine schwarze Ruger, neun Millimeter. »Die Waffe da kann ich dir für achtzig geben.« Der Attentäter wühlt in seiner Tasche und kramt den Fünfzigdollarschein hervor. Der Mann mit dem T-Shirt sieht genervt aus, schnappt sich aber den Schein und reicht ihm die kleine schwarze Pistole.

Zu Hause schraubt der Attentäter ein Gitter an den Lüftungsschächten ab und legt die Pistole dort hinein. Der Attentäter besitzt jetzt ein großartiges Geschenk. Am Ende wird alles okay sein. Er wahrt ein Geheimnis.

Er hat etwas Gutes getan in diesem Jahr, eine Sache, auf die er stolz sein kann. Es gab da eine Frau, die behauptet hat, ihre Tochter sei bei einem der Amokläufe in Kalifornien getötet worden, und die, wie sich herausgestellt hat, eine Schauspielerin war, die von den Leuten eingeschleust wurde, die gewöhnlichen Bürgern ihre Waffen wegnehmen möchten. Wahrscheinlich, damit sie weniger Schwierigkeiten bereiten, wenn die Regierung beschließt, den Ausnahmezustand zu verhängen. Das Nachrichtenforum/freedomcosts, dem er folgt, hat ihre persönlichen Daten veröffentlicht, und er hat sie vom Münztelefon in der Bibliothek aus angerufen und ihr auf den Anrufbeantworter gesprochen, dass sie eine Lügnerin sei, ein falsches Miststück und dass sie schon noch bekommen werde, was sie verdient. Der Anruf hat ihn aufgeputscht. Vor Aufregung strahlend, hat er den Hörer aufgelegt. Er hatte sich getraut.

Später an jenem Abend postete er:

– Ich hab's getan. Ich hab der verfickten Schlampe gesagt, sie soll sich verpissen und verrecken.

Augenblicklich kommt eine Flut an Nachrichten zurück:

– Hammer!
– Wir werden jeden Tag mehr. Du bist nicht allein. Und wir holen sie uns. Wir holen sie uns.
– Zeig mal mehr Einsatz, Kleiner. Du glaubst also, dein Gequassel hätte auch nur die geringste Bedeutung. Action! Was wir brauchen, ist Action!

Kurz darauf liest der Attentäter, dass die Schauspielerin, die sich als Mutter eines der Schussopfer ausgegeben hat, Selbstmord begangen hat. Ein lügendes Miststück mit Macht weniger. Er mag keinen Job haben. Er mag kein Leben haben. Aber er hat einen Beitrag zum Kampf geleistet.

Der Attentäter nimmt ein paar Veränderungen in seinem Zimmer vor. Er hängt ein knallrotes Poster von 1945 an die Wand, auf dem *Blitzkrieg!* steht. Und darunter ein Meme von Duffy Duck mit dem Satz:»Ich hoffe, du weißt, dass das Krieg bedeutet!«.

Der Attentäter als Symptom

Beim stochastischen Terrorismus geht die politische Ermordung nicht aus konkreten Plänen ideologischer Gegenspieler hervor. Sie ist kein Ereignis im Stil des Films *Der Schakal*. Vielmehr kommt ein Klima des Hasses in einer Einzelperson zum Ausdruck, der sich eine Gelegenheit bietet.

Der Hass, der den Attentäter motiviert, wird nicht außergewöhnlich sein. Ganz im Gegenteil. Mehr als von allem anderen wird die amerikanische Politik von Hass angetrieben. Die gleiche Hilflosigkeit, die den Attentäter motiviert, stachelt die neue menschenverachtende Politik der Vereinigten Staaten an. Als amerikanischer Konservativer weiß man bereits, dass offene Diskussionen über die Ermordung politischer Rivalen zum Standardrepertoire gehören. Als amerikanischer Liberaler hingegen sollte man sich langsam fragen, wie sehr es einen wohl bestürzt hätte, wäre Donald Trump einem Attentat zu Opfer gefallen.

So lausig, brutal und dumm die amerikanische Politik auf der Oberfläche auch aussehen mag, die darunterliegende Realität ist sogar noch schlimmer. Steven Webster erforscht die neue Ausprägung der hyperpolarisierten Politik der beiden großen Parteien, die die Vereinigten Staaten auseinanderreißt. Gemeinsam mit Alan Abramowitz arbeitete er jahrelang an der Modellierung der parteipolitischen Gegnerschaft in der amerikanischen Politik. 2015 dann veröffentlichten sie den Essay »The Rise of Negative Partisanship and the Nationalization of U.S. Elections in the 21st Century«, der den derzeitigen politischen Wahnsinn besser in Worte fasst als alles andere. Abramowitz ist einer der seltenen Wissenschaftler, die zu Unrecht bescheiden sind – er weigerte sich, den Ergebnissen seines eigenen Modells Glauben zu schenken, als es einen Sieg Trumps vorhersagte, und das, obwohl es seit 1992 bei jeder Präsidentschaftswahl richtiggelegen hatte. »Das Modell basiert auf der Annahme, dass die Parteien Kandidaten aus dem Mainstream nominieren, die dazu fähig sind, die Partei zu einen, und dass das Ergebnis einer typischen Wahl ähneln wird, einer typischen Präsidentschaftswahl, bei der ein typischer Demokrat gegen einen typischen Republikaner antritt«, sagte er 2016 gegenüber dem amerikanischen Nachrichtenportal Vox.

Webster sieht in den Vereinigten Staaten einen schrecklichen Rückkoppelungseffekt am Werk, dem kein Einhalt geboten werden kann, außer durch eine Katastrophe. »Die Parteigänger im Wahlvolk können einander nicht leiden. Das ermutigt politische Eliten, miteinander zu streiten. Die Wahlberechtigten beobachten das. Und werden wiederum davon angespornt, miteinander zu streiten.« Die vergangenen dreißig Jahre haben zu einem »ideologischen Sortiervorgang« geführt, was nichts anderes bedeutet, als dass die Überschneidung zwischen konservativen Demokraten und gemäßigten Republikanern mehr oder weniger verschwunden ist. Dabei sind es die Menschen in den Parteien, die sich verändert haben, nicht nur die in den Parteien kursierenden Themen. Identitätspolitik ist nicht bloß irgendein Schlagwort. Es ist ein reales Phänomen. Die politischen Parteien und die verschiedenen Strömungen innerhalb der Parteien sind zu Identitäten geworden, durch die sich Einzelpersonen definieren.

»Zwischen den beiden Parteien besteht eine tiefe *Rassenkluft*«, sagt Webster. »Der nichtweiße Anteil an amerikanischen Wählern hat in den letzten Jahrzehnten enorm zugenommen. Und mit der Zunahme des nichtweißen Wähleranteils haben die meisten nichtweißen Wähler entschieden, sich der Demokratischen Partei anzuschließen.« Nicht nur ist die Republikanische Partei weißer geworden und die Demokratische Partei multikultureller. Auch haben sich die weißen Menschen beider Seiten verändert. In den Jahren unter Reagan und Bush gab es in beiden Parteien keinen großen Unterschied zwischen den Einstellungen der Weißen zum Thema Rassismus. Innerhalb der letzten drei Jahrzehnte jedoch wurden die Republikaner zur Partei des rassistischen Ressentiments. »Es herrscht das Gefühl vor, Schwarze würden traditionelle amerikanische Werte wie Individualismus und Eigenständigkeit verletzen«, sagt Webster. »In der Ära Obama wiesen 66 Prozent der weißen Republikaner rassistische Einstellungen auf. Bei den weißen Demokraten waren es um die 32 Prozent.« Weiße Republikaner wurden bezüglich der wachsenden Diversität des Landes intoleranter. Weiße Demokraten nicht. Das ist die große Veränderung.

Der Mangel an Unabhängigen

Amerika entwickelt sich zu zwei Amerikas. Amerikas, die einander hassen, die nicht miteinander reden. Niemand besetzt mehr die Mitte – Amerikaner sind entweder auf der einen oder der anderen Seite, eine Partei oder die andere, was immer sie auch behaupten mögen. »Viele Menschen fragen sich, was passieren würde, wenn es einen unabhängigen Kandidaten gäbe, den Kandidaten einer dritten Partei, einen, dem nicht das Label »Demokrat« oder »Republikaner« anhaftet, einen, der Amerika versöhnen könnte«, erzählt Webster. »Das wird niemals geschehen.« In Umfragen wirkt es ganz so, als wäre ein hoher Anteil an Amerikanern unabhängig, fühlt man den selbst ernannten Unabhängigen jedoch bezüglich ihres Wahlverhaltens auf den Zahn, stellen sie sich als überzeugte Parteigänger heraus. Nur sieben Prozent der Amerikaner sind wirklich unabhängig in dem Sinn, dass sie es in Erwägung ziehen würden, für eine Partei zu stimmen, die sie in der Regel nicht wählen.

Die Tiefe des Hasses

Wie kann man das Ausmaß des politischen Hasses erfassen, der Amerika ergreift? Thanksgiving ist eine Möglichkeit. In der Zeit nach der Wahl 2016 stellten Wirtschaftswissenschaftler an der Washington State University anhand von Handydaten und Wahlergebnissen auf Bezirksebene einen erschreckenden Unterschied zwischen den Feierlichkeiten fest, an denen Familien der gegnerischen Parteien teilnahmen, und solchen, die von Familien mit gleicher Parteizugehörigkeit besucht wurden. »Thanksgiving-Abendessen, die von Bewohnern aus Bezirken mit unterschiedlicher vorrangiger Parteizughörigkeit besucht wurden, dauerten dreißig bis fünfzig Minuten kürzer als Abendessen, bei denen alle einer Partei angehörten.« Die symbolische Aussage könnte treffender nicht sein. Aufgrund der Politik, aufgrund der Brutalität der neu herangezüchteten, ultraparteiischen Verachtung der Gegenseite können gewöhnliche Amerikaner ihr Erntedankfest nicht länger genießen. Sie können ihr Glück, Amerikaner zu sein, nicht länger feiern. Der Bericht beziffert ganz genau, wie viel an gegenseitigem Wohlwollen verloren gegangen ist: »Landesweit fielen 34 Millionen Stunden an Thanksgiving-Essens-Unterhaltungen über die Parteigrenzen hinweg den Auswirkungen der Parteilichkeit zum Opfer.« In genau dem Moment, in dem die Menschen Amerikas mehr Unterhaltungen über Parteigrenzen hinweg gebraucht hätten, reduzierten sie diese.

Einer Umfrage des Pew Research Center zufolge schätzen 58 Prozent der Republikaner die Demokraten »äußerst gering« (im Gegensatz zu 1994, als es gerade einmal 21 Prozent waren), und wiederum 55 Prozent der Demokraten schätzen die Republikaner »äußerst gering« (1994 waren es noch

17 Prozent). 41 Prozent der Demokraten und 45 Prozent der Republikaner sind inzwischen zu der Überzeugung gelangt, dass die Gegenseite »eine Bedrohung für das Wohlergehen des Landes« darstellt. Doch selbst diese Zahlen vermögen es nicht, die Tiefe des Hasses zwischen Republikanern und Demokraten zu erfassen. Im Jahr 1960 gaben fünf Prozent der Republikaner und vier Prozent der Demokraten an, nicht zu wollen, dass ihre Kinder ein Mitglied der jeweils anderen Partei heirateten. Im Jahr 2010 waren es dann schon die Hälfte der Republikaner und ein Drittel der Demokraten. Meinungsdifferenzen haben sich auf beiden Seiten zu einer Blockadem*entalität verhärtet und dabei politische Fragen oder die, was eine erfolgreiche Führung des Landes ausmacht, hinter sich gelassen. Die alles dominierende Frage im politischen Leben Amerikas lautet nicht mehr, wofür man ist, sondern wogegen.

Die Hyperpolarisierung der Politik führt zu dem Hass, der die Vereinigten Staaten heute definiert, und sie wirkt sich auf so viel mehr aus als darauf, wie die Menschen wählen oder wie sie über die politischen Entscheidungen ihrer Landsleute denken. Eine 2015 im *American Journal of Political Science* veröffentlichte Studie kam zu dem Ergebnis, dass »sich Parteigänger gegenüber den Parteigängern der Gegenseite in einem Ausmaß diskriminierend verhalten, das selbst rassistische Diskriminierung übersteigt«. Stammeszugehörigkeit ist nicht mehr eine bloße Metapher. Demokraten und Republikaner verhalten sich tatsächlich wie Stämme, mit einem selbst auferlegten Gebot der Reinheit und Hass für alle, die nicht dazugehören.

Dieses Stammesdenken wirkt sich auf die Gesellschaft als Ganzes aus. Es hat Wirtschaft und Religion ebenso durchdrungen wie die Institutionen des Rechts und der Regierung.

Dabei sollte man nicht außer Acht lassen, dass all diese Entwicklungen Trump vorausgehen, teilweise um Jahrzehnte.

Demografischer Wandel und Bürgerkrieg

Der Amerikaner Scott Gates lebt in Norwegen, wo er am PRIO, dem norwegischen Institut für Friedensforschung, Konfliktmuster untersucht. Erwartungsgemäß hat er seine Arbeit politischen Konflikten in den Ländern des globalen Südens gewidmet, in denen die meisten Bürgerkriege herrschen. Er ist ebenso schockiert wie alle anderen, dass seine Arbeit plötzlich auch zu Hause Anwendung findet. Die Frage, die sich den Vereinigten Staaten und überhaupt jedem Land, das sich dem Abgrund nähert, stellt, ist, wie stark die Zivilgesellschaft ist und wie viel diese von der brutalen Gewalt ihrer Politik abfedern kann. Was die Vereinigten Staaten anbelangt, hat Gates in beiden Punkten nur noch wenig Zuversicht.

Dass sich die Amerikaner in eine Hassspirale hineinmanövriert haben, ist alles andere als einzigartig. Es ist völlig normal. Eine unlängst im *Journal of Political Economy* erschienene Studie der Wirtschaftswissenschaftler Anirban Mitra und Debraj Ray untersucht die Beweggründe für die zwischen Hindus und Muslimen schwelende Gewalt in Indien und fand heraus, dass »eine Zunahme der staatlichen Pro-Kopf-Ausgaben für Muslime zu einer signifikanten Steigerung religiös motivierter Konflikte führte. Wohingegen eine Zunahme der staatlichen Pro-Kopf-Ausgaben für Hindus weniger oder überhaupt keine Auswirkungen zur Folge hatte.« Zahlenmäßig dominieren in Indien die Hindus, und die Muslime stellen eine vergleichsweise arme Minderheit dar. Unruhen beginnen dann und dort, wo Muslime im Verhältnis zu den vorherrschenden Hindus die größten Zugewinne verzeichnen können. Insofern die Hindus an Privilegien verlieren, schützt die Gewalt ihren Status. Je mehr sich eine der unteren Gesellschaftsschichten auf friedlichem Wege wirtschaftlicher und politischer Gleichstellung nähert, desto gewalttätiger und hasserfüllter reagiert die weiter oben stehende Gesellschaftsschicht.

»Ein ganz ähnliches Muster lässt sich derzeit in den Vereinigten Staaten beobachten«, erklärt mir Gates. »Im Lauf der vergangenen zwanzig Jahre hat sich der Wohlstand der weißen Arbeiterklasse verringert, in absoluten Zahlen bekommen sie heute weniger als in den 1980er-Jahren. Sie sehen dabei zu, wie sich ihr Platz im Leben systematisch verschlechtert. Und sie sehen, dass es auch ihren Kindern nicht besser ergehen wird. Zugleich haben die Latinos und die Schwarzen ihren Status verglichen mit dem, wo sie früher einmal standen, verbessert.« Damit hier keine Missverständnisse entstehen: Nicht dass sie ärmer werden, macht die weißen Amerikaner wütend. Sie sind wütend, weil sie ihre Überlegenheit gegenüber den nichtweißen Amerikanern verlieren.

Die revolutionären Propheten des 19. Jahrhunderts, wie beispielsweise Karl Marx, glaubten, die Unterdrückten würden sich gegen ihre Unterdrücker erheben. Im 21. Jahrhundert sind es die Unterdrücker, die revoltieren. Dabei ist die gewalttätige Reaktion auf den Verlust von Privilegien keineswegs allein den weißen Amerikanern eigen. Dieser Verlust liegt Konflikten in der ganzen Welt zugrunde. Wo Privilegien abnehmen, nimmt die Gewalt zu. Die Republikanische Partei hat sich zu einer weißen Partei entwickelt, die von ihren rassistischen Ressentiments bestimmt wird. Wo rassistische Ressentiments und schwindende Privilegien aufeinandertreffen, führt dies seit jeher zu Gewalt. Erst kürzlich prognostizierte die Volkszählung des Landes, der United States Census, dass Weiße spätestens 2045 die Minderheit im Land sein werden.

Ein Grund, warum sich die beiden Parteien gegenseitig als das andere betrachten, ist, dass sie ihrem Wesenskern nach tatsächlich äußerst unterschiedlich *sind*. Die Demokraten repräsentieren ein multikulturelles, in einer liberalen Demokratie verankertes Land. Die Republikaner repräsentieren ein weißes, in der Unantastbarkeit des Privateigentums verankertes Land. Amerika kann nicht beides zugleich bedienen. Das politische System wird mit der Instabilität des demografischen Wandels schlichtweg nicht fertig.

Die sich abzeichnende Legitimationskrise

Bis zum Jahr 2040, so eine Hochrechnung der Ergebnisse der Volkszählung an der University of Virginia, werden 30 Prozent der Bevölkerung 68 Prozent des Senats beherrschen. Die Hälfte der Bevölkerung wird sich auf nur acht Bundesstaaten verteilen. Das Ungleichgewicht im Senat kommt überwiegend weißen Wählern ohne akademischem Abschluss zugute. Die Ergebnisse des Wahlleutegremiums 2016 entsprachen denen von 2020, mit 232 Stimmen für den Verlierer und 306 für den Sieger. Allerdings verlor Donald Trump 2016 die Stimmen des Wahlvolks (»Popular Vote«) um 2,1 Prozent, und Biden gewann die Popular Vote 2020 mit einem Vorsprung von 3,4 Prozent. Selbst 2020 hätte der demokratische Kandidat die Popular Vote um ganze sechs Prozentpunkte gewinnen, die Wahl aber dennoch verlieren können. In absehbarer Zukunft könnte ein Kandidat der Demokraten die Popular Vote mit vielen Millionen Stimmen Vorsprung gewinnen, die Wahl aber dennoch verlieren. Das föderale System repräsentiert nicht länger den Willen des amerikanischen Volkes.

Die symbolische Bedeutung der Präsidentin

Die hyperpolarisierte Parteienlandschaft macht jede amerikanische Präsidentin zu einem mit zweifacher Bedeutung aufgeladenen Symbol. Für die eine Hälfte des Landes wird sie ein Sinnbild amerikanischer Führungsqualität sein, für die andere eines der Unterdrückung und Unrechtmäßigkeit. Symbolik ist wichtig. Länder leben durch Symbole und gehen durch sie zugrunde. Kein amerikanischer Präsident, keine Präsidentin aber kann heute oder in absehbarer Zukunft noch Sinnbild der Einheit sein, nur eines der Spaltung.

Die erste Stufe bei der Verwandlung zum Attentäter

Der Wandel vom durchschnittlich zornerfüllten Amerikaner zum Attentäter kann allmählich vor sich gehen oder quasi über Nacht geschehen. »Es variiert. Manchmal braucht es Jahre, manchmal nur wenige Tage«, sagt Spaaji. »Die Polizei würde sagen, dass es scheinbar spontan geschieht, und fragen, wie wir es verhindern können, wenn wir die Person zuvor überhaupt nicht auf dem Radar hatten.« Der Attentäter wird einer von Millionen sein, die sich in der Kloake der Verachtung suhlen. Er wird vor einem Bildschirm hausen, die giftigen Dämpfe des Hasses inhalieren, in einer dunklen Ecke eines Landes, das viele dunkle Ecken hat. Typen wie der Attentäter gibt es recht häufig. Die große Mehrzahl von ihnen tut nichts.

Was unterscheidet die Menschen, die handeln, von denen, die nicht handeln? Die Verwandlung durchläuft drei Stufen oder weist drei »Dimensionen von Merkmal-Clustern« auf, wie Spaaji das nennt. Die erste umfasst den plötzlichen Zugang zu Mitteln und Gelegenheiten, »die es ermöglichen, vermeintliche Erfolgsaussichten neu zu bemessen«.

Der plötzliche Zugang zu Mitteln und Gelegenheiten

Der Attentäter wird davon im Radio hören: Die Präsidentin kommt in die Stadt. Sie hat eine Tour angekündigt, auf der sie »den Bürgern zuhören« möchte. Ein Halt wird diese verdammte Highschool sein, auf der ihm diese fiesen Lehrer und ihre Lieblingsschüler das Leben zur Hölle gemacht haben. »Die Zeit, dieses großartige Land zu heilen, ist gekommen«, hört der Attentäter die Präsidentin sagen. »Und wir können nur heil werden, wenn wir allen zuhören und alle sich gehört fühlen.« Der Attentäter hält ihren Besuch für mehr als nur einen glücklichen Zufall. Erst hat ihm der seltsame Mann für das wenige Geld, das er dabeihatte, eine Waffe verkauft. Jetzt kommt die Präsidentin in die Stadt. Das muss Schicksal sein. Aber er muss es geheim halten.

Die Vorbereitungen des Secret Service

Der Secret Service weiß, dass der Attentäter irgendwo da draußen ist. Seinen Namen kennen sie nicht. Sie wissen nicht, wer er ist. Aber sie wissen, dass er irgendwo da draußen ist.

Jeder Attentäter, dem es gelingt, einen amtierenden amerikanischen Präsidenten zu töten, braucht sehr viel Glück und wird es nicht allein durch Planung schaffen. »Der Secret Service geht äußerst gründlich und vorausschauend vor«, erzählt mir meine anonyme Quelle. »Im Vorfeld machen sie eine Art Probedurchlauf, schätzen die Bedrohungslage ein. Während dieses Probedurchlaufs ermitteln sie jede erdenkliche Gefahr und entschärfen sie.« Der Ort hat für den Secret Service keine Bedeutung. Vorbereitung siegt über Zufall. Wer vorbereitet ist, für den halten die Straßen Bagdads nicht mehr Gefahr bereit als die New Yorks. »Schutzmaßnahmen können viele Formen annehmen. Ich sorge für Schutzmaßnahmen. Ich setze Schutzmaßnahmen durch.« Die Reise der Präsidentin wird permanenten Schutz erfordern.

Die Qualität der Waffe, die dem Attentäter zur Verfügung steht, kümmert den Secret Service nicht übermäßig. Ein großkalibriges Präzisionsgewehr wie ein Barrett nützt nur jemandem, der eine Gelegenheit findet, es einzusetzen – und der Secret Service zeichnet sich dadurch aus, genau solche Gelegenheiten zu verhindern. In fast jeder realen Gefahrensituation würde es allerdings auch eine einfache Pistole tun.

Die zweite Stufe der Verwandlung des Attentäters

Die zweite Dimension, die von allgemeinen Hassgefühlen zum politischen Mord führt, liegt laut Spaaji darin begründet, dass »die mit der Handlung einhergehenden Kosten sinken und die, die damit einhergehen, untätig zu bleiben, steigen.« Das Politische und das Persönliche verschmelzen: Der Attentäter erkennt, dass sein Leben keine bedeutungsvolle Zukunft mehr bereithält, folglich hat er nur noch wenig zu verlieren.

Seine Mutter bittet ihn für ein weiteres Gespräch aus seinem Zimmer. »Das muss aufhören«, sagt sie, ihre Augen voller Tränen, die Erschöpfung ist ihr ins Gesicht geschrieben. Längst beherrscht er es, seine Mutter auszublenden, und er weiß schon, was jetzt folgen wird. Seine Mutter möchte ihn dazu bewegen, für eine Weile zu seinem Vater nach San Jose zu ziehen. Sein Vater besitzt ein Sportgeschäft, in dem er arbeiten kann, und wird ihm für ein paar Monate die Miete für eine Wohnung finanzieren. »Vielleicht wäre das eine neue Chance für dich. Vielleicht kannst du dir dort etwas Eigenes aufbauen.«

Die Verachtung überkommt ihn wie eine heiße Wolke, eine lange brennende Zunge leckt ihm am Rückgrat entlang. Versteht sie ihn denn nicht? Hat sie etwa vergessen, dass sein Vater sie sitzen gelassen hat, dass er sie nicht mehr liebt, dass er jetzt mit irgend so einer vietnamesischen Schlampe zusammenlebt, deren Namen sie noch nicht einmal richtig aussprechen können, dass Dad jetzt neue Babys hat, die sie noch nicht einmal kennengelernt haben? Sein Zorn strömt kalt aus ihm heraus: »Du verfickte Schlampe. Du verfluchte, verfickte Schlampe.«

Er zieht sich ins Dachgeschoss und ins Internet zurück. Er gibt ein: »Wie weit kann man es im Leben bringen, wenn man eine Schlampe zur Mutter hat?« Ein Buzzfeed-Quiz poppt auf. Seine üblichen Onlineforen quellen vor Verachtung für die Tour der Präsidentin förmlich über. Auf den Boogaloo-Seiten liest er, die Tour sei nur eine Tarnung, dass die Präsidentin vorbereite, den Ausnahmezustand zu verhängen. Dieses Miststück von Präsidentin ist auf Erkundungsmission. Ihre Tour ist eine Tarnung, die ihr Zugang zu Orten verschafft, an denen sie nicht willkommen ist, um dort Kontrollzentren zu errichten. Es ist Teil des Pädophilenrings. Die Präsidentin kommt in die Stadt, um die Vergewaltigung von Kindern zu organisieren, damit sie die Vergewaltiger damit erpressen kann. Alle Machthaber hängen da mit drin.

Der Attentäter hört, wie seine Mutter im Erdgeschoss etwas ins Telefon flüstert. »Ich weiß nicht«, sagt sie. »Ich weiß nicht, was er vorhat.« Sie beginnt zu schluchzen. »Er ist auch dein Sohn. Du trägst Verantwortung. Du wirst verantwortlich sein.« Dann: »Nein, nein, nein, du musst ihn zu dir nehmen. Du musst.«

Er geht zu dem Lüftungsschacht im Dachgeschoss und schraubt das Gitter ab. Die schwarze Pistole liegt dort wie ein kleiner schwarzer Vogel, der darauf wartet, fliegen zu dürfen. Ein Geheimnis. Eine Waffe ist eine Zeitmaschine, die die Zukunft verändert.

Die letzte Stufe der Verwandlung

Spaaji zufolge wird es bei der letzten Stufe zu einer »Intensivierung des Drucks« kommen, einem wachsenden Gefühl der Dringlichkeit. In den Wochen vor ihrer Tat neigen Attentäter dazu, sich zurückzuziehen. Sie hören auf, mit ihrer Familie zu sprechen, antworten nicht mehr auf E-Mails. Sie verschenken Wertgegenstände und kündigen ihre Konten. Sie lösen sich von den Menschen, von Dingen. Sie konzentrieren ihr Leben ganz auf die Rolle, die sie bald einnehmen werden.

Wenn die Präsidentin nicht bald umgebracht wird, geht Amerika vor die Hunde. Es wird keine Hoffnung mehr für anständige Menschen geben. Es wird kein Leben für jemanden wie den Attentäter geben. Es wird keine Zukunft geben. Es gibt ohnehin keine Zukunft. Der Attentäter entfernt die Poster an seinen Wänden. Er räumt den Zauberwürfel und die alte Schreibmaschine zusammen. Er nimmt seine übliche Route zur Bibliothek, läuft auf das Zeltlager der Obdachlosen zu. Da ist ein Junge, der ihm schon früher aufgefallen ist. Er lebt dort mit seinem Vater und wühlt immer in einer kleinen Kiste mit Schätzen vor ihrem Zelt herum. Der Attentäter muss das Kind suchen. Aber schließlich findet er es, wie es an einer Ecke des Zelts auf den Bildschirm eines Handys starrt. Es sieht aus, als hätte es gerade geweint. Der Attentäter gibt ihm die Poster und anderen Kram. »Für dich«, sagt er zur Überraschung des Jungen und geht.

Den Rest seiner Sachen verbrennt er auf einem Parkplatz neben einem pleitegegangenen Einkaufszentrum. Dieses Kind wird bald schon seinen Namen kennen. Er wird bekannt sein. Er und der obdachlose Junge teilen nun das Geheimnis seiner Existenz.

Jeden Morgen weckt ihn seine Mutter, indem sie an seine Tür klopft und ruft: »Heute Abend müssen wir miteinander reden«, aber dann kommt sie nach Hause und macht Abendessen. Er kommt erst herunter, nachdem sie gegessen hat, und isst dann allein. Eines Morgens wacht er auf und findet ein Flugticket unter seiner Tür, ein einfacher Flug nach San Jose. Obendrauf klebt ein Post-it: »Du musst nicht dorthin, aber hier kannst du nicht bleiben.« Unter dem Post-it klebt eine weitere Notiz: »Es ist nur zu deinem Besten.« Weder seine Mutter noch sein Vater kapieren, dass er ein Held ist. Sie sind die Eltern eines Helden.

Das vereitelte Attentat

Jeder Attentäter braucht Glück. Gavrilo Princip, der Erzherzog Franz Ferdinand erschoss und damit den Ersten Weltkrieg auslöste, gelang es nur, sein Ziel zu erreichen, da der tschechische Fahrer des Erzherzogs seine Anweisungen falsch verstanden hatte und, anstatt auf den Appelkai abzubiegen, auf die Franz-Joseph-Straße fuhr, an der Princip wartete. Der Lauf der Geschichte ist voll von solchen Zufallstreffern, vor allem hinsichtlich der Ermordung bestimmter Menschen.

Kurz bevor die Präsidentin für ihre Tour an der örtlichen Highschool eintrifft, postet der Attentäter eine politische Stellungnahme. Ein wildes Nachgeplapper unterschiedlicher Ideologien, von denen das Internet bereits nur so überquillt. Er wird die ungeborenen Babys retten, die amerikanischen Freiheitsrechte schützen, damit Amerika weiterhin großartig bleibt. Vor allem aber feiert seine Stellungnahme Waffen. Der Titel: »Eine Pistole ist eine Zeitmaschine in die Zukunft«.

Vielleicht wird sie vom Machine-Learning-Algorithmus des Secret Service erfasst. Vielleicht auch nicht. Es spielt keine Rolle. Die Agenten, von denen die Präsidentin zur ihrer Wahlkampfstation geleitet wird, werden absolute Kontrolle haben. Voraus-Teams werden jeden erdenklichen Zugang ausgekundschaftet haben. Jede mögliche Gefahrensituation wird ermittelt und entschärft, jede Person, die Kontakt zur Präsidentin hat, überprüft worden sein. Es werden Sicherheitsleute anwesend sein, die alle Zugangspunkte überwachen. Weitere Sicherheitsleute werden die Menge im Auge behalten.

Die Pistole in seine Hosentasche geschmiegt, schlendert der Attentäter auf die Präsidentin zu. Er wird nicht weit kommen. Es gibt ein Gedränge aus Ortsansässigen und Reportern, und bevor die Präsidentin die Schule betritt, wird sie gerade einmal so kurz innehalten, dass sie nur flüchtig zu sehen ist. Dann ist sie weg. Das war's. Das Ende. Mehr Geschichte bekommt der Attentäter nicht zu Gesicht. Er wird sich zurückziehen und sich in einem Jamba Juice auf der gegenüberliegenden Straßenseite trösten. Eine neue Art der Verzweiflung senkt sich über ihn. Er war also doch nicht zum Helden bestimmt.

Der Attentäter wird Glück brauchen. Aber so viel Glück nun auch wieder nicht. Es würde bereits genügen, dass die Präsidentin beim Wegfahren von der Veranstaltung entscheidet, für einen spontanen Fototermin bei einem Jamba Juice zu halten. So etwas nennt der Secret Service einen »inoffiziellen Schritt«.

Der Secret Service nutzt sein Können, um die Umgebung so schnell wie möglich abzusichern. Aus allem, was greifbar ist, werden Barrieren gebaut.

»Wir sind immer im Vorteil. Wir würden den Präsidenten niemals einer Situation aussetzen, in der wir im Nachteil sind«, erzählt mir mein anonymer Agent. »Welche Risiken ich dabei auf mich nehme? Nehmen wir einmal an, der Präsident springt aus seinem Auto und geht in ein Diner. Nun, dieses Risiko muss ich akzeptieren. Wahrscheinlich sind dort Menschen, die irgendeine Art Waffe dabeihaben. Vielleicht ein Taschenmesser. Vielleicht hat jemand eine Handfeuerwaffe oder zwei. Diesen Schritt nehme ich zunächst aus dem folgenden Grund in Kauf. Ich habe das Überraschungselement auf meiner Seite. Niemand wusste, dass er kommen wird.«

Die Menschen in dem Diner mögen zwar die Mittel und die Gelegenheit haben, doch es ist recht unwahrscheinlich, dass sie auch niedere Absichten hegen. »Die Wahrscheinlichkeit, dass bei diesem Ereignis etwas passiert, ist so gering, dass ich gewillt bin, das Risiko auf mich zu nehmen. Allerdings bin ich nur für sehr kurze Zeit gewillt, es auf mich zu nehmen.« Doch mehr als ein Schuss ist auch nicht nötig.

Der Unfall

Im Folgenden nun der Moment, der in Endlosschleife wiederholt wird. Es wird mehrere Aufnahmen des Mordes geben, von mehreren überraschten Kunden. Die Präsidentin streckt ihre Hand aus, redet freundlich mit einem älteren Paar, da steht der Attentäter auf, aus seiner kleinen schwarzen Ruger löst sich ein Schuss, dann wird er vom Secret Service überwältigt.

Die Überlebenschancen

Der Attentäter muss gut zielen, wird ihren Kopf oder mehrmals ihren Körper treffen müssen. »Das medizinische Protokoll des Secret Service gehört zu den umfangreichsten der Welt«, erzählt mir der Agent. »Es gibt keine andere Person, die 24 Stunden am Tag mit einem Arzt, einem medizinischen Assistenten mit Kampfausbildung und einer Krankenschwester unterwegs ist.« In jeder Fahrzeugkolonne fahren Experten für Chemie, Biologie und Radioaktivität mit. »Das ist die Ausgangsbasis, das Mindestmaß.« Über das umfangreiche Reiseteam hinaus werden die medizinischen Eventualitäten jeder Reise gemeinsam mit der nächstgelegenen Unfallklinik evaluiert. Der Präsident befindet sich fast nie außerhalb »der goldenen Stunde«, außerhalb erweiterter lebensrettender Maßnahmen, die innerhalb der ersten Stunde nach einer Verletzung angewandt werden können. Aber nicht einmal das beste Team kann jedes Mal alle retten.

Die unmittelbaren Folgen

Dort, inmitten eines Diner in der Mitte des Landes, wird ein weiterer Präsident ermordet, noch eine zerstörte Institution, noch ein zersprungenes Symbol.

Wie würde die Folgezeit nach der Ermordung eines Präsidenten heute wohl aussehen? »Das Gewaltpotenzial wäre unheimlich hoch, weil die Gesellschaft so polarisiert ist«, erzählt mir Ronald Eyerman, Autor von *The Cultural Sociology of Political Assassination* und einer der weltweit führenden Experten auf dem Gebiet der nationalen Traumatisierung nach Attentaten. Kommt es im Zuge eines Machtwechsels zu gewaltsamen Ausschreitungen, vertraut man in Demokratien mit aller Kraft auf nationale Symbole und kollektive Rituale.

In anderen Ländern und zu anderen Zeiten der amerikanischen Geschichte folgten auf die Ermordung eines Politikers Momente nationaler Einheit und Trauer. Im Fall des schwedischen Premierministers Olof Palme, der 1986 auf der Hauptstraße Stockholms ermordet wurde, »gab es eine Trauerperiode«, erklärt Eyerman, »eine Zeit, in der die Parteipolitik beiseitegelegt wurde und das Land gemeinsam trauerte«. Auch nach den Ermordungen der beiden Kennedys, John und Robert, verhielt es sich so. Der aktuelle Zustand der Hyperpolarisierung jedoch lässt eine solche Solidarität fast unvorstellbar erscheinen. »Ich glaube nicht, dass ein Schock eintreten, dass man kollektiv trauern würde. Ich halte es für wahrscheinlicher, dass es zu Protesten und kollektiver Gewalt kommen würde«, sagt Eyerman. »Umso wichtiger wären dann andere repräsentative Figuren, vor allem ihr Auftreten in der Öffentlichkeit wäre von größter Bedeutung.«

Wie wir aber gesehen haben, lassen sich die repräsentativen Figuren der amerikanischen Politik heute nicht mehr auf parteiübergreifendes Handeln ein. Zorn fördert Beliebtheit. Da die Hyperpolarisierung ohnehin bereits jedes politische Ritual befallen hat, wie etwa die Auswahl der Richter am Supreme Court zeigt, warum sollte sie da nicht auch eine Präsidentenbeerdigung überschatten?

»Vor allem vor dem Hintergrund der gewalttätigen Vergangenheit in den Vereinigten Staaten und der Verbreitung von Waffen und all der Wut und der Frustration, ist es wahrscheinlicher, dass ein Funke wie dieser eher Gewalt heraufbeschwört als Trauer«, bemerkt Eyerman. »Es könnte zu einem institutionellen Zusammenbruch kommen, nicht nur bezüglich öffentlicher Einrichtungen, sondern auch hinsichtlich dessen, was es den Menschen ermöglichen würde, zu trauern.« Beim nächsten Präsidentenmord werden die Straßen keine Szenen schwermütiger Einkehr bieten. Die Straßen werden mit Zorn gefüllt sein und mit Verachtung, die Situation könnte jeden Moment außer Kontrolle geraten.

Was ist schon ein Präsident mehr oder weniger?

Wie zu Beginn dieses Szenarios bereits erwähnt, wurde bislang einer von elf Präsidenten ermordet. Das Land hat all diese Morde überlebt. Der nächste Attentäter spielt dabei keine Rolle. Auch auf den Präsidenten kommt es nicht an. Dieses Gedankenexperiment dient vielmehr dazu, deutlich zu machen, wie sehr sich die Bedeutung des Präsidenten inzwischen verändert hat. Früher einmal war der Präsident der unhinterfragte Repräsentant des Willens des amerikanischen Volkes. Die Ermordung dieses Repräsentanten kam einem Angriff auf das Land als Ganzes gleich.

Heute jedoch gibt es kein Land als Ganzes mehr.

Der Attentäter als Held

Der Attentäter würde zum Symbol werden, in direkter Umkehrung der Präsidentin. Genauso wie die Präsidentin für die eine Hälfte des Landes eine Tyrannin und für die andere eine Leitfigur war, wäre der Attentäter für die eine Hälfte des Landes ein kaltblütiger Mörder und für die andere ein heroischer Widerstandskämpfer. Innerhalb weniger Stunden würde im Internet ein Fanklub für ihn auftauchen. Nachdem Dylan Roof die Emanuel African Methodist Episcopal Church angegriffen hatte, formierte sich auf der rechtsextremen Social-Media-Plattform Gab und bei Discord eine »Topfschnitt-Gang«, die sich auf seinen Topfhaarschnitt bezog. Wieder einmal fand die bereits etablierte rechte Polarisierungsmaschine Anwendung – vom Internet über die Massenmedien bis hin zu den gewählten Volksvertretern. Nachdem der 17-jährige Kyle Rittenhouse während der Proteste gegen Polizeigewalt und Rassismus in Kenosha Joseph Rosenbaum und Anthony Huber getötet hatte, feierten die Republican Women of Waukesha County seine Mutter bei einer Veranstaltung für »Sicherheit und Selbstverteidigung« in Pewaukee mit Standing Ovations. Michelle Malkin, eine republikanische Kommentatorin, telefonierte mit ihm und dankte ihm für seinen Mut. Thomas Massie, der Kentucky im Repräsentantenhaus vertritt, lobte Rittenhouse für seine »unglaubliche Selbstbeherrschung, seine Präsenz und sein Situationsbewusstsein«.

Die Trauer um die Präsidentin

Man wird die üblichen Rituale der Trauer befolgen. Es wird ein Staatsbegräbnis geben. Die Fahnen werden auf halbmast wehen. Doch in das Bewusstsein der Öffentlichkeit werden zwei neue Symbolfiguren Einzug gehalten haben: die zur Märtyrerin stilisierte Präsidentin und der heldenhafte Attentäter. Indes wird ein Vizepräsident in diesen Zeiten des Aufruhrs das Ruder übernehmen. Die Legitimität der amerikanischen Demokratie wird weiter schwinden. Wer hat ihn denn schon gewählt?

Die Hyperpolarisierung der Politik und der Niedergang der institutionellen Legitimität

Eine ermordete Präsidentin würde die Dominanz der Exekutive in der amerikanischen Regierung festigen. Das Resultat wäre eine sich immer stärker verhärtende Version einer »soften« Autokratie, durchsetzt von einer Politik der Gewalt und des Unmuts, die sich aus einem Gefühl der institutionellen Illegitimität speist. Sowohl der Attentäter als auch die Präsidentin sind Produkte einer hyperpolarisierten Parteienlandschaft. Unter den derzeitigen Gegebenheiten wären sie nur ein äußerer Ausdruck, eine Allegorie der Gewalt, die sich der Vereinigten Staaten bemächtigt, symptomatisch für das Wahlverfahren, das zum Scheitern verurteilt ist.

Demokratien werden um Institutionen herum gebaut, die größer sind als Kämpfe entlang der Parteilinien; sie überdauern aufgrund der Stärke dieser Institutionen. »Die Delegitimierung nationaler Institutionen führt unweigerlich zum Chaos«, sagt Scott Gates vom PRIO in Norwegen. Bedauerlicherweise hat die Parteinahme bereits fast jede Institution in den Vereinigten Staaten beschädigt. Die Beliebtheit des Kongresses liegt bei unter zehn Prozent. Das Präsidentenamt, das immer weniger der Stimme des Wahlvolks entspricht, verliert seine Fähigkeit, seine exekutiven Aufgaben für alle auszuüben. Seit dem Wahlkampf zwischen Bush und Gore im Jahr 2000 ist für jedermann offensichtlich, dass der Supreme Court keine höheren nationalen Ziele mehr repräsentiert. Er ist nichts weiter als eine Ansammlung parteitreuer Hardliner, so wie jede andere Abteilung der amerikanischen Regierung auch.

Mitch McConnells Entscheidung, die Ernennung eines Richters an den Supreme Court zu einem Wahlkampfthema zu machen, steht exemplarisch dafür, wie eine politische Institution zur Spielfigur in einem Nullsummenspiel umfunktioniert wird. Es ist genau die Art Entscheidung, die kleinere, ärmere, um ihre Demokratie ringende Länder destabilisiert. Die alte Regel der parteiübergreifenden Einigung wurde gebrochen, und einmal zerstört, kann sie nicht wieder zusammengefügt werden. Fünf der neun gegenwärtigen Supreme-Court-Richter und -Richterinnen wurden von Präsidenten ernannt, die gemäß der Popular Vote verloren hatten.

Die Negativspirale, die das politische Geschehen der Vereinigten Staaten übernommen hat, höhlt das Vertrauen in die Regierung kontinuierlich aus. »Politik weckt in den USA grundsätzlich Wut. Inzwischen ist dadurch für niemanden mehr etwas gewonnen«, sagt Steve Webster. Wut und Misstrauen machen es so gut wie unmöglich, den Regierungsgeschäften nachzugehen, was zu einer ineffektiven Regierung führt, die wiederum Zorn und Misstrauen verstärkt. Aufgrund der immer vehementeren Abgrenzung – der durchaus wahre Eindruck, dass *sie* nicht *wir* sind – werden in der amerikanischen Politik immer radikalere Absichten formuliert, und warum auch nicht, wo die Regierung ja ohnehin ineffektiv ist? Mit der amerikanischen Politik verhält es sich wie mit einem inversen Pendel – sie schwingt immer stärker zu den Extremen. Beide Seiten – durch negative Wahlwerbung, die sozialen Medien und ein Vorwahlsystem auseinanderdividiert, das zu Euphorie statt zu Vernunft animiert – streben nach ideologischer Reinheit, koste es, was es wolle, da ideologische Reinheit in zunehmendem Maße der Weg zur Macht ist. Das reale Tagesgeschäft der Politik wird so zur Nebensache.

Keine Institution steht mehr über der Politik – nicht der Supreme Court, nicht das FBI, nicht das Justizministerium, nicht das Amt des Präsidenten. Das Vertrauen in Institutionen aller Art schwindet: in geistliche Oberhäupter, in Polizeibeamte, in Wirtschaftsführer, in gewählte Volksvertreter, in Journalisten, in Universitätsprofessoren. Wenn die Krise kommt, werden die Institutionen sie nicht aufhalten können.

Der nächste Präsident

Nachdem er seinen Amtseid geleistet hat, wird der neue Präsident langatmige Reden halten, wohlklingende Rhetorik, über die Zeit des Heilens, die Zeit, ein vereintes Land zu begründen, den Ruhm der Vergangenheit zurückzugewinnen. Er kann sagen, was er will. Es wird keine Rolle spielen. Für die eine Hälfte des Landes wird er zwangsläufig einfach nur das Monster sein, für die andere ein Vorbild.

George Washingtons Warnung

Die Menschen Amerikas können nicht behaupten, sie wären nicht gewarnt worden. In seiner Abschiedsrede entwarf ein schier unglaublich klarsichtiger George Washington exakt das Szenario, dem sich die Vereinigten Staaten heute gegenübersehen. »Ich habe euch bereits bekannt gemacht mit der Gefahr, die die Parteien für den Staat bedeuten, unter dem besonderen Hinweis ihrer Begründung auf geografische Unterscheidungen«, mahnte er. »Lasst mich hier, in weitgreifender Weise euch auf das Eindrücklichste vor den verderblichen Wirkungen des Parteigeistes warnen. Dieser Geist ist unglücklicherweise von unserer Natur nicht zu trennen, da er seinen Ursprung in den stärksten Leidenschaften des menschlichen Wesens hat. Er ist, in verschiedenen Formen, in allen Staaten vorhanden, mehr oder weniger unterdrückt, überwacht oder eingeschränkt; aber in denen mit einer volkstümlichen Verfassung tritt er mit großer Stärke auf und ist fürwahr ihr schlimmster Feind.« Die größte Bedrohung für die Vereinigten Staaten ist heute nicht der Aufstieg der extremen Rechten. Es ist der allgemeine Legitimationsverfall der Regierung, der dem Aufstieg der extremen Rechten erst den Boden bereitet.

Wie aber ist es möglich, dass Washington das bereits erkennen konnte? Warum hat er so großen Wert auf die Zurückweisung der Parteilichkeit gelegt? Man muss sich ins Gedächtnis rufen, dass Washington seine Warnung in einem Moment größten nationalen und persönlichen Triumphs aussprach. Er schrieb sie gemeinsam mit Alexander Hamilton am Ende seiner zweiten Amtszeit, als er sich darauf vorbereitete, nach Mount Vernon zurückzukehren. Sein Erzfeind, König George III., hatte insgeheim zugegeben, dass Washington mit der

Rückkehr zu seinem Landsitz »der bedeutendste Mensch der Welt sein wird«. Washington hatte ein einzigartiges Land aufgebaut und war nun im Begriff, es friedlich zu übergeben. Warum entschied er sich in diesem Moment größter moralischer Überlegenheit ausgerechnet dazu, die Gefahren der Parteilichkeit zu seinem Thema zu machen?

Washington muss die Schwachstelle erkannt haben, die er selbst miterschaffen hatte, die Achillesferse, die dem ruhmreichen amerikanischen Experiment von Anfang an eigen war. Im Mittelpunkt des amerikanischen Experiments steht die Differenz. Die Differenz ist seine Stärke. Noch nie in der Geschichte gab es ein Land, das so gut mit der Vielfalt klarkam, so voller Unterschiede war. Der große Scharfblick seiner Gründerväter lag darin, dass sie seine Regierung nicht auf das Streben nach Konsens gründeten, sondern auf das Recht zum Widerspruch. Sie strukturierten die amerikanische Regierung auf eine Weise, die dafür sorgte, dass jedem Zweig allein so wenig Macht wie möglich zufiel.

Allerdings funktionieren die Vereinigten Staaten nur, wenn es ein Spannungsverhältnis gibt zwischen den Kräften, die diese Differenz zulassen und denen, die auf Einheit beharren. 250 Jahre lang stellten die rechtlichen und politischen Institutionen des Landes ein System, das es erlaubte, die höchst unterschiedlichen, miteinander konkurrierenden Interessen und Perspektiven zu verhandeln, und erschufen so die größte Demokratie und Wirtschaftsmacht der Welt. Gewinnt jedoch die Parteilichkeit die Oberhand über nationale Interessen, wird so das dem System zugrunde liegende Spannungsverhältnis in Stücke gerissen. Wenn nicht beide Seiten davon überzeugt sind, am gleichen Strang zu ziehen, tun sie es auch nicht. Und sind gemeinsame Ziele erst einmal verschwunden, sind sie weg. Im Herzen des Experiments lauerte ein Makel, wie Makel das bei Werken größter Ambitionen und größten Schöpfergeists so häufig tun.

Die Abschiedsrede, ein Dokument, das den anderen Schriften der Gründerväter weder in Wirksamkeit noch Bedeutung nachstand, war früher so bekannt und viel gelesen wie die Unabhängigkeitserklärung. Überall im Land lernten Schulkinder sie auswendig und rezitierten Passagen daraus. Doch nach dem Zweiten Weltkrieg, als gemeinsame nationale Ziele deutlich leichter an den Mann zu bringen waren, schwand ihr Bekanntheitsgrad dahin. Vielleicht ist nun die Zeit gekommen, die Abschiedsrede wieder aufzugreifen. Es wäre gut, wenn Senatoren, Kongressabgeordnete und Präsidenten sich anhörten, was Washington zu sagen hatte: »[D]ie allgemeinen und immerwährenden Schäden des Parteigeistes [sind] derart, dass es zum Interesse und zur Pflicht eines weisen Volkes wird, ihn zu entmutigen und einzuschränken.« Bei einer Kundgebung Trumps nach der Wahl fielen einem Reporter ein paar Republikaner auf, die T-Shirts mit der Aufschrift »Lieber Russe als Demokrat« trugen. Viele Jahre zuvor erkannte George Washington, der aus dem florierenden Philadelphia in Richtung der saftigen Hügel seines Landsitzes Mount Vernon ritt, wie das Scheitern der amerikanischen Demokratie aussehen würde. Es sieht aus wie sie.

Das große Knirschen

Hass gebiert Hass. Verzweiflung bringt neue Verzweiflung hervor. Der Zorn, aus dem der Attentäter emporsteigt, wird immer stärker, speist sich aus sich selbst. Das Gefühl von Ohnmacht und Verlust ist keineswegs auf nur eine Seite des politischen Spektrums begrenzt. Niemand, oder doch kaum jemand, entkommt der wachsenden Verzweiflung. Die Parteien sind ganz davon eingenommen, ihre Gegner zu vernichten, anstatt das Land zu stärken. Aufgrund der Dominanz der Lagerkämpfe hat sich die Regierung vom politischen Tagesgeschäft abgewandt. Indes zerfallen die einigenden Mythen und Symbole, die das Land jahrhundertelang nährten. An den Rändern flackern Explosionen, während sich im Inneren Fäulnis ausbreitet. Erst zerreißt die Hyperpolarisierung das Parteiensystem, dann nimmt sie der Legislative die Fähigkeit, Politik zu machen, schließlich verschlingt sie die Symbole des Landes.

Die Kosten der Illegitimität und der Lähmung

Viele Amerikaner, ebenso wie viele Menschen außerhalb Amerikas, glaubten früher, dass Amerika anders als alle anderen Länder sei, der Höhepunkt der Geschichte, die Antwort auf die Geschichte. Sie stellten sich vor, Amerika stehe für mehr als nur ein Land, vielmehr für eine Idee, eine Überzeugung. Jetzt aber wird deutlich, dass Amerika nur Teil der Geschichte ist, dass es aufsteigt und fällt wie alle anderen Länder auch. Sein im Zerfall begriffenes politisches System wird die Vereinigten Staaten anfälliger machen für Erschütterungen und Tatenlosigkeit, gerade jetzt, wo das Land in eine Zeit der nie zuvor da gewesenen Turbulenzen eintritt. Seine Regierung war selbst in ihren besten Zeiten nicht darauf ausgelegt, mit den sozialen, wirtschaftlichen und ökologischen Krisen fertigzuwerden, die ihr bevorstanden. Die Ausfälle im politischen System und in den Informationssystemen sind insofern von großer Bedeutung, als sie es den Vereinigten Staaten schier unmöglich machen, mit den kommenden Krisensituationen fertigzuwerden. Das, wozu die Hyperpolarisierung der Parteien und eine toxische Informationsumwelt schlussendlich führen, ist nichts anderes als eine Lähmung – eine Lähmung, im Moment größter Gefahr.

Den Vereinigten Staaten steht eine Zeit extremer Instabilität bevor, unabhängig davon, wer an der Macht ist, und gleich, welche Art Politik gemacht wird. Die Wirtschaft wird unbeständiger sein. Die Umwelt unberechenbarer. Die Städte anfälliger. Die Regierung wird unfähig sein zu regieren und vom kollektiven Willen der Menschen entfremdet.

So wie das Land von unbezwingbaren Mächten auseinandergerissen wird, denen ihre führenden Politiker immer weniger entgegensetzen, die sie immer weniger verhindern oder abmildern können, werden auch die gewöhnlichen Menschen Amerikas auseinandergerissen.

Der Untergang New Yorks

Es gibt Politik, und es gibt politische Überzeugungen. Und dann gibt es das Leben der Menschen. Attentate und Aufstände sind dramatische Momente des Zusammenbruchs, doch die Ursachen des Dramas und seine Auswirkungen sind viel subtiler, schwerer zu erkennen. Nicht nur die amerikanischen Institutionen sind angreifbar, auch amerikanische Familien sind es.

So etwas wie *die* typische amerikanische Familie existiert nicht. Amerika ist viel zu divers und, offen gesagt, viel zu verrückt, um etwas derart klar Umrissenes hervorzubringen. Für das folgende Szenario habe ich mir zwei Familien ausgedacht, die miteinander verwandt sind. Die eine multikulturell, aus einem der Küstenstaaten und urban, die andere weiß, aus der Mitte und ländlich. Die beiden Schwestern, eine in New York, die andere in Iowa, können zwar keineswegs für das ganze Land stehen, erfassen aber doch die Gefahren, die sich über die politische, wirtschaftliche und geografische Spaltung hinaus erstrecken.* Die Gefahren, denen alle Amerikaner ausgesetzt sind.

Die Katastrophen machen vor niemandem halt. Es wird den Anschein haben, als kämen sie aus dem Nichts.

---

* Auch wenn so etwas wie eine typische amerikanische Familie nicht existiert, gibt es doch eine durchschnittliche, und ich habe versucht, diese Durchschnittlichkeit anhand ihrer Familienstruktur und ihrer Berufe abzubilden. Die amerikanische Durchschnittsfamilie hat 3,14 Mitglieder. Die Hälfte der amerikanischen Ehen endet in einer Scheidung. Das mittlere Jahreseinkommen in New York beträgt etwa 124 000 Dollar. Das mittlere Jahreseinkommen in Iowa beträgt etwa 52 500 Dollar.

Ein Sturm braut sich zusammen

Im Spätsommer stuft die Wetter- und Ozeanografiebehörde der Vereinigten Staaten (die National Oceanic and Atmospheric Administration, kurz: NOAA) ihre Hurrikan-Vorwarnung zur Hurrikan-Warnung herauf. Der Sturm, der sich über dem Mittelatlantik formiert, gewinnt durch das feuchtwarme Wetter an Kraft und braucht einen Namen: Geraldine. In New York geht alles seinen Gang, business as usual. Der Name, der das Ende der Stadt bedeuten wird, ist vorerst nicht mehr als ein weiterer Name.

Niemand sagt seinen Urlaub in den Hamptons ab wegen Geraldine. Die Psychiater nehmen sich trotz allem den üblichen Monat frei. Die Yankees müssen ihre Spiele gegen die Blue Jays absagen, doch im brütend heißen New Yorker August erscheint der Gedanke an ein paar heftige Regenschauer so manchem wie eine Erholung, eine Erfrischung. Mittlerweile haben sie die Mauer. Sie ist der Quell der Zuversicht New Yorks. Die Greater Manhattan Sea Wall, die nach Supersturm Sandy konzipiert wurde und deren Kosten bei über 119 Milliarden Dollar liegen, wird bereits mehrere Sturmfluten der Kategorie drei abgehalten haben. Sobald der Sturm näher kommt, werden die Tore an der East Rockaway Barrier, der Jones Inlet Barrier und der East River Barrier geschlossen.

Wie die Arme eines gütigen Vaters legen sich die Sturmflutwehre um die Stadt. Sie geben der Stadt ein Gefühl der Sicherheit.

Am darauffolgenden Nachmittag hält der Gouverneur unter dunklen Wolken eine Pressekonferenz ab: »Für die meisten Familien in der Metropolregion New Yorks ist es die richtige Entscheidung, ihre Häuser zu räumen. Wenn Sie Verwandte in sicherer Entfernung von den Küsten haben, wenn

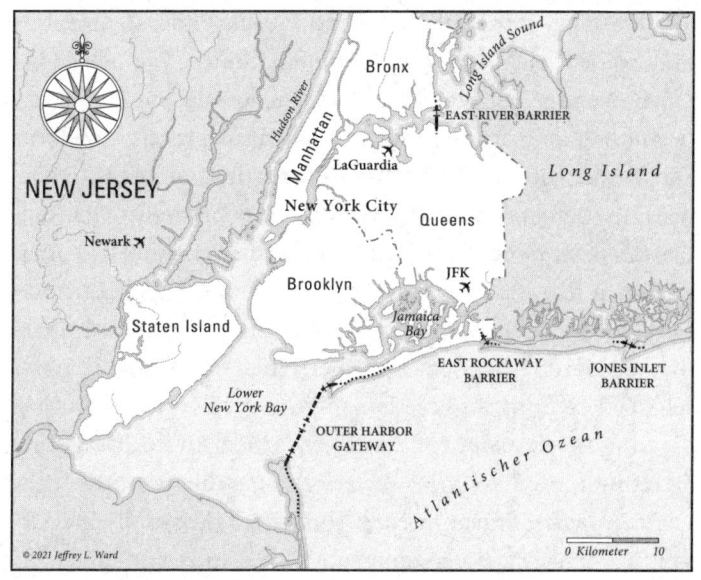

Sie einen Ort im Landesinneren finden, an dem Sie bleiben können, gehen Sie dorthin«, sagt er. »Sollten Sie sich dafür entscheiden, zu bleiben, dann bereiten Sie sich bitte vor. Wir rechnen mit massiven Unterbrechungen der Gas- und Elektrizitätsversorgung. Die meisten Dienste, die für Sie selbstverständlich sind, werden nicht verfügbar sein. Sollten Sie Menschen mit Behinderung kennen, ältere Menschen, die bislang keinen Zugang zu Beratungsangeboten gefunden haben, stehen Sie ihnen bitte zur Seite, um diese Unterstützung zu finden.« Die Mehrzahl der New Yorker hält die Aussage des Gouverneurs für eine stillschweigende Ermutigung, sich nicht zu evakuieren. Es ist die Standardanweisung vor einem Sturm, und Superstürme sind an der Ostküste keine Seltenheit mehr.

Unter den New Yorkern, die der Warnung des Gouverneurs lauschen, ist auch eine Produzentin und Moderatorin vom lokalen Radiosender WNYC. Hauptsächlich arbeitet sie für den täglichen Popkultur- und Politik-Podcast, aber hin und wieder macht sie auch Dokumentationen. Wie alle anderen Bewohner der Stadt macht auch sie sich Sorgen wegen Geraldine, aber nicht genügend, um ihre Pläne zu ändern. Die Produzentin lebt mit ihrem Ehemann und ihrer Tochter im Teenageralter in einer Dreizimmerwohnung im Stadtteil Gowanus im Nordwesten Brooklyns. Ihr Zuhause ist kleiner, als ihnen lieb ist, aber es hat sich ihnen nie die Gelegenheit für etwas Besseres geboten. Sie waren zu sehr damit beschäftigt, die Corona-Pandemie zu überstehen und dann die Wirtschaftskrise und dann die Dürre. Als sich der Sturm ankündigt, hat sie eine Idee für eine Story, einen Audio-Essay, eine Sendung im Stil von *This American Life,* die davon handelt, wie man einen Sturm in New York aussitzt. Es soll eine Mischung werden aus persönlichem Bekenntnis und einer Recherche zu den Auswirkungen des Klimawandels aus nächster Nähe. Schließlich werden Reporter ja auch in Kriegsgebiete geschickt. Wie schlimm kann es da schon in New York werden?

Die Produzentin und ihr Ehemann sprechen in Ruhe darüber. Zunächst sehen sie keinen Grund, warum irgendeiner von ihnen gehen sollte. Aber die Stadt ist stickig und heiß, und sie möchte allein sein, um die Sendung aufzunehmen, und die Geräusche ihres Ehemann und ihres Kindes im Hintergrund würden das Ganze erschweren. Außerdem hat ihre Tochter ihre Großmutter seit Thanksgiving nicht mehr gesehen. So machen sich der Ehemann und die Tochter also für ein paar Wochen auf nach Iowa, während die Produzentin in New York bleibt. Für ihren Flug müssen sie den Zug nach Philadelphia nehmen, weil die Flughäfen in New York zu überlaufen sind. Die Schwester der Produzentin – sie ist arbeitslos und lebt bei ihrer Mutter – kann nicht verstehen, warum sie nicht einfach auch nach Iowa ziehen. Es fällt ihr schwer, Arbeit zu finden, und sie macht sich Sorgen um die Zukunft ihres Sohnes und ihrer Tochter, aber das Inland ist sicher, zumindest vor Hurrikans.

Die Ungewissheit des 21. Jahrhunderts

Zum gegenwärtigen Zeitpunkt, gerade jetzt, wo immer Sie sich auch befinden mögen, leben Sie in einer Zeit der billigen Nahrungsmittel und der sicheren Städte in einer geordneten Welt. Die geringen Kosten, die Sicherheit, die Ordnung, sie können nicht von Dauer sein. Die Systeme, in denen wir unser Leben eingerichtet haben und die wir für gegeben hinnehmen, werden immer fadenscheiniger. Die gelähmte, nur zur Hälfte anerkannte Regierung Amerikas wird nicht mit adäquaten Maßnahmen reagieren können. Die extreme Instabilität wird politische Konsequenzen haben. Klimadesaster und Massenungleichheit waren überall auf der Welt bereits Auftakt für Bürgerkriege und Umwälzungen – in Europa, in Afrika, in Südamerika und in Asien. Auch in den Vereinigten Staaten werden sie Krisenzeiten einläuten. Doch die Folgen der neuen Instabilität gehen weit über die Politik hinaus. Im Laufe der kommenden fünfzig Jahre wird das Leben in Amerika immer prekärer werden. Manch eines wird daran zerbrechen.

Die drei maßgeblichen Risikomultiplikatoren

Wirtschaftliche und ökologische Instabilität sind das, was das amerikanische Militär als »Risikomultiplikatoren« bezeichnet, destabilisierende Kräfte, die sich unter der Oberfläche zusammenbrauen. Die Instabilität nährt das Chaos und den Zorn, der sich in seiner Folge Bahn bricht.

Heutzutage sehen sich die Vereinigten Staaten drei Risikomultiplikatoren ausgesetzt: wirtschaftlicher Ungleichheit, Dürren und der Schadensanfälligkeit von Eigentum.

Das Langeweile-Problem

Ein Grund, aus dem sich die Stabilitätskrisen des 21. Jahrhunderts nur mit größter Mühe bewältigen lassen, ist, dass sie langweilig sind. Sie geben keine guten Geschichten ab. Die Kräfte, die drohen, die Welt zu zerstören, haben keine Gesichter. Sie bieten keinen zufriedenstellenden Konflikt zwischen Held und Widersacher. Ungleichheit und Klimawandel markieren ein kollektives Versagen und erfordern kollektive Lösungen. Wer und was überlebt und in welchem Zustand wird von den trostlosesten Fragen überhaupt bestimmt: Abgabenbesteuerung und Umweltschutzauflagen auf internationaler Ebene. Ihre Tristesse hat Konsequenzen: Gewöhnliche Menschen begegnen ihnen mit Gleichgültigkeit.

Das Demokratie-Problem

Ungleichheit und Klimawandel werden zu den Krisen führen, die Durchschnittsamerikaner am akutesten spüren werden. Sie tun es bereits. Doch sie zu adressieren, erfordert ein umfassendes gemeinschaftliches politisches Handeln, sowohl im Inland als auch international. Und die Vereinigten Staaten schaffen es noch nicht einmal, ihre Bürger während einer Pandemie davon abzuhalten, in Bars zu gehen. In demokratischen Systemen wird versucht, die Rechte der Einzelnen mit den Interessen des Staates in Einklang zu bringen. Dies beinhaltet auch Grenzen für kollektives Handeln: Das politische System Amerikas, mit seiner Struktur der Checks and Balances, war nie darauf ausgelegt, kollektive Krisen zu bewältigen. Im derzeitigen Zustand der Hyperpolarisierung ist die amerikanische Regierung praktisch gelähmt. Eine der größten Schwachstellen der Demokratie liegt darin, dass niemand für die Katastrophen gewählt wird, die er oder sie abwenden wird müssen. Selbst nachdem sich vorhersehbare Katastrophen ereignet haben, neigen Amerikaner dazu, führenden Politikern zu vergeben. Sie selbst wollten schließlich auch nicht daran glauben, dass das Schlimmste bevorstand.

Corona als Testlauf

Die Corona-Pandemie steht exemplarisch für die Probleme, mit denen sich das 21. Jahrhundert konfrontiert sieht. Es ist kein Feind mit Gesicht, sondern eine Systemkrise. Die Bekämpfung des Coronavirus erforderte wissenschaftlichen Konsens, effektive politische Maßnahmen und gesellschaftliche Solidarität. Länder wie Schweden, die falsche wissenschaftliche Schlüsse gezogen haben, litten darunter. Länder wie England, die falsche politische Maßnahmen ergriffen, litten darunter. Länder wie Russland, in denen wenig Solidarität herrscht, litten darunter. Die amerikanische Reaktion auf Corona war ohnegleichen. Von allen Ländern mit einer Bevölkerung von über fünf Millionen Menschen und einem Pro-Kopf-Einkommen von mindestens 25 000 Dollar hatten die Vereinigten Staaten die höchste Todesrate. Die offensichtliche Ursache dafür: politische Dysfunktionalität.

Würde man fragen: »Wie hat Amerika auf Corona reagiert?«, gäbe es darauf keine Antwort. Ein Teil der Regierung forderte dazu auf, Masken zu tragen, ein Teil ächtete sie. Selbst die grundlegendsten gesundheitspolitischen Fragen waren Grund zum Konflikt. Maskenverweigerer und Maskenbefürworter gingen aufeinander los. In dem Moment, als die Sicherheit jedes Einzelnen die denkbar einfachste kollektive Handlung erforderte – »tragt eine Maske« –, konnten die Amerikaner das Kämpfen untereinander einfach nicht lassen, auch wenn der Preis ihrer Kämpfe zu einem höheren Risiko für alle und zu einem Massensterben führte. Nicht auf die Wissenschaft zu hören und nicht ihren Erkenntnissen gemäß zu handeln, hat Konsequenzen. Und im Fall des Coronavirus waren die wissenschaftlichen Befunde eindeutig, die Kosten des Handelns gering und die Konsequenzen unmittelbar. Verglichen mit den Krisen, die uns bevorstehen, war Corona nichts. Corona war wie ein einfacher, unangekündigter Test vor einer gnadenlosen Abschlussprüfung.

Das Corona-Thanksgiving

Während sie darauf wartet, dass der Sturm New York trifft, erinnert sich die Produzentin an das Corona-Thanksgiving – das Thanksgiving, nachdem Biden gewählt wurde. Dem Land stand gerade die dritte Corona-Welle bevor, mit etwas mehr als 200 000 Fällen und 2000 Toten pro Tag. Pfizer hatte einen Impfstoff angekündigt, aber er war noch nicht zugelassen. Die Arbeitslosigkeit hatte sich bei 14,7 Prozent eingependelt. Einer von neun Amerikanern bezog seine Nahrung mit Lebensmittelmarken. Die Centers for Disease Control and Prevention (CDC) forderten die Menschen dazu auf, zu Hause zu bleiben, nicht zu reisen, aber es schien, als würde dem niemand Beachtung schenken. Obwohl sie den CDC vertraute, obwohl sie es hätte besser wissen müssen, fuhr die Produzentin in diesem Jahr über Thanksgiving nach Hause. Sie hatte das Gefühl, fahren zu müssen. Ihre Mutter hatte das Baby noch nicht gesehen.

Damals war sie noch nicht Produzentin bei WNYC, sondern nur Freiberuflerin im Audiobereich. Ihr Mann verdiente ganz ordentlich als Webdesigner. Ihr kleines Mädchen kam im Februar zur Welt, ein paar Wochen bevor die Krankenhäuser von Corona-Patienten überrannt wurden. Viele ihrer Freunde flohen aufs Land oder ins Ausland, aber sie mussten bleiben. Sie waren auf die kostenlose klinische Versorgung angewiesen. Sie erinnert sich noch daran, wie auf Hart Island der Platz knapp wurde, um Tote zu begraben. Dann schlossen die Restaurants und Kneipen: Scotty's Diner machte dicht, und das Lucky Strike und Dizzy's und ihr Lieblingsladen, die Cocoa Bar in Park Slope. Dennoch, in der Stadt fühlte sie sich sicherer. Eine Freundin aus Wyoming hatte in einem Supermarkt eine Maske getragen, und ein Kerl hatte sie auf dem Parkplatz angebrüllt: »Warum glaubst du diesen ganzen Kommunistenscheiß?« Daraufhin fuhr sie für ihre Lebensmitteleinkäufe nach Colorado. Die Schwester der Produzentin, die daheimgeblieben war, glaubte nicht, dass Corona wirklich existiert.

»Zu Hause« würde für die Produzentin immer das Bauernhaus sein, das ihr Urgroßvater um die Jahrhundertwende herum auf den Getreidefeldern vor Davenport in Iowa gebaut hatte. Die Familie nannte es das Große Haus. Wenn sie die Augen schließt, kann sie noch immer sehen, wie sie aus ihrem Kinderzimmer im dritten Stock herunterstürmt, vorbei am Fenster neben der Treppe, wo das dunkle Holz der Wandverkleidung den Blick auf die grenzenlosen Felder voll wogendem Mais freigab, durch die Haustür zum Schulbus hinaus. Ihr Urgroßvater hatte beim Bau des Großen Hauses jedes noch so kleine Detail überwacht und hatte das Gebäude entsprechend der Baupläne der großen Landsitze im Osten entworfen, die er als armer Junge, der in Vermont aufwuchs, beneidet hatte. Ein Makler würde das Haus vielleicht als großzügig geschnittene Immobilie im Federal Style mit fünf Schlafzimmern und einer klassischen umlaufenden Veranda beschreiben, läge das Anwesen nicht so weit draußen, dass kein Makler je Grund dazu hätte, es zu beschreiben.

Als ihr Vater sich dazu entschlossen hatte, von Landwirtschaft auf Versicherungswesen umzusatteln, hatte er einen Großteil der Anbauflächen an die Nachbarn verkauft, die sie wiederum an Agrarkonzerne verkauften, aber die Eltern der Produzentin blieben weiterhin im Großen Haus wohnen. Selbst als ihr Vater in seinen Sechzigern unerwartet an einer durch ein Lymphom hervorgerufenen Hirnblutung verstarb, blieb ihre Mom dort, auch wenn das Große Haus mehr Pflege erfordert, als eine alleinstehende ältere Dame wirklich leisten kann. Das Große Haus ist das Stück Amerika, das der Familie gehört.

Als die Produzentin beschloss, während der Corona-Pandemie zurück nach Iowa zu kommen, brachte ihre Schwester sie in einem Wohnwagen hinter dem Großen Haus unter. Es war das Jahr, in dem der Freund ihrer Schwester auf der Suche nach Arbeit in Richtung der Dakotas aufgebrochen war und in dem sie einen Job bei einem Autohaus von Ram Trucks angetreten hatte und sein Wohnwagen frei war. Die Produzentin einigte sich mit ihrem Mann darauf, dass es das Beste wäre, so wenig Kontakt wie möglich zu ihrer Familie auf der Iowa-Seite zu haben, dass sie sechs Fuß Abstand halten, dass sie das Große Haus nicht betreten würden. Doch innerhalb weniger Minuten waren diese so sorgfältig ausgehandelten Regeln allesamt gebrochen. Ihre Mom musste das neue Baby einfach knuddeln. Auch ihre Nichte und ihr Neffe, damals sechs und vier Jahre alt, bestanden darauf, in den Arm genommen zu werden.

Ihre Mom bereitete das klassische amerikanische Festmahl zu. Es gab einen 16-Pfund-Truthahn, Schweinekoteletts und Würstchen. Macaroni and Cheese nach Familienrezept (mit Muskatnuss). Kartoffelauflauf, der aus Käse auf Rinderhack bestand, das auf Kartoffelkroketten geschichtet wurde. Und die Ernte aus dem Garten hinter dem Haus: Kartoffelbrei mit Soße, Bohnen, Erbsen, Roter Bete, Mais und Karotten und gekochten Kohl mit Schweineschnitzel. Zum Nachtisch aßen sie schwedisches Gebäck, Zimtkekse und eine Tusenblads-Tarta, eine Schichttorte – Traditionen, die sie von ein paar längst vergessenen skandinavischen Vorfahren geerbt hatten. Als sie sich zum Essen zusammensetzten, betrachteten sie die Zukunft selbst inmitten der Pandemie mit Hoffnung. Vielleicht würde das Leben wieder zur Normalität zurückkehren? In Anbetracht von Corona ging es ihnen eigentlich nicht übel. Die Autoverkäufe waren im Laufe des Jahres um 6,2 Prozent angestiegen, das Autohaus florierte. Ihre Schwester musste die Kunden zwar von hinter einer Plexiglasscheibe begrüßen, aber das störte sie nicht. Mit einer Maske konnte sie sagen, was sie wollte, und keiner war sicher, was sie da gerade gesagt hatte.

So wie keiner das jemals weiß, wussten auch die Schwestern noch nicht, dass dies die guten Zeiten waren.

Der erste Risikomultiplikator: Ungleichheit

Man weiß, dass das Problem der Ungleichheit wirklich ernst ist, wenn reiche Menschen beginnen, sich darüber Sorgen zu machen, zu reich zu sein. In den Vereinigten Staaten formieren sich die Reichsten der Ultrareichen, diejenigen, die nicht mitbekommen, ob sie zehn Millionen mehr oder weniger auf dem Konto haben, zu Lobbygruppen (»Political Action Committees, kurz: PACs), die sich gegen die Konzentration des Wohlstands in ihren Händen starkmachen. Die 2010 gegründeten Patriotic Millionaires sind mit zwei außergewöhnlichen Zielen angetreten: Sie wollten bei Politikern dafür werben, ihre Steuern zu erhöhen, und sie wollten den gewöhnlichen Amerikanern erklären, wie ungerecht die Wirtschaftsordnung ist. Bill Gates und Warren Buffett, zwei der reichsten Männer der Welt, haben die Regierung öffentlich aufgefordert, ihre Steuersätze anzuheben. »Ich habe eine Botschaft für meine superreichen Mitmenschen, für alle von uns, die wir in unseren eingezäunten Blasen leben«, warnte der frühere Amazon-Investor Nick Hanauer 2014. »Wacht auf, Leute. Es ist nicht von Dauer.« Er hätte nicht richtiger liegen können. Die Koch-Brüder haben ihre gemeinnützigen Bestrebungen kürzlich von libertärer Politik auf das Problem hin umgelenkt, dass es den kommenden Generationen schlechter gehen wird als der heutigen und denen davor.

Die Reichen haben verstanden, was den Historikern schon lange klar ist: Jede Gesellschaft der Menschheitsgeschichte mit einem Ausmaß an Ungerechtigkeit wie das in den Vereinigten Staaten heute fand ihr Ende in einem Krieg, einer Revolution oder einer Seuche. Ausnahmslos. Es gibt keinen einzigen historischen Vorläufer, der nicht in vollkommener Zerstörung geendet hätte. Seit 1980 hat die Ungleichheit auf der ganzen Welt zugenommen, aber in den Vereinigten Staaten ist die Zunahme am drastischsten. Im Jahr 2015 verdiente das eine Prozent der reichsten amerikanischen Familien 26,3 Mal so viel wie die restlichen 99 Prozent und erzielte 22 Prozent aller Einkommen, der höchste Anteil seit dem Höchstwert von 23,9 Prozent vor der Großen Depression. 1965 verdiente ein CEO etwa 20 Mal so viel wie ein Durchschnittsarbeiter. Heute ist es 271 Mal so viel. Seit 1980 sehen die ärmsten 50 Prozent der Bevölkerung dabei zu, wie ihr Einkommensanteil kontinuierlich zurückgeht. Die Ungleichheit der Vereinigten Staaten ist heute schlimmer als 1774.

All der politisch motivierte Hass, der die ersten beiden Szenarien in vorliegendem Buch durchzieht, die Hyperpolarisierung der Parteien, die Zerrissenheit des Landes, die blanke Wut, all das lässt sich größtenteils auf die Finanzkrise von 2008 zurückführen – der Zeitpunkt, zu dem die Souveränen Bürger ihren größten Zulauf verzeichneten, der Zeitpunkt, an dem die Parteinahme ins Negative kippte und die Tea-Party- sowie die Occupy-Wall-Street-Bewegung entstanden.

Die Auswirkungen der Einkommensungleichheit auf Marktzyklen

Wirtschaftsmodelle haben bestenfalls eine schwache Vorhersagekraft. Corona war auch in dieser Hinsicht ein guter Test. Nicht einer der maßgeblichen Finanzanalysten sagte vorher, dass die Wirtschaft kollabieren, die Arbeitslosigkeit in die Höhe schnellen und dann der Aktienkurs zulegen würde. Eine solche Vorhersage hätte keinen Sinn ergeben. Dennoch, ein weiterer Börsencrash wird kommen. So wie bereits 2008, 2001, 1987, 1973, 1966, 1929, 1907, 1857, 1837, 1819, 1792,

1763, 1640. Börsencrashs sind unumgänglicher Teil moderner kapitalistischer Volkswirtschaften. Die Funktionsweise des Kapitalismus ist zyklisch oder, um präziser zu sein, war bisher stets zyklisch. Extreme Ungleichheit jedoch führt dazu, dass Märkte mit sehr viel größerer Wahrscheinlichkeit einbrechen, und macht eine Erholung des Marktes sehr viel schwieriger.

Wie wird das Leben kurz vor dem Crash wohl aussehen? Genau wie heute. Zum Zeitpunkt der Abfassung dieses Textes sind die langfristigen Renditen auf Staatsanleihen unter die kurzfristigen Renditen auf Staatsanleihen gefallen. Dieser Umstand, der eine wirtschaftliche Unmöglichkeit darstellen sollte, hat bislang jedes Mal in der Geschichte einen großen Börsencrash angekündigt. Einige Staatsanleihen haben eine negative Rendite, was bedeutet, dass der Geldverleiher den Schuldner für das Darlehen bezahlt. Sollte das völlig widersinnig klingen, kommt das ganz einfach daher, dass es widersinnig ist. Die meisten Anlageklassen weltweit – Aktien, Anleihen, Immobilien, Rohstoffe – nähern sich historischen Höchstpreisen. Aufgrund der extrem niedrigen Zinssätze, dem Fehlen einer Finanzmarktkorrektur in jüngerer Vergangenheit und der Erwartung, dass die Bundesbank bei jeder Krise immer mehr Geld bereitstellen wird, leihen sich die Menschen und Unternehmen zu viel. Können die Geldnehmer das Darlehen erst einmal nicht zurückzahlen, bricht der Kreditwert ein. Fällt der Wert ihrer Anlagen, fordern die Geldgeber ihre Darlehen zurück oder weigern sich, den Menschen neues Geld zu leihen. So beginnen fatale Abwärtsspiralen.

Die Standardprozedere, um Finanzkrisen abzumildern – die Senkung der Zinssätze, Steuersenkungen, eine quantitative Lockerung –, kommen aufgrund der derzeitigen amerikanischen Politik nicht infrage. In Europa hat man die Praxis der Negativrendite erst kürzlich eingeführt. In den Vereinigten Staaten liegen die Kosten dafür, sich Geld zu leihen, leicht über null. Ganz ähnlich verhält es sich mit den Steuern, die einen historischen Tiefpunkt erreicht haben, und Haushaltsdefiziten, die auf Rekordhöhe angewachsen sind. Früher einmal eine Notfallmaßnahme, ist die quantitative Lockerung heute Standard. Die Geldmenge im Finanzsystem ist heute etwa vier Mal so hoch wie zur Jahresmitte 2008. Niemand weiß, warum oder wie der Crash zustande kommen wird, aber wenn er einmal da ist, wird es nur wenig Spielraum geben. Der Zentralbank der Vereinigten Staaten wird schlicht »die Munition ausgehen«.

John Ostry, stellvertretender Direktor der Forschungsabteilung beim Internationalen Währungsfonds, weiß, welche Gefahren Ungleichheit für eine Volkswirtschaft birgt. Ein geringes Maß an Ungleichheit taucht bereits im Washington-Konsens auf – den Leitlinien, die seit Ende des Zweiten Weltkriegs die konservative Ausrichtung der Makroökonomie bestimmen. Selbst ihre Verfasser hatten begriffen, dass Ungleichheit Volkswirtschaften die Luft abschneidet. Bislang besagt der rechtskonservative Konsens, dass Freihandel, moderate Grenzsteuersätze und niedrige Zinsen zu längeren Wachstumsphasen führen. Und das tun sie auch. In seinen vor dem Arabischen Frühling und vor der Occupy-Wall-Street-Bewegung durchgeführten Forschungsarbeiten hat Ostry jedoch herausgefunden, dass »sich eine geringe Ungleichheit äußerst positiv auf die Wachstumsdauer auswirkt. Große Ungleichheit hingegen scheint zu allen Zeiten und in allen Ländern mit einem vorzeitigen Ende von Wachstumsperioden verknüpft. Dieses Ergebnis ist bemerkenswert.«

Aus politischer Sicht ist weder eine Steigerung noch eine Verringerung von Ungleichheit an sich gut. Beides kann zu mehr Wohlstand und Stabilität führen – als China seine Vermögensumverteilung reduzierte, führte das zu einem Wirtschaftswachstum; als Brasilien seine Vermögensumverteilung steigerte, führte auch das zu mehr Wirtschaftswachstum. Für einen Großteil der Welt, etwa drei Viertel der Länder, die Ostry untersucht hat, gilt, dass eine Steigerung der Vermögensumverteilung zu einer Zunahme an Wirtschaftswachstum führen und die Dauer der Wachstumsperiode verlängern würde. Auch die Vereinigten Staaten gehören dazu.

Ungleichheit macht es sehr viel schwerer, mit den Folgen eines wirtschaftlichen Zusammenbruchs umzugehen. »Stellen Sie sich eine Gesellschaft vor, in der der Reichtum sehr ungleich verteilt ist, die voranholpert und dabei ein ordentliches Wirtschaftswachstum verzeichnet, und dann plötzlich stößt ihr etwas zu, eine Ölkrise oder ein Virus oder ihre größten Banken gehen pleite, oder sie wird von einem Taifun getroffen oder was auch immer, und das Wachstum bricht ein«, sagt Ostry. »Möglicherweise würde sich das innerhalb dieser Gesellschaft bloß wie ein kurzes Straucheln anfühlen, und sie würde sich zügig wieder berappeln. Damit sich dieser Schock aber nicht zu etwas Gravierenderem auswächst, würde man die Wirtschaftspolitik anpassen – und solche Anpassungen tun immer weh. Die Maßnahmen, die erforderlich sind, um die Wirtschaft wieder aufzupäppeln, setzen daher die Unterstützung der Bevölkerung voraus. Etwas, womit in ungerechten Gesellschaften weit weniger zu rechnen ist.« Konzentriert sich der Wohlstand einer Gesellschaft auf das oberste Prozent, gibt es für die verbleibenden 99 keinen Anreiz, die kurzzeitigen Negativfolgen einer solchen Kurskorrektur auf sich zu nehmen. Vor allem, wenn sie die negativen Auswirkungen einer Krise bereits erduldet und die Aussicht haben, auch weiterhin in einer Gesellschaft zu leben, in der ausschließlich das eine Prozent an der Spitze Wohlstand genießt. Ungleichheit verringert den sozialen Zusammenhalt. »Das klingt jetzt vielleicht etwas aus der Luft gegriffen, aber es ist alles durch Daten belegt«, sagt Ostry. »Ist eine Gesellschaft in hohem Maße ungerecht, führt das nicht nur zu ungleichen Bilanzen, sondern auch zu einer Ungleichheit an Möglichkeiten. Es wird Menschen geben, die keinen Zugang zum Gesundheitssystem haben, zu Bildung, zur politischen Partizipation, was bedeutet, dass große Teile der Bevölkerung entrechtet zurückbleiben, sich nicht beteiligen können. Es läuft darauf hinaus, dass die Wirtschaft von einer sehr kleinen Gruppe beherrscht wird. Solche Gesellschaften sind brüchiger und anfälliger für Erschütterungen.« Ungleichheit führt zu Wirtschaftskrisen, die zu weiterer Ungleichheit führen.

Bankenrettungen sind damit unweigerlich ungerecht. Denn diejenigen, die gespart haben, leiden am meisten. Die Unverantwortlichsten hingegen sind diejenigen, die zuerst Erleichterungen erhalten. Wenn der Staat seine Ausgaben senkt und bei der sozialen Sicherung und der staatlichen Krankenversicherung einspart, sind es die Ärmsten, die am meisten verlieren. Bezeichnenderweise sind die Finanzmärkte ungleicher Gesellschaften nur zu gerne dazu bereit, Menschen Kredite zu gewähren, die diese nicht bedienen können. Die Kreditnehmer verfügen über nur geringe Kapazitäten, um einzukaufen, und müssen sich Geld leihen, um ihren Konsum aufrechtzuerhalten. So macht die Anhäufung von Schulden die Schwachstellen von Finanzmärkten sichtbar und verstärkt sie zugleich exponentiell.

Ungleichheit – ein Problem ohne Lösung

Für Ungleichheit gibt es keine Lösung. Selbst extreme Maßnahmen, an denen die Vereinigten Staaten momentan wenig
bis kein Interesse zeigen, bremsen meist nur die Zunahme
weiterer Ungleichheit aus. Sogar im Kommunismus wurde
die Ungleichheit nur dadurch verringert, dass man den Wohlstand komplett vernichtete. Man muss nicht in die Zukunft
blicken können, um sich darüber im Klaren zu sein, dass sich
das Wirtschaftssystem der Vereinigten Staaten einem zutiefst
widersprüchlichen Zustand nähert. Das Wirtschaftswachstum wurde künstlich bis zum Siedepunkt hochgekocht, während die Lebenserwartung seit drei Jahren abnimmt – ein
Novum für ein Industrieland. Jeder amerikanischen Folge-
generation wird es schlechter gehen als ihren Vorgängern.
Schon die heutige Generation wird den Niedergang ihrer Nation im Laufe ihres Lebens zu spüren bekommen.

Das Wirtschaftskrisen-Thanksgiving

Im Jahr des wirtschaftlichen Zusammenbruchs hatte sie gerade begonnen, als Produzentin für WNYC zu arbeiten. Sie
konnte es sich nicht leisten, nach Hause zu fahren, und fuhr
dennoch. Es war das Thanksgiving nach dem großen Crash,
nach dem Sturm auf die Banken und dem Preisverfall. Die
Selbstmordrate lag bei 39,3 pro hunderttausend Menschen.
Beinahe ein Drittel aller amerikanischen Familien wurde als
»von Nahrungsknappheit bedroht« eingestuft.

Der Moment, der sich allen anderen voran in ihre Erinnerung einbrannte, war, als sie zur Bank ging, ihre Karte in den
Automaten steckte und dieser sie wieder ausspuckte. Sie rief

bei der Bank an, und eine heitere synthetische Stimme verkündete ihr, dass der nächste verfügbare Mitarbeiter ihren Anruf in 37 Stunden entgegennehmen könnte. Sie erinnert sich an chaotische Szenen – wie die Polizei die Warteschlange vor einer der insolventen Banken mit gezogenen Waffen in Schach hielt, die Handgranaten, die in das Gebäude von Goldman Sachs geworfen wurden. In einer Bar, in der Nähe des Times Square, hörte sie zu, wie ein Pulk zugekokster Finanz-Bros über die effektivsten und beliebtesten Selbstmordarten diskutierte. (Sie erinnert sich daran, dass sie damals dachte, Selbstmord sei eine gute Option für diese Männer.) Über Nacht zogen die Tech-Unternehmen nach Amsterdam um und die Finanzdienstleistungsbranche auf eingezäunte Gelände in Connecticut. Der Mann der Produzentin fand günstigere Tickets für einen Flug vom Flughafen in Buffalo, und so verließen sie morgens um halb vier die Stadt, um sich auf den Weg dorthin zu machen. Nachmittags landeten sie in Iowa, fix und fertig.

Die Panik der um sich greifenden Krise hatte sich bis Thanksgiving nicht wirklich abgekühlt, vielmehr war sie zum Normalzustand geworden. Mit jeder Krise, eine folgte auf die andere, wurde das Vertrauen in die Märkte weiter erschüttert, schwand die Sicherheit des Systems als Ganzes ein wenig mehr. Ihr Ehemann bekam kaum noch Aufträge als Webdesigner. Einen Auftrag aufzutun, war schwerer als alles andere; immer wieder in tiefe Verzweiflung zu stürzen und sich dann wieder herauszuziehen, laugte ihn aus.

Die Cousinen und Cousins rannten bald schon zusammen über das Grundstück. Für ihre Tochter, die nur die beengten Verhältnisse in den winzigen Wohnungen Brooklyns kannte, war das Große Haus noch immer ein magischer Ort. Die Idee, es könne Häuser mit so vielen Zimmern geben, dass manche

davon leer standen, schien ihr wie etwas aus einer Fernseh-
sendung. Die Felder draußen, karg und zerklüftet und leicht
mit Schnee bestäubt, wie immer im November, waren schier
unendlich. Der Neffe der Produzentin war ungewöhnlich still,
saß die meiste Zeit allein vor dem Fernseher, in den er in einer
Art Dämmerzustand hineinstarrte. Anfang des Jahres war ihr
Neffe mit einer Bindehautentzündung – oder was jeder für
eine Bindehautentzündung gehalten hatte – aus der Schule
heimgeschickt worden. Seine Mom träufelte ihm Tropfen in
die Augen, wie es ihr die Apothekerin aufgetragen hatte. Da
sich nicht sonderlich viel gelber Schleim um das Auge gebildet
hatte, dachte sie, die Tropfen wirkten. Sie hätte ihn ohnehin
nicht zum Arzt vor Ort bringen können. Die Selbstbeteiligung
konnte sie sich nicht leisten. Weil sie nicht freinehmen wollte,
brachte sie den Jungen ein paar Tage später in die Notaufnah-
me. Nur ein Blick genügte, und er wurde eilig am Wartezim-
mer vorbeigeschleust und sofort an einen Tropf mit Antibioti-
ka angeschlossen. Es war keine Bindehautentzündung. Es war
eine Präseptale Zellulitis. Der arme Junge erblindete auf dem
linken Auge. Die Rechnung belief sich auf 43 000 Dollar. Auch
neurologische Schäden lagen im Bereich des Möglichen, doch
ihrer Schwester fehlte das Geld, um einen Test durchführen zu
lassen.

Die Schwestern redeten nicht über Geld. Das Thema war
zu spannungsgeladen. Die Produzentin schlug sich in New
York durch. Der Ram-Händler hatte ihre Schwester nicht ge-
feuert, kürzte aber die Löhne aller Mitarbeiter.

Zur Abwechslung röstete ihre Mutter in diesem Jahr ein
paar Hühner aus dem Garten, aber es gab noch immer den
Kartoffelauflauf und die Mac and Cheese mit Muskat, den
Kartoffelbrei mit Soße, die Füllung aus Semmelbröseln und
dazu Bohnen und Erbsen und Rote Bete und Mais und Karot-

ten und Schweinebraten mit Kraut. Danach gab es wieder die Tusenblads-Tarta und Wackelpudding, weil das der Lieblingsnachtisch des Jungen war.

Es gab vieles, wofür sie dankbar sein konnten. Als sie sich um den Tisch in dem lang gezogenen Esszimmer herum versammelten, ging es den Kindern gut. Keiner saß auf der Straße. Sie hatten genug zu essen. Sie gehörten zu denen, die Glück gehabt hatten.

Die Präzision von Klimamodellen

In vorliegendem Buch finden sich zahlreiche der besten Zukunftsmodelle – Wirtschaftsprognosen, landwirtschaftliche Prognosen, reale Schlachtpläne, Algorithmen von Politikwissenschaftlern, historische Muster von Bürgerkriegsforschern und weitere Szenarien. Die folgenden Klimamodelle sind jedoch weitaus konkreter und präziser als alles andere in diesem Buch. Sie sagen die Zukunft nicht voraus, sie bilden sie ab. Das erste Klimamodell wurde 1967 von Syukuro Manabe und Richard T. Wetherald veröffentlicht und ist auch heute noch fast vollständig treffsicher. Sie prognostizierten, dass eine Verdoppelung der CO_2-Emissionen die Temperatur in der Atmosphäre um etwa zwei Grad Celsius ansteigen lassen würde. Seit 1880 haben wir den CO_2-Gehalt in der Atmosphäre kollektiv um 50 Prozent gesteigert, und die Temperatur ist um beinahe ein Grad Celsius angestiegen.

Die Grenzen von Klimamodellen

Eine allgemeine Tendenz zu kennen, entspricht nicht dem zu wissen, wie diese sich auswirken wird. Manabe selbst beschrieb die begrenzte Aussagekraft seines Modells wie folgt: »Bislang konnten Modelle den Klimawandel äußerst präzise vorhersagen, waren aber nicht im gleichen Maße effektiv, wenn es darum ging, die Auswirkungen auf Ökosysteme und das menschliche Zusammenleben vorherzusagen.« Es steht außer Frage, dass der Klimawandel existiert und zu höheren Temperaturen und steigenden Meeresspiegeln führt. Die Konsequenzen, die Menschen aus höheren Temperaturen und steigenden Meeresspiegeln erwachsen, sind aber größtenteils noch unbekannt, weil unsere Reaktionen noch nicht vollständig abzusehen sind: Mit welchen Maßnahmen wird der Klimawandel auf staatlicher Ebene abgemildert? Wie wird sich das Gemeinwesen anpassen? Wo liegen die Grenzen der Anpassung?

Bernhard Schauberger, ein Forscher am Potsdam-Institut für Klimafolgenforschung, weist auf die zu starke Vereinfachung der meisten Klimamodelle hin: »So etwas wie eine globale Durchschnittstemperatur gibt es nicht«, betont er. Der Einfachheit halber heißt es, die globale Durchschnittstemperatur werde um vier bis sechs Grad ansteigen, dabei ist dieser Anstieg in der Nähe der Pole größer und wird in gemäßigteren Klimazonen schneller voranschreiten als in den tropischen. Das bedeutet mehr Hitzewellen, mehr Dürren. Aber kann man dem Klimawandel die Schuld dafür geben, wenn ein Feuer eine Kleinstadt in Kalifornien verschlingt? Das kann niemand eindeutig beantworten. Es ist wie mit dem Rauchen. Kein Arzt kann sagen, dass Sie als Raucher mit hundertprozentiger Sicherheit Krebs bekommen. Was Ärzte aber sicher sagen können, ist, dass sich die Wahrscheinlichkeit, an Krebs zu erkranken, um ein Vielfaches erhöht, wenn Sie rauchen.

Es werden mehr Extreme auf uns zukommen beziehungsweise wird das, »was heute als extrem gilt, in fünfzig Jahren normal sein«, sagt Schauberger. Vor vierzig oder fünfzig Jahren war der indische Monsun ziemlich genau vorhersagbar. Das gilt heute nicht mehr. Die gleiche Bewegung hin zum Chaos vollzieht sich in den Vereinigten Staaten. Die Atmosphäre ist weniger vorhersehbar und erzeugt lange Phasen ohne Niederschläge, gefolgt von Starkregen. Die Dürre vom Juli 2012 ist das jüngste Beispiel dafür, was Wetterextreme den Agrarsystemen antun können. Die aufgrund der Dürre verzeichneten Verluste wurden auf 30 Milliarden Dollar geschätzt. Die unmittelbaren Kosten schlugen sich in einer sechsprozentigen Preissteigerung bei internationalen Lebensmittelrohstoffen nieder. Der Preis von Mais stieg um 50, der von Sojabohnen um 35 Prozent. Es war eine Dürre, wie sie einmal pro Generation vorkommt, wobei »einmal pro Generation« nicht mehr das ist, was es früher einmal bedeutete. Der dramatische Trend hin zur Erwärmung hat in den High Plains und den Prärien bereits in den vergangenen vier Jahrzehnten zu verheerenden, sich plötzlich intensivierenden Dürren geführt.

Der zweite Risikomultiplikator: Dürren

Jerry Hatfield ist der Laborleiter des National Lab for Agriculture and the Environment in Ames, Iowa, und ist seit 35 Jahren für das Landwirtschaftsministerium der Vereinigten Staaten (U.S. Department of Agriculture, kurz: USDA) tätig.

Er hat die Entdeckung des Klimawandels hautnah miterlebt. »Als ich die Uni 1975 mit meinem PhD in der Tasche verließ, versuchte ich noch, die Auswirkungen von sich abkühlenden Temperaturen auf die Landwirtschaft zu ergründen.« Damals, in den 1970er-Jahren, grassierte die Furcht vor einer Rückkehr der Gletscher. »Wenn man lange genug dabeibleibt, kann man beide Seiten des Problems bearbeiten«, sagt er.

Selbst als ein Ansteigen der Temperatur festgestellt wurde, war zunächst unklar, ob zunehmende Hitze der Landwirtschaft schaden würde. In den Nullerjahren kompensierten die steigenden Temperaturen die Auswirkungen von CO_2, da CO_2 gut für Pflanzen ist, »vor allem für grüne Pflanzen.« Seitdem ist jede weitere Auswertung für den Sachstandsbericht des zwischenstaatlichen Ausschusses für Klimaänderungen der Vereinten Nationen düsterer ausgefallen. Der aktuellste Bericht des Ausschusses ist ein Appell, die Erderwärmung unter zwei Grad Celsius zu halten, und eine Warnung, dass die schlimmsten Auswirkungen nach 2030 unausweichlich sein könnten.

Die steigende Hitze ist vor allem für Kulturpflanzen wie Mais, Reis und Sojabohnen problematisch. Organische Enzyme sind bei einer Temperatur von über 40 Grad Celsius nicht funktionsfähig. »Die primäre Wirkung von Hitze ist, dass sie Pflanzen das Wasser entzieht«, sagt Hatfield. Die Mechanismen der Wärmeübertragung funktionieren auf die gleiche Weise wie die der Dürre: Sie vermindern die Biomasse und die Ernte. Hitze führt zur Seneszenz von Blättern – sie altern, bevor sie ihr volles Potenzial entfalten konnten. Hohe Temperaturen wirken sich auch auf die Keimung und die Bestäubung aus. Im Dürrejahr 2012 waren West-Kansas und Nebraska so aufgeheizt, dass selbst bewässerte Felder nicht genügend Wasser speichern konnten, um die Pflanzen vor Trockenstress zu bewahren. »Sie konnten einfach nicht genug Wasser in die Pflanzen pumpen«, sagt Hatfield. »Wenn die Tendenz zu mehr Hitze, Schwankungen und Niederschlägen anhält, werden wir nach 2050 eine weit stärker ausgeprägte Klimaanpassung erleben.«

Die Hitze wirkt sich auch auf Weizen auf. »Beim Weizen stellen wir fest, dass sich dann keine Körner mehr in den Ähren finden.« Mehrjährigen Pflanzen wie Obstkulturen machen hohe Temperaturen hingegen nichts aus. Dafür aber das Ausbleiben niedriger Temperaturen. Mehrjährige Pflanzen, wie die im Kalifornischen Längstal, brauchen eine gewisse Kühlzeit. Sie müssen Temperaturen unter sieben Grad Celsius ausgesetzt sein, damit sie im darauffolgenden Frühling wieder blühen. Die Bäume dort bekommen aber nicht mehr die erforderliche Zeit ab, die sie für eine effektive »Fruchtbildung« brauchen. »Vorausgesetzt, man benötigt dreißig Jahre, um einen mehrjährigen Baum, sagen wir einmal, einen Birnen- oder Kirschbaum, zu züchten, könnte sich das regelrecht katastrophal auf die Obstproduktion auswirken. Die Frage ist, ob man Obstplantagen umzieht oder ob man Anpassungsstrategien erwägt. Können wir einen Baum chemisch so behandeln, dass er reagiert, als wäre er gekühlt worden? Wie können wir uns diesen Prozessen annähern, um die Dynamiken zu verstehen, um zu verstehen, was los ist?«

Gemüse wird die Hitze gut überstehen. »Gemüse kann umgezogen werden. Dafür liegen Strategien vor.« Grundsätzlich jedoch wird der Klimawandel für Bauernhöfe weltweit gravierende Folgen haben. Wenn das Wasser steigt und Felder überschwemmt werden, haben die Wurzeln Schwierigkeiten, Sauerstoff zu bekommen. Pilze und Krankheitserreger lieben Hitze. Krankheiten, die in kalten Wintern üblicherweise abflauen, werden das ganze Jahr über bestehen. Und auch

Nutztiere leiden bei heißen Temperaturen. Die Milchproduktion der Kühe etwa lässt nach.

Die Anpassungsfähigkeit des amerikanischen Bauern

Bauern werden sich an das Klima anpassen. Das ist nun einmal, was Bauern tun. Und hüten Sie sich davor, die Anpassungsfähigkeit des amerikanischen Bauern zu unterschätzen. Im ersten Drittel des 20. Jahrhunderts betrug die durchschnittliche Maisernte 1,6 Tonnen pro Hektar. Inzwischen nähert sie sich 9,5 Tonnen pro Hektar. Für zahlreiche Kulturpflanzen ist die Anpassung an das Klima bereits Realität. Agrarwissenschaftler und Reisproduzenten begannen festzustellen, dass sie bei höheren Temperaturen niedrigere Erträge erzielten, und wählten daher Reissorten, die in den frühen Morgenstunden befruchtet werden. Das Gleiche kann man mit Weizen und Gerste tun. Beim Mais funktioniert das allerdings nicht. Beim Mais muss der Blütenpollen von den männlichen Blütenständen zu den weiblichen Blütenteilen, der sogenannten Seide, gelangen, wobei es für die Pollen circa einen Meter Abstand zu überwinden gilt.

»Wirklich entscheidend davon betroffen ist die Bestäubungsphase«, sagt Hatfield. »Die kleinen Pollen schwirren von den männlichen zu den weiblichen Pflanzenteilen durch die Luft. Werden sie hohen Temperaturen ausgesetzt, zerstört dies ihre Funktionsfähigkeit weitgehend.« Negative Auswirkungen auf diesen Prozess stellen sich bei Mais schon ab Temperaturen von über 30 Grad Celsius ein. Wenn die Bestäubung also nachmittags bei 35 Grad vonstattengehen soll, wird daraus schlicht nichts. »Manchmal gehen die hohen Temperaturen auch noch mit einer extrem trockenen Umgebung einher, sodass die Pollen zusätzlich ausdörren. Dann erhält man kahle Stellen an den Maiskolben.«

Doch Mais ist für Nahrungsmittel das, was Plastik für die materielle Welt ist. Er wird in Süßungsmitteln, Lebensmittelzusatzstoffen, Emulgatoren, Konservierungsmitteln und in Klebemitteln eingesetzt. Seit der Erfindung von Maissirup 1958 dominiert Mais die gesamte amerikanische Lebensmittelindustrie.

Steigende Temperaturen verursachen darüber hinaus Dürren und erhöhen, in den Begriffen der Agrarwissenschaft, »den atmosphärischen Bedarf«. Pflanzen verlieren Wasser mit einer höheren Transpirationsrate. So war es etwa im Jahr 2012 einfach unmöglich, genügend Wasser auf die Felder zu pumpen, obwohl man das Wasser des Ogallala-Aquifers anzapfte – eine Lösung, die nicht nachhaltig ist. »Es bestehen Bedenken, wie lange das Wasser ausreichen wird«, sagt Hatfield. »Der Ogallala-Aquifer, der sich unter den Great Plains von South Dakota bis nach Texas erstreckt, ist in den vergangenen Jahrzehnten geschrumpft. Das hat Erzeuger gezwungen, zur effektiveren Tropfbewässerung überzugehen und vollflächige Beregnungsvorrichtungen aufzugeben, doch der Wasserstand hat sich dadurch noch immer nicht regeneriert. Im Ogallala-Aquifer bildet sich kaum noch Neuwasser. Wir wissen nicht einmal, wie das vorhandene Wasser überhaupt dorthin gelangt ist.« Gigantische Wassermassen, die aktuell in der amerikanischen Landwirtschaft eingesetzt werden, sind nicht erneuerbar: »Wenn es weg ist, ist es weg«, sagt Hatfield. Und bei allen Vorkehrungen ist es schlicht nicht möglich, sich an eine Welt ohne Wasser anzupassen.

Die Innovationsfalle

Mit ihrem Scharfsinn werden sich die amerikanischen Bauern wahrscheinlich zumindest an steigende Temperaturen anpassen können und selbst an zunehmende Schwankungen bei der Wasserversorgung. Was Hatfield aber beunruhigt, ist das Niederschlagsdiagramm von Mai bis Juni verglichen mit dem von Juli bis August. »Diese Muster lassen sich mit nichts vergleichen, was wir in den letzten 125 Jahren beobachtet haben«, sagt er. »Wir befinden uns gewissermaßen auf unerforschtem Gebiet.«

Der große Innovationsschub, den die Landwirtschaft seit Ende des Zweiten Weltkriegs durchlief, die Grüne Revolution, resultierte aus genetisch modifizierten Hochertragssorten, aus dem erhöhten Einsatz von Stickstoff und verbesserten Pestiziden. All diese Innovationen waren jedoch aufgrund eines mehr oder minder stabilen Klimas möglich. Bei einem stabileren Klima konnten innovative Bauern Sorten mit höherer Stickstoffakzeptanz züchten. »Es scheint eine Wechselwirkung zu geben zwischen hohem Ernteertrag und hoher Stabilität«, sagt Hatfield, was seinen Pessimismus hinsichtlich künftigen Innovationspotenzials erklärt. Hochertragssorten sind anfälliger für Dürren und Hitze.

Wie aber kann man sich an die zu erwartende Unbeständigkeit anpassen? Wie kann man sich an das anpassen, was man sich nicht einmal vorstellen kann? Anpassung erfordert Zeit und Beständigkeit. Neue Fruchtfolgen zu entwickeln, dauert dreißig Jahre oder länger. Man könne es wohl auch in zehn oder fünfzehn schaffen, wenn man sich beeilt, meint Hatfield. »Wenn Monsanto eine neue Sorte auf den Markt bringt, wurde diese schon recht lange getestet, und genau das ist eines der grundlegenden Probleme bei der Anpassung.

Der Klimawandel könnte schneller voranschreiten, als die Zucht es verträgt.« Die Krise der amerikanischen Landwirtschaft wird eine Innovationsfalle sein. »Eine der Schlüsselkomponenten der Anpassung ist, dass man wissen muss, woran man sich anpasst. Geht es um ein Grad Celsius infolge des Klimawandels? Sind es zwei? Drei? Vier?« Die beste und einfachste Anpassungsmethode wäre, den Klimawandel zu stoppen, sagt Hatfield. Die einfachste Methode ist die unwahrscheinlichste.

Stabile Erträge gibt es bereits heute nur noch im Norden. Hitze- und dürretolerante Sorten und ein erweitertes Bewässerungssystem sind bereits in Arbeit. Aber der größere Teil des landwirtschaftlichen Nutzlandes in den Vereinigten Staaten wird ausschließlich mit Regen aus Niederschlägen bewässert. »Zu welchem Grad werden wir frei sein? Wird unsere Umwelt so sein, dass wir mit ihr zurechtkommen?« Die wahre Gefahr liegt in der Unvorhersehbarkeit selbst. »Mutter Natur ist eine äußerst launische Lady«, wie Hatfield es ausdrückt. »Erzeuger fragen mich ständig: *Was ist denn noch normal?* Ich sage ihnen, dass wir sozusagen am Abgrund stehen. Die Erzeuger erwidern dann: *Ja, das weiß ich auch. Aber was soll ich denn tun? Was soll ich gegen dieses Biest unternehmen, das mir jedes Mal ins Gesicht starrt, wenn ich mein Feld bestelle?*« Sie alle gehen davon aus, dass die Prognosemodelle innerhalb der bekannten Grenzen bleiben. Doch je weiter man in die Zukunft blickt, desto größer wird die Unbeständigkeit, desto stärker die Schwankungen, desto massiver die Verwundbarkeit.

Die Auswirkung verminderter Ernteerträge

Die Konsequenzen einer landwirtschaftlich instabilen Lage werden sich weit über die Grenzen Amerikas hinaus auswirken. Denn die amerikanische Ernte ergießt sich über die gesamte Welt. Die Vereinigten Staaten sind im globalen Vergleich der mit Abstand größte Lebensmittelexporteur. Der brillante Erfindergeist der Bauern des Landes erreicht seinen Zenit. »Die Geschwindigkeit, mit der wir uns verändern müssen, könnte schneller sein als bislang angenommen«, sagt Hatfield. »Es ist schwer vorstellbar, was wir in fünfzig oder hundert Jahren tun werden.«

Die Politik des Hungers

Im Mittleren Westen sind mehrere Dürren in Folge nichts Unbekanntes. In den 1930er-Jahren waren es vier. Diese Dürren waren nicht das Ergebnis inkompetenter Landwirte, sondern vielmehr ihr Gegenteil. Die »Dust Bowl« war eine unmittelbare Folge der neu erfundenen Tiefpflug-Methoden, die es ermöglichten, auf den Great Plains ungeheure Mengen an billigen Nahrungsmitteln zu produzieren, was unter anderem den Sieg der Amerikaner im Ersten Weltkrieg ermöglichte. Bei aller Innovationskraft, die den Tiefpflug-Methoden eigen war, forderten sie allerdings auch einen katastrophalen Tribut. Durch die Rodungen und das Pflügen wurden die oberen Bodenschichten abgetragen, ausgetrocknet und schließlich von Staubstürmen weggefegt. Es kam zu Hungerrevolten. Amerikaner starben an Unterernährung. Die Lebensmittelknappheit führte schließlich zu einem Anstieg an Tötungsdelikten, Selbstmorden und Raubüberfällen.

Der Hunger von damals ist auch heute noch präsent. Er prägt tief verwurzelte Ernährungsgewohnheiten. Country Gravy, eine Soße aus Milchpulver, Mehl und Margarine, stammt aus der Zeit der Großen Depression und war eine günstige Art, mit den einfachsten Zutaten Kalorien zur Verfügung zu stellen. Aunt Sammy, die von der Regierung geförderte fiktive Radiofigur des Bureau of Home Economics im amerikanischen Landwirtschaftsministerium, führte zur Zeit der Dust Bowl den Begriff »Vollkorn« ein, eine gesündere, aber auch billigere Alternative, und brachte den anvisierten Zuhörerinnen bei, wie man eine Erbsensuppe mit einer Zitronenscheibe aufpeppt. Vor der Großen Depression wurden zum Thanksgiving-Dinner traditionell noch eine große Anzahl an Pies serviert – mit Mincemeat-Füllung, Preiselbeeren oder Heidelbeeren. Zum Truthahn wurden verschiedenste Gemüsesorten und Hühnerpastete gereicht. Nun aber empfahl Aunt Sammy für das Thanksgiving-Menu Tomatensaft anstatt Austerneintopf und anstelle des Truthahns einen Braten oder eine »alte Henne« beziehungsweise »falsche Ente« – in Brotkrümeln gewendete Flankensteaks, die zuerst aufgerollt, dann angebraten und schließlich gebacken werden.

Die Menschen in den Vereinigten Staaten ernähren sich bereits heute wie nach einer Wirtschaftskrise. Die Große Depression brachte Vitamine und Kalorien in das Bewusstsein der Amerikaner. Es gab einen großen Ansturm aufs Einmachen und Pökeln. »Damals, in den 1930er-Jahren, die Dust Bowl, das waren vier oder fünf Dürrejahre hintereinander. Schaut man heute nach West-Texas oder West-Kansas sieht man, dass es erneut vier niederschlagsarme Jahre in Folge gab«, sagt Hatfield. »Das ist alles andere als normal, aber es passiert. Nicht flächendeckend, aber es kommt vor.«

Selbst ein geringer Anstieg der Preise anderer Waren, wie

Rohöl, hat in der ganzen Welt zu Unruhen geführt. Die Gelb-westenbewegung in Frankreich etwa, die größten Ausschrei-tungen im Land seit 1968, formieren sich spontan nach einer relativ geringen Anhebung des Benzinpreises. Für in höchs-tem Maße ungleiche Gesellschaften bedeutet jede Preiserhö-hung eine Bedrohung ihrer Stabilität.

Für gewöhnliche Durchschnittsamerikaner wird Instabili-tät Hunger bedeuten.

Das Dürre-Thanksgiving

Die Produzentin litt niemals Hunger, nicht einmal nach der dritten Dürre innerhalb von fünf Jahren. Zum damaligen Zeitpunkt galten fast zwei Drittel aller amerikanischen Fami-lien als »von Nahrungsmittelknappheit bedroht«. Die Anzahl an Amerikanern, die ihre Ersparnisse aufbrauchten, um Es-sen zu kaufen, lag bei 28 Millionen, Tendenz steigend. Im ers-ten Jahr hatte es die Dürre kaum bis in die Schlagzeilen ge-schafft, es gab nur ein paar kleinere Beiträge über den Anstieg der Lebensmittelpreise. Selbst ihre Schwester hatte sich im ersten Jahr noch keine großen Sorgen gemacht. Im zweiten Dürrejahr schlichen sich dann die Ängste ein, bei den Exper-ten und den Bauern bis hin zu den gewöhnlichen Menschen. Bei der dritten Dürre zwei Jahre darauf schossen die Preise dann schließlich endgültig in die Höhe.

Eines Tages nahm die Produzentin einen Chinakohl in die Hand, der 28 Dollar kostete. Es war ein schöner Kohl, aber so schön war er nun auch wieder nicht, dachte sie. Ungefähr zu jener Zeit fiel ihr auf, dass die Mandelmilch hinter der Laden-theke gebunkert wurde. Soldaten in voller Montur arbeiteten nebenher bei WalMart. In New York erblühten plötzlich überall Gärten, die Dürre-Gärten. Auf jedem Dach, jeder Veranda, jedem noch so kleinen Fleckchen Hinterhof in Brooklyn wuchsen Tomaten, Salat und Kräuter. Wie man sein Gemüse am besten anbaut, wurde zu einem dieser Dauerthemen, wie Immobilienpreise oder Schulbezirke, und wenn ihre Kollegen bei WNYC oder die Eltern der Schulfreunde ihrer Tochter herausfanden, dass sie aus Iowa stammte, schlossen sie daraus, dass sie quasi Bäuerin sei, und fragten sie um Rat, als hätte sie Ahnung davon. Sie erwischte sich dabei, wie sie von dem Garten in Iowa träumte, in diesen Tagen vor dem Thanksgiving zur Zeit der Dürre.

Zurück nach Davenport mussten sie den Bus nehmen. Sie rechtfertigte es vor sich als eine Möglichkeit, Zeit mit ihrer Teenager-Tochter zu verbringen, nur sie beide, quer durchs Land. Es war die einzige Option, die sie sich leisten konnten. Ihr Ehemann ertrug die lange Busfahrt nicht. Er blieb in diesem Jahr in New York.

Der Roadtrip hatte durchaus aufklärerisch sein sollen, aber so aufklärerisch nun auch wieder nicht. Jede Stadt, durch die sie auf ihrer 36-stündigen Reise von der Penn Station nach Davenport fuhren, war im Begriff, zugrunde zu gehen. Es schien, als wären die Bushaltestellen in den kleineren Orten dort aus Gewohnheit platziert worden. Die Diner, die zugleich als Reinigungsanlagen und Bordelle dienten, waren noch nicht einmal bei Tageslicht sicher. Der Mais auf den Feldern war verkümmert, ein bräunliches Gelb zog sich durch die Reihen, die Abstände waren zu weit. Wo saftige Fülle hätte sein sollen, war einfach nur leerer Raum. Rotten abgemagerter Wildschweine verwüsteten das Land. Ein Kleiderberg neben einer mit Brettern verrammelten Schule. Sie fuhren durch Leamington, eine Ortschaft, in der erst kürzlich 32 Menschen gestorben waren, weil sie Wodka getrunken hatten, der mit Ethanol verschnitten war. Die Produzentin erlaubte ihrer Tochter nicht, den Bus zu verlassen, selbst als diese über ihre verkrampften Beine jammerte. Die meiste Zeit saßen sie im hinteren Teil und schauten Filme auf ihrem Handy mit einem Kopfhörerkabel für zwei. Die Prärie war so karg, dass es nicht viel zu sehen gab.

Das Große Haus war damals bereits voll belegt. Ihre Schwester und die Kinder waren eingezogen, nachdem der Ram-Handler dichtgemacht hatte. Die einzige Arbeit, die ihre Schwester finden konnte, war eine befristete Tätigkeit als Reinigungskraft auf Honorarbasis in einem Red Roof Inn. Sie bot keinerlei Sozialleistungen oder Sicherheit. Der Notendurchschnitt ihrer Nichte hätte gereicht, um aufs College zu gehen, aber um eines besuchen zu können, hätte sie sich beinahe eine halbe Million Dollar leihen müssen. Unterdessen arbeitete sie an der Seite ihrer Mutter am Putzwagen. Jedes bisschen Geld half. Der Junge ging noch zur Schule, doch nach den Haushaltskürzungen waren die Klassen auf sechzig Kinder angewachsen. Für Kinder mit Lernschwierigkeiten gab es keine Unterstützung. Er war damals fast schon ein junger Mann, hatte eine Obsession für das Militär entwickelt, baute Modelle von Panzern und Hamilton-Bombern in seinem Zimmer und druckte Bilder aus dem Zweiten Weltkrieg aus, um sie an die Wand zu hängen. Knallrote Propaganda der Nazis und der Alliierten brüllte einem von seinen Wänden entgegen. Die Armee würde ihn wegen seines Auges niemals aufnehmen. Darauf verwies er in beinahe jedem Gespräch. Sie alle hatten angefangen, ihren Neffen zu fürchten, mit seinem bedrohlichen Schweigen und der wütenden Hoffnungslosigkeit, die immer wieder aus ihm herausbrach.

Der Garten ihrer Mutter war vergrößert worden. Selbst zur Dürrezeit konnte sie Rote Bete, Karotten und ein paar Salatköpfe zusammenkratzen. Die Produzentin fragte sich, ob sie den Garten ihrer Mutter zum Thema einer Sendung machen könnte: der einfache Reichtum üppiger Gemüsebeete. Darüber sprachen ohnehin alle in New York. *Der Garten.* Könnte funktionieren.

Das Thanksgiving-Dinner hatte sich mit der Dürre verändert. Früher hatten sie Truthahn gegessen, doch da Truthahn mit Mais gefüttert wird, war er inzwischen viel zu teuer. Der Kartoffelauflauf, die Mac and Cheese, die Tusenblads-Tarta mit Creme-Füllung – sie alle bestanden hauptsächlich aus Mais und lagen daher eigentlich alle jenseits ihrer Möglichkeiten. Die Mac and Cheese und den Kartoffelauflauf ließen sie ausfallen, aber die Tusenblads-Tarta musste einfach sein. Im Jahr der Dürre experimentierte ihre Mutter mit Truthahn auf Sojabasis, der gar nicht mal so übel war, auch wenn er einen leicht chemischen Beigeschmack hatte. Statt Kartoffelbrei gab es Kartoffelpfannkuchen. Der Garten hatte ihnen selbst in der Dürrezeit ausreichend Grünzeug, Karotten, Bohnen und Rote Bete beschert, sodass es sich immer noch wie ein Festmahl anfühlte. In diesem Jahr war die Tusenblads-Tarta nicht mit Erdbeeren bedeckt. Erdbeeren im November waren zu teuer.

Der dritte Risikomultiplikator: Urbanisierung

Bauern müssen seit Beginn der Landwirtschaft mit einem sich wandelnden Klima zurechtkommen. Die Kunst liegt darin, unter den vorherrschenden Wetterbedingungen so viel Nahrungsmittel wie möglich zu produzieren. Aber der urbane Raum, der sehr viel komplexer als das Land strukturiert ist, kann sich nicht annähernd so gut an den Klimawandel anpassen. Es finden sich überall auf der Welt Städte, die einst zu den prachtvollsten ihrer Zeit gehörten, dann aber vom Sand der Wüste verschüttet oder vom Dschungel verschlungen wurden und heute nur noch von Touristen besucht werden.

Peter Sousounis ist der Direktor für die Erforschung des Klimawandels beim amerikanischen Unternehmen für Risikomodellierung AIR Worldwide, wo er an der Entwicklung von Katastrophenmodellen für Großkunden wie Versicherungen und Rückversicherungen arbeitet. Er kombiniert Physik mit versicherungsmathematischen Daten, um den Menschen, für die am meisten auf dem Spiel steht, die besten Antworten zur Zukunft des Klimas geben zu können. Die bestmögliche Schätzung etwa von Sachschäden allein aufgrund der steigenden Meeresspiegel wird sich in absehbarer Zukunft weltweit auf eine Billion Dollar belaufen. Allerdings werden dabei nur langsam und gleichmäßig ansteigende Meeresspiegel berücksichtigt.

Die wachsende Unvorhersehbarkeit und Zunahme an extremen Wetterereignissen bedeuten jedoch, dass weit mehr auf dem Spiel steht als nur eine Billion Dollar. Im Lauf von vierzig Jahren haben Hurrikans der Kategorie fünf global betrachtet um 300 Prozent zugenommen. Alle Modelle weisen in dieselbe Richtung, doch die Ausmaße variieren. »Der Mensch neigt zu der Idealvorstellung, der Klimawandel gehe langsam und gleichmäßig vonstatten. Im Großen und Ganzen ist das aber nicht der Fall. Er entwickelt sich in Schüben. Zeitweise könnte er sich sogar umkehren«, sagt Sousounis. »Aber ich bin fest davon überzeugt, dass er sich langfristig eher nicht linear als linear manifestieren wird. Und genau das müssen wir im Auge behalten. Wir müssen die Nicht-Linearität mitberücksichtigen.« Nicht-Linearität bedeutet nichts anderes, als dass die Dinge ihren ganz normalen Gang nehmen, bis es damit auf einen Schlag vorbei ist.

Die Modelle der Vereinten Nationen und der Versicherungsgesellschaften gehen daher auf Nummer sicher. Es gibt Hunderte Klimamodelle, und sie alle benutzen den Mittelwert. Allerdings sind diese Prognosen nicht mit dem zu verwechseln, was am Ende tatsächlich geschieht. Wer in Vegas Baccara spielt, sollte am Ende immer dieselben Gewinnchancen haben wie die anderen Spieler: 50 zu 50. Aber natürlich spielt man Baccara nicht nur, um seinen Einsatz zurückzubekommen – man will mehr und hofft auf die Ausnahme von der Regel. Und eine solche Ausnahme müssen auch die Klimaforscher in Betracht ziehen. Die Summe der Zerstörungen des Klimawandels »könnte, nicht, dass ich Ihnen Angst machen will, an die 200 Prozent höher ausfallen als vom aktuellen Standardmodell vorgesehen«, so Sousounis. Wenn gewaltige Eisbrocken von Gletschern herabstürzen, kommt es zu einem plötzlichen Anstieg der Meeresspegel, wodurch das komplexe, ineinandergreifende System des Klimas außer Kontrolle gerät. Sousounis' Klienten, die Versicherungen, ziehen aus diesem erhöhten Risiko eine für sie ganz offensichtliche Schlussfolgerung: »Schon jetzt steht fest, dass ganze Küstenabschnitte künftig nicht mehr versicherbar sein werden.«

Wir befinden uns im Inneren einer Klimablase. Blasen zerplatzen. »Die eine Sache, über die einigermaßen Konsens herrscht, zumindest auf die Hurrikan-Aktivität in den USA bezogen, ist eine generelle Zunahme der Häufigkeit und Intensität von Hurrikans der Kategorie vier und fünf«, sagt Sousounis. Allein diese Tatsache wird Amerika verändern.

Der nicht lineare Klimawandel

»New York steht unglaublich weit oben auf der Liste gefährdeter Städte«, sagt Vivek Shandas, der Gründer und Direktor des Sustaining Urban Places Research Lab in Portland, Oregon. Sein Labor untersucht, wie sich Städte an den Klimawandel anpassen werden. Da beispielsweise die Infrastruktur der Städte an der Ostküste teilweise noch aus dem 18. Jahrhundert stammt, war es schon vor den sich kumulierenden Auswirkungen des Klimawandels nur eine Frage der Zeit, bis eine Katastrophe geschieht. »Ein Großteil New Yorks ist relativ flach. Alle Modelle sagen klar voraus, dass selbst ein geringer Anstieg des Meeresspiegels Schäden an der Infrastruktur in Milliardenhöhe verursachen würde. Zudem wäre der zur Verfügung stehende Raum, in den man ausweichen könnte, stark begrenzt«, sagt Shandas. »Dann kämen die Hitzewellen. Jedes Jahr weitere Tote. Die durch die Hitze verursachten Sturmsysteme würden Starkregen mit sich bringen, den die veralteten Abwassersysteme nicht bewältigen könnten und der daher zu massiven Fluten im Stadtgebiet führen würde.« Miami etwa wird sich dieser Prognose zufolge zugleich mit intensiven Hitzewellen, einem Anstieg des Meeresspiegels und Hurrikans konfrontiert sehen. Aber Miami ist nur eine Großstadt unter vielen. New York ist mehr. 88,3 Prozent der weltweiten Devisen strömen durch diese Stadt.

Supersturm Sandy von 2012 war ein Warnschuss. Für den Wiederaufbau im gesamten Bundesstaat New York waren 32,8 Milliarden Dollar erforderlich. Als der Sturm auf die Stadt traf, war er genau genommen noch nicht einmal ein Hurrikan. Dennoch zerstörte Sandy acht Tunnels und sorgte dafür, dass Millionen Pendler zwischen Brooklyn und Manhattan strandeten. Die Züge der Verkehrsgesellschaft NJ Transit fielen beinahe einen Monat lang aus. Die U-Bahn-Station South Ferry wurde mit 56 Millionen Litern Salzwasser geflutet und konnte erst 2017 wieder in Betrieb genommen werden. Für die Reparaturen und Nachbesserungen der U-Bahn gab die Metropolitan Transportation Authority 4,5 Milliarden Dollar aus. Infolgedessen bereitet man sich inzwischen besser auf schwere Stürme vor, die Zugänge zu U-Bahnhöfen werden mit ausklappbaren Abdeckungen und anderen Hochwasserschutzmaßnahmen ausgestattet, darunter Flex-Gates, wasserdichte Kevlar-Riemen, die über Treppenzugängen ausgerollt werden können, und elastische Tunnel-Plugs, gigantische, mit Luft gefüllte Ballons, die das Wasser am Einströmen hindern sollen. Doch sind all dies Maßnahmen für das, was man kennt, was man erwartet. Welche Folgen aber hätte ein Hurrikan der Kategorie fünf, der über alles Dagewesene noch einmal weitere fünfzehn Zentimeter Meerwasser in die Stadt spült?

Das verzahnte Scheitern urbaner Systeme

Ausfälle in Großstädten treten zunächst vereinzelt, dann ausgelöst durch Katastrophen auf. »Die anfänglichen Störfälle rühren oft von Abwassersystemen her, die das einströmende Wasser nicht länger bewältigen können, und daher, dass die Stadt die Kosten für die Instandhaltung der Kanalisation nicht mehr stemmen kann«, sagt Shandas. »Scheitern bedeutet in diesem Kontext ein ineinandergreifendes Versagen von Systemen.« Es ist eine Rückkoppelungsschleife. Wenn die Bevölkerung abnimmt, nehmen die Steuereinnahmen ab. Wenn die Steuereinnahmen abnehmen, wird es schwerer, in Abmilderungs- und Anpassungsmaßnahmen zu investieren, was zu einem Versagen der Infrastruktur führt, was wiederum dazu führt, dass viele Dienste den Betrieb einstellen müssen, was dazu führt, dass weitere Teile der Bevölkerung die Stadt verlassen. »Wie viel Energie benötigt also eine Großstadt, um sich selbst zu versorgen?«, fragt Shandas. »Wie stark möchten wir Städte finanziell unterstützen, um sie am Laufen zu halten? Wann sagen wir, genug ist genug? Wann geht es nicht mehr? Was bislang nicht ernsthaft diskutiert wurde, ist ein koordinierter Rückzug.« Anstelle eines solchen ist das wahrscheinlichste Szenario jedoch, dass diejenigen mit ausreichend Mitteln fliehen werden und die Armen und Schutzlosen zurückbleiben. Nach der Krise werden die Märkte ohne die leiseste Rücksicht auf menschliche Opfer reagieren. Mancherorts geschieht dies bereits. Amerikaner mexikanischer Herkunft leben in schadstoffbelasteten, völlig ungeschützten Gebieten in der Nähe des Rio Grande. Im Jahr 2020 wurde Versicherungsgesellschaften in Kalifornien untersagt, Hausversicherungen zu stornieren; ein Schritt, der gewöhnliche Hausbesitzer schützen sollte. Doch daraus folgt, dass nichts die Menschen davon abhält, Häuser weiterhin an völlig ungeeigneten Orten zu bauen. Der Bundesstaat wird nichts gegen den Klimawandel unternehmen, hält aber zugleich den Markt davon ab, die Sache zu regeln.

Mit der Zeit wird der Klimawandel jedoch Anpassungsleistungen erzwingen. Ohne den politischen Willen, ohne Geld in die Hand zu nehmen – und denken Sie daran: Bislang wurde nie jemand dafür gewählt, eine Katastrophe zu verhindern –, wird der koordinierte Rückzug von der Macht des Marktes vorangetrieben. Versicherungsgesellschaften werden Hausbesitzern mitteilen, dass sie ihre Häuser nicht länger versichern können. Solche Immobilien werden ihren Wert verlieren, eben weil sie nicht versichert werden können.

Stadtplaner werden in sicheren Gegenden bauen, da einzig diese ihren Wert behalten. Forscher auf dem Gebiet der Stadtentwicklung beschreiben den Effekt bereits als »Klima-Gentrifizierung«. Die Folgen: eine verschärfte Situation auf dem Arbeitsmarkt, erhöhte Grundstückspreise in Gebieten, in denen Grundstücke bestehen bleiben, sowie mehr Ungleichheit. Die Reichen werden sich die Sicherheit außerhalb von Gefahrenzonen leisten können, und die Armen werden in der Peripherie leben, in der Dunkelheit am Rande der Stadt.

Ein Rückzug vom Weltmarkt wird Amerika zu einer Festung machen. Zu einem Amerika der Mauern, einem Amerika, das das Meer fernhält, einem Amerika, das Fremde fernhält, einem Amerika, das Arme fernhält. Damit stabile Immobilienpreise auch stabil bleiben, werden weitere Investitionen erforderlich. »Immer öfter kommt es zu massiven Wetterereignissen wie Hurrikan Maria in Puerto Rico, kurzen und ungemein intensiven Vorfällen, denen ganze Teile der Bevölkerung zum Opfer fallen«, sagt Shandas. Solche Vorfälle sind den Ökologen wohlbekannt. Sie sind die Art von Ereignis, die eine Spezies auslöschen kann.

Die Überfahrt

Allein in ihrer Wohnung in Gowanus wartet die Produzentin auf das Ereignis. 36 Stunden bevor der Sturm auf Land trifft, stuft die NOAA Geraldine auf Kategorie zwei hoch. Alle erhalten die Push-Nachricht gleichzeitig auf ihren Handys, und über ganz New York legt sich ein leises Summen. Inzwischen beschwört der Gouverneur die Bürger seiner Stadt, sich in Sicherheit zu bringen. »Wenn Sie gehen können, gehen Sie. Wenn Sie bleiben müssen, machen Sie sich klar, worauf Sie sich da einlassen. Geraldine wird einen guten Teil des Atlantiks aufsaugen und über uns abwerfen. Die Windgeschwindigkeit wird 110 Meilen pro Stunde erreichen.« Die meisten New Yorker hören nur, dass der Sturm einer Kategorie zwei entspricht. Jeder weiß, dass die Mauer Stürmen bis Kategorie drei standhalten kann.

Die Produzentin hört sich die Warnung des Gouverneurs an, zieht jedoch nicht in Erwägung, die Stadt zu verlassen. Sie hat eine Story aufzunehmen. Zu ihrer Erleichterung verlassen die Mieter jeder zweiten Gebäudeeinheit ihre Wohnungen. Sie müssen sich ihren Weg über die Brücken gewaltsam bahnen. Alle 21 Brücken füllen sich mit Menschen, die in letzter Minute fliehen. Die Tunnels stehen bereits unter Wasser.

Dann kommt die Sturmflut. In Brooklyn steigen die Wassermassen aus dem Kanal, die Strömung fließt von Nordwesten und reißt Überreste aus den umstehenden Häusern und Geschäften mit sich, eine Flut an Büchern und Papieren, Kunstgegenständen und die Warenauslagen vom Whole Foods am Gowanus Expressway. Einige Zeugen wollen ein Baby gesehen haben, das in einem Kinderwagen fortgerissen wurde. Andere erinnern sich an ganze Inseln aus Gemüse auf der Wasseroberfläche.

Innerhalb weniger Stunden setzt die Sturmflut den JFK International Airport und LaGuardia unter Wasser. Um 20 Uhr 37 fällt der Strom in Manhattan und auf Staten Island aus. Um 21 Uhr 45 ist er in fast allen umliegenden Stadtteilen ausgefallen. Red Hook, das am stärksten gefährdete New Yorker Viertel, existiert nicht mehr. Downtown Manhattan, Greenwich Village, Tribeca und das East Village sind überschwemmt. In die Wall Street strömt das Wasser ein.

Die Winde, die auf die Flut folgen, erreichen eine Geschwindigkeit von bis zu 116 Meilen pro Stunde. Es gibt eine

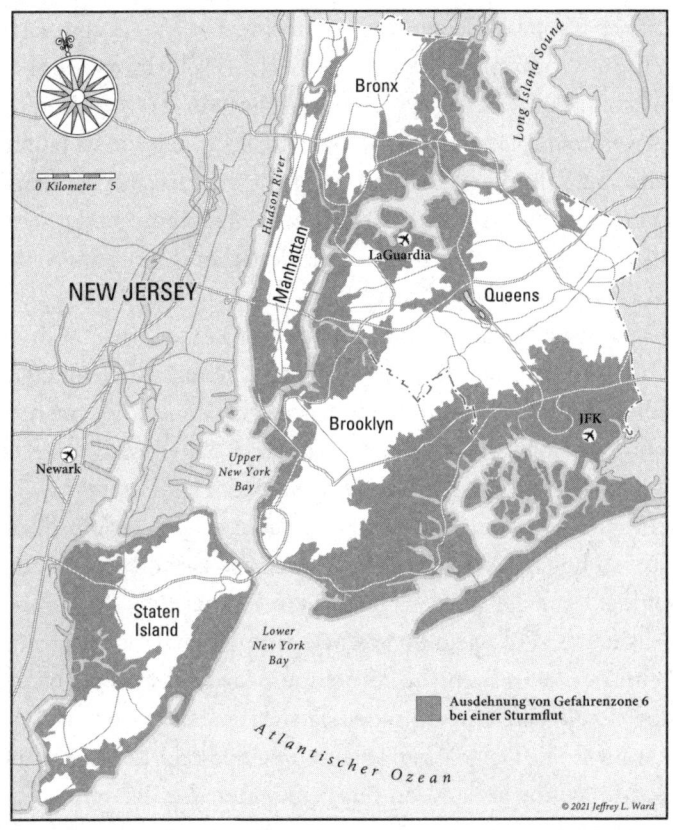

Karte davon, wie all das aussehen wird, eine Karte, die die Stadt selbst veröffentlicht hat.

Der Ehemann der Produzentin meldet sich aus Iowa und fleht sie an, die Stadt zu verlassen. Doch die Chance zu gehen, ist verstrichen. Sie wird warten müssen, bis sich die ersten Auswirkungen von Geraldine gelegt haben. Sie verharrt ein paar Tage im Inneren ihrer Wohnung, voller Furcht. Der Gouverneur ruft die Nationalgarde. 100 000 Soldaten werden in die Stadt entsandt.

Nach ein paar Tagen, eher aus Neugier als aus Angst, lässt sich die Produzentin halb treibend, halb schwimmend über das mit Müll übersäte Wasser hinüber zur Fourth Avenue schwemmen. Dort ist das Wasser so flach, dass man laufen kann. Sie geht den Berg zum Prospect Park hinauf. Der Park ist nicht mehr das, was er einmal war. Die Bäume sind umgefallen. Unter den Büschen liegen Menschen, wie betäubt, ihr Leben auf den Kopf gestellt.

Die Produzentin macht sich auf den Weg zurück zu ihrer Wohnung. Sie stellt fest, dass sie nicht genügend Geld abgehoben hat. Sie hat kaum mehr als ein paar Tausender. Sie füllt eine Dufflebag mit Essen, Wasser und Batterien. Sie steckt sich die Glock in den Gürtel. Außer ihrem Ladekabel und ihrem Handy braucht sie nichts. Sie geht zum Safe, um ihren Pass zu holen. Da drinnen liegt auch die Familienbibel, hergebracht aus der alten Heimat. Das Teil hat die Größe ihres Brustkorbs und wiegt so viel wie eine Wagenladung Ziegelsteine. Sie kann sie nicht mitnehmen. Sie erträgt es kaum, sie zurückzulassen. Darum redet sie sich ein, sie werde zurückkommen. Die Geige ihrer Tochter in einer Ecke des Zimmers, die Möbel, die gerahmten Puppenkleider, die Kerzen, die sie zur Hochzeit geschenkt bekommen haben – sie sagt sich, sie wird zu alldem zurückkehren.

Sie watet zur Fourth Avenue zurück und schließt sich dem Strom der Flüchtenden entlang der alten Route zum JFK an. Sie ist froh, ihre Glock zu haben.

Nach ein paar Stunden auf der Straße nimmt die Anzahl der Flüchtenden langsam zu. Weiter vorn sieht sie Grüppchen stehen, unsicher, was sie tun, wohin sie gehen sollen.

Die Straße ist im Wasser verschwunden.

Es ist beinahe schön, wie das Betongewölbe der Autobahn in schwarze Wellen getaucht wird. Es erinnert sie an eine

Maya-Ruine, die sie einmal in Belize besucht hat, 1500 Jahre zuvor ein großes Handelszentrum, mit prächtigen Tempeln ausgestattet, heute vom Dschungel überwuchert. Da fragt sie sich zum ersten Mal: Hat New York überlebt? Was ist aus der Stadt, die sie liebt, geworden?

Boote aller Art bieten Transportmöglichkeiten übers Wasser – Fischereischiffe, die aus New England heruntergekommen sind, Sportboote von der Küste Jerseys, Segeljollen und Motorboote, die wahrscheinlich nicht in offenen Gewässern fahren sollten. Die neue Küstenlinie brummt nur so vor Verhandlungen. Die meisten Transporteure beginnen bei fünf Riesen pro Sitzplatz. Aber ein paar der schwereren, sicheren Wasserfahrzeuge verlangen zehn, und die Motorboote starten schon bei zwei. Die meisten der Flüchtenden haben, wie auch die Produzentin, kein Bargeld. Manche betreiben Tauschhandel. Die Produzentin beobachtet ein junges Paar, das auf einer Kühlbox sitzt und seinen Schmuck zusammenlegt, darunter ihre Eheringe. Andere Transporteure akzeptieren Kreditkarten und wickeln die Bezahlung mit ihren Handys ab. Ein weltmännischer Fünfzigjähriger schreitet auf eines der größeren Skiffs und tippt auf sein Smartphone, als würde er eine Latte im Starbucks bezahlen.

In diesem Moment wird der Produzentin bewusst, dass sie ein Flüchtling ist. Eine Flüchtende im eigenen Land. Sie alle sind Flüchtende im eigenen Land, all diese Fremden an der Küste New Yorks. Wie wurden Amerikaner zu Flüchtlingen im eigenen Land? Was hat sie hierher verschlagen?

Auf der anderen Seite des Wassers lädt die Armee die Geflüchteten in Busse. Im Bus nach Iowa stellt die Produzentin fest, dass sie erkennen kann, wer New Yorker ist, wer aus Iowa. Seit sie in New York lebt, hat sie immer geglaubt, Leute aus dem Mittleren Westen von Einheimischen unterscheiden zu können. Jetzt weiß sie, dass sie damit recht hatte. Die New Yorker sehen ängstlich aus. Die Menschen aus Iowa gelangweilt.

Die drohende Krise der Klimaflüchtlinge

Der bestmögliche Schätzwert für die Anzahl an Klimaflüchtlingen aus Küstenregionen bemisst sich aktuell auf 13 Millionen. Unter Verwendung historischer Muster und maschinellen Lernens, das direkte und indirekte Auswirkungen des Klimawandels miteinander verbinden soll, entwickelte ein Team von Informatikern und Demografen mehrerer Universitäten 2020 das auf der Folgeseite abgebildete Modell, das einzig auf dem Ansteigen der Meeresspiegel basiert und auf sonst keinem Umweltfaktor. Je dunkler die Kästchen, desto mehr Flüchtlinge werden ankommen.

Die Produzentin wird einem dieser Punkte entsprechen, die von der Küste in Richtung des Landesinneren vorrücken, während zugleich die Meeresspiegel steigen.

Im Fokus: Klimaflüchtlinge

Bereits heute verändert der Klimawandel die Vereinigten Staaten. Bereits heute verändert er das Leben der Menschen grundlegend.

Jahrzehntelang besaß John Totos Familie ein traditionelles italienisches Familienrestaurant, das Toto's, gegenüber vom Midland Beach im Viertel Ocean Breeze auf Staten Island. Als Sandy wütete, ging Toto erst, als ihm das Wasser bis zu den Knien ging; das Restaurant hatte sich da bereits von seinem Fundament losgerissen. Ganze Teile des Gehsteigs waren

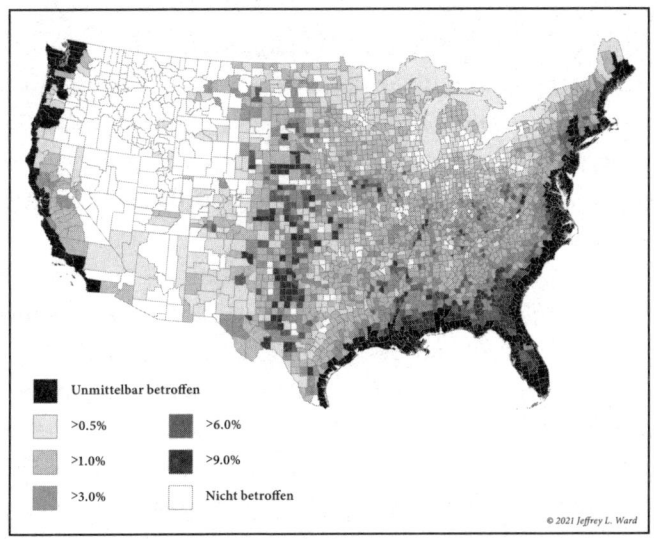

Unmittelbar betroffen

>0.5%   >6.0%

>1.0%   >9.0%

>3.0%   Nicht betroffen

weggebrochen. »Mein Haus wurde sechzig Meter von seinen Grundmauern weggedrückt«, erinnert er sich. »Es war wie beim Zauberer von Oz. Mein ganzes Leben wurde aus den Angeln gehoben.«

Die Viertel Ocean Breeze und Oakwood Beach wurden für den staatlichen Aufkauf zu Immobilienpreisen wie vor dem Sturm freigegeben. Daraufhin kaufte der Bundesstaat New York 600 Häuser. Doch die staatliche Hochwasserversicherung für von Sandy zerstörte Häuser stieg um ganze 25 Prozent. In der Gegend um das Restaurant gibt es noch immer zahlreiche Baulücken. Toto zeigt auf die Häuser einiger Anwohner, denen das Wasser aufgrund ihrer Hypotheken bereits sprichwörtlich bis zum Halse stand – bis ihnen das Wasser dann buchstäblich bis zum Halse stand. Nach Sandy hat Toto das Restaurant an neue Besitzer verkauft, die ein Barbecue-Restaurant daraus gemacht haben. Manche von denen, die es sich nicht leisten können wegzuziehen oder die für einen Neuanfang zu alt sind, sind geblieben. Ihre neuen Häuser stehen auf Stelzen. Ein Haus mit angehängter Baueinheit hat eine intakte, bewohnte Seite und eine, die bröckelt und verwaist ist. »Es ist eine bunte Mischung«, sagt Toto. Das Land, auf dem Ocean Breeze gebaut wurde, war ursprünglich ein Salzgarten und hätte nie bebaut werden dürfen. Nun holt sich die Natur das Land zurück.

Auf der Veranda des neuen Restaurants hat Toto ein Bild zurückgelassen, ein Bild der Wellen, das am höchsten Punkt hängt, bis zu dem das Wasser während Hurrikan Sandy reichte. Setzt man sich, hängt es auf Höhe der Schulter. Man kann hier köstlich essen, Staten Island Barbecue, und sich dabei ansehen, wie hoch das Wasser steigen wird. »Ich wollte, dass sie das als Mahnung anbringen«, sagt Toto. »Die Menschen haben keine Ahnung, wie sich eine solche Erfahrung anfühlt. Ich schon. Und ich bin mir sicher, dass es wieder passieren wird.« Jeder weiß, dass es wieder passieren wird. Dennoch wird weitergegessen.

Aufgrund umfangreicher staatlicher Fördergelder kehrte Toto zum Wiederaufbau nach Staten Island zurück. Ob so etwas nach einer massiven Abwanderung der Bevölkerung noch einmal möglich wäre, ist unklar. Doch es gibt noch eine andere Möglichkeit, auf durch den Klimawandel hervorgerufene Katastrophen zu reagieren. Ein Beispiel ist die Reaktion auf das sogenannte Camp Fire, ein Waldbrand, der den Ort Paradise in Kalifornien fast vollständig zerstörte. Dabei wurden 52 000 Menschen evakuiert, von denen am Ende nur die Hälfte in Kalifornien blieb. Die Wohlhabenderen zogen zwar in die nahe gelegene Stadt Chico. Aber auf der Facebook-Seite, die die Camp-Fire-Überlebenden dazu nutzen, ihre Geschichten mit anderen zu teilen und miteinander in Kontakt zu bleiben, wird ersichtlich, dass alle anderen sich auf ganze 48 Bundesstaaten verteilt haben. Viele von ihnen haben Aufzeichnungen hinterlassen, die zeigen, wie sehr ihr Leben noch immer vom Zufall bestimmt wird:

Ich bin jetzt in Washington, ohne Familie in der Nähe. Das Leben ist noch immer hart. Aber ich arbeite daran. Ich habe endlich einen Job gefunden. Ich habe einen Wohnwagen bekommen. Ich habe es geschafft, aber ja, wir kämpfen noch immer und werden wohl noch eine Weile brauchen, aber wir kommen schon klar. Meine Kinder und ich, wir vermissen unser altes Leben, aber dagegen können wir nichts ausrichten. Wir vermissen unsere Familie, unsere Freunde, unser Zuhause, und wir vermissen unsere Sachen. Ich war noch immer nicht bei der Therapie, zu der mir meine Mutter geraten hat, aber ich denke, dass ich es vielleicht brauche. Weil ich schon bei der winzigsten Kleinigkeit losheule. Wir sind stark. Ich sage mir immer wieder, wenigstens sind wir am Leben.

Ich bin jetzt in Murphy, North Carolina, angekommen und wohne in einer Air-BnB-Ferienhütte zur Miete. Mit 66 Jahren, einer Behinderung und ohne auch nur einen EINZIGEN Menschen hier zu kennen, ist dies das erste Kapitel eines neuen Abenteuers. Jetzt muss ich ein dauerhaftes Zuhause finden – drückt mir die Daumen!

Ich bin jetzt in einem neuen Bundesstaat, in einer schönen Stadt. Alle hier sind so nett, und ich habe auch ein neues Haus. Ich weiß, dass ich mich einfach glücklich schätzen sollte, am Leben zu sein, aber irgendetwas in mir ist an diesem Tag gestorben und kann nicht wieder zum Leben erweckt werden. Ich vermisse meine Haustiere, mein Haus und meine Nachbarn. Es macht mich ganz krank, dass es einige von ihnen nicht geschafft haben. Jede Nacht träume ich von meinen Tieren, die gestorben sind, und der Gedanke an ihr Leiden quält mich fürchterlich. Ich kann nicht normal essen oder schlafen; nichts bereitet mir mehr Freude. Ich bin hoffnungslos. Ich kann die Vernichtung meiner Gemeinde nicht ertragen.

Ich habe beschlossen, mir ein Jahr zu geben, bis zum 8. November 2019, um herauszufinden, ob sich etwas ändern wird. Manchmal wünschte ich mir, dass auch ich an jenem Tag gestorben wäre.

Nach Hurrikan Katrina saßen um die 100 000 Menschen in New Orleans fest. Die Evakuierung – ein Musterfall miserablen Katastrophenmanagements – führte dazu, dass innerhalb weniger Tage mehrere Hundert Menschen infolge von Hitze und Wassermangel starben. Am Ende verloren 1800 Menschen ihr Leben. 1,36 Millionen beantragten staatliche Unterstützung. Das Ausmaß der humanitären Katastrophe wäre unermesslich größer, würde New York von einem Hurrikan getroffen.

Die Politik der Klimaflüchtlinge

Robert McLeman erforscht an der Wilfrid Laurier University in Waterloo, Ontario, den Zusammenhang von Migrationsmustern und dem Klimawandel. Seine freundliche, optimistische Art, mit der er die Ausbreitung eines absoluten Infernos beschreibt, ist entwaffnend. Der Klimawandel kann zu politischem Chaos führen, vor allem durch Migration. Es sind nicht unbedingt steigende Temperaturen oder steigende Meeresspiegel, die die Menschen brechen. Es ist das, was man nicht erwartet, das einen bricht. Ich bin Kanadier, daher wirft mich keine Kältewelle, kein heftiger Schneefall um. Daran bin ich gewöhnt. Ich weiß, was dann zu tun ist. Doch selbst bei einer milden Dürre hätte ich keine Ahnung, wie ich damit umgehen sollte. In Bangladesch zum Beispiel kommt es nach einer Überschwemmung üblicherweise nicht zu einer Massenabwanderung, weil die Menschen in der Region seit Tausenden von Jahren mit wahren Sturzfluten zurechtkommen müssen. Eine Dürre hingegen könnte eine ernsthafte Krise auslösen und dazu führen, dass sich zahlreiche Menschen nach Indien aufmachen und dort infolge der Zuwanderung politisches Chaos ausbricht.

Woran können sich Amerikaner anpassen? Und woran nicht? Am meisten beunruhigt McLeman die Tatsache, dass die amerikanische Bevölkerung ausgerechnet in den Gegenden wächst, die unvorhersehbaren Katastrophen besonders ausgesetzt sind. Dazu gehören die Küstengebiete New Yorks, New Jerseys, Floridas und Louisianas, die Carolinas, das Valley of the Sun, die Bay Area und Los Angeles. Viele der Menschen aus Zentralamerika, die an der amerikanischen Grenze von ihren Kindern getrennt wurden, flohen vor Ganggewalt und politischer Instabilität, aber sie flohen auch vor der Dürre. »Umweltbedingte Migration ist schon heute Realität – bislang beobachten wir aber nur deren Anfänge«, sagt McLeman.

In keinem Buch über die Geschichte des Faschismus wird dessen Popularität nicht wenigstens zum Teil den der Großen Depression zugrunde liegenden Entwicklungen zugeschrieben. Eine Studie der überparteilichen Forschungsorganisation Bureau of Economic Research aus dem Jahr 2012 bestätigte »einen Zusammenhang zwischen politischem Extremismus und wirtschaftlichen Krisenzeiten, wie sie das Wachstum oder der Rückgang der Wirtschaft nach sich ziehen«. Zur Zukunft Amerikas werden schwere Dürrezeiten gehören, Konjunktureinbrüche und die Erosion bedeutender Küstenstädte. Die politischen Szenarien der beiden vorhergegangenen Kapitel förden die Gefahren dieser Realitäten zutage. Oberflächlich betrachtet gingen der Aufstieg der extremen Rechten und ein hyperpolarisiertes Washington zumindest indirekt aus der geplatzten Immobilienblase von 2008 hervor, doch das wachsende Chaos weist zudem in zwei weitere Richtungen. Amerikanische Institutionen reagieren nur schwach auf Krisensituationen. Die Krisensituationen selbst wiederum schwächen die amerikanischen Institutionen noch weiter, was ihnen zunehmend die Fähigkeiten, auf Krisensituationen zu reagieren, raubt. Es ist ein gnadenloser Kreislauf. Unter die Räder geraten dabei zuvorderst die amerikanischen Familien. Keine politischen Lösungen, noch nicht einmal die radikalsten Ansätze, könnten verhindern, was ich hier beschrieben habe.

Das Thanksgiving nach dem Untergang New Yorks

In jenem Jahr konnte die Produzentin nicht nach Hause fahren. Sie war bereits dort. Fünfzehn Monate nach dem Untergang New Yorks liegen keine verlässlichen Daten mehr über Selbstmordraten oder Nahrungsmittelunsicherheit vor. Große Menschengruppen ziehen durchs Land, gelegentlich kommt es zu Gewaltausbrüchen, oder sie bewegen sich weg aus der Gefahr, hin zur Hoffnung auf Sicherheit. Die Freude der Produzentin darüber, entkommen zu sein, darüber, wieder mit ihrer Familie vereint zu sein, ist verflogen. Der Untergang New Yorks schmerzt sie schlimmer als eine Wunde. Es ist eine vernichtete Zukunft. Eine verschlossene Rettungsluke bei steigendem Wasser. Die Produzentin hat so hart dafür gekämpft, aus Iowa fortzukommen, sich ihren Weg ins Zentrum der Welt zu bahnen. Und dann verschwand das Zentrum der Welt. Letzten Endes hatte sie großartige Tonaufnahmen von ihrer Flucht aus New York. Doch da war niemand, dem sie sie hätte verkaufen können.

Zuerst zweifelte niemand daran, dass man New York wieder aufbauen würde. Alle sprachen über New York. Journalisten verfassten Artikel über das erstaunliche Vergnügen, wieder auf die Brooklyn Ferry angewiesen zu sein, und vor dem One World Trade Center verkauften Straßenhändler T-Shirts mit dem Aufdruck »Fick dich, Geraldine, du Schlampe«. Nach dem Zweiten Weltkrieg bauten Deutschland und Japan Berlin und Tokyo wieder auf. Nach dem Erdbeben von 1775 bauten die Portugiesen Lissabon wieder auf. Doch in all diesen Fällen gingen die Menschen davon aus, dass ihre Städte nicht vor einer ungewissen Zukunft stünden. Wenn New York für immer durch Hurrikans gefährdet ist, warum es dann wieder aufbauen? Wie es wieder aufbauen? Mit den fast unermesslichen Kosten des Wiederaufbaus der Infrastruktur New Yorks für eine unvorhersehbare Zukunft betraut, stehen die Regierungen der Stadt und des Staates New York und mit ihnen die Bundesregierung vor einer unüberwindbaren Herausforderung. Woher sollen sie das ganze Geld nehmen, wenn die Menschen doch geflüchtet sind? Wer soll die dafür nötigen Steuern bezahlen?

Ihr Mann ist inzwischen wieder nach New York zurückgezogen, und das Land zu durchqueren, ist ihm selbst für Thanksgiving zu viel. Er ist Teil einer Bergungsmannschaft in der Bronx und gräbt in den verlassenen U-Bahn-Schächten nach Edelmetallen. Die zerstörte Infrastruktur bietet jetzt den größten Schatz an Altmetall der Welt.

Was ihren Neffen angeht, der war eines Morgens verschwunden. Er hatte einen Abschiedsbrief hinterlassen: Er sei nach Norddakota gegangen, um seinen Vater zu suchen. Sobald er sich ein Handy gekauft hätte, werde er sich melden. So zumindest stand es in dem Brief.

Seine Mutter nahm den Abschiedsbrief ernst. Was blieb ihr anderes übrig? Doch die Produzentin wusste es besser. Ihr Neffe war einer der Unauffindbaren, der Handylosen. Er hätte sich allen möglichen Gruppierungen anschließen können. Den Dakota Gadsens. Dem örtlichen Ableger der Atomwaffen SS. Einem der separatistischen Verbände, die sich im ganzen Land formierten. Oder einfach einer der umherstreifenden Gangs. Dennoch ließen sie sein Zimmer genau so, wie er es verlassen hatte, zugekleistert mit der historischen Nazi- und Alliierten-Propaganda, alten Filmplakaten von *Sharknado* und *Dawn of the Dead* und mit Bomber-Modellen, die von der Decke baumelten.

Zumindest haben sie noch immer den Garten. Die Produzentin und ihre Schwester haben einen elektrischen Zaun um das Gelände aufgestellt, nachdem sich ein paar Diebe auf der Suche nach Marihuana und Hühnern hineingeschlichen hatten. Sie ist froh, dass sie die Glock aus der Stadt mitgebracht hat, aber sie hat sich auch noch ein paar Mossberg-Pumpguns gekauft.

Während sie den Tisch für die Familie im lang gestreckten Esszimmer deckt, erwischt sie sich beim Gedanken an das Thanksgiving, als ihre Cousine Rose Anfang des neuen Jahrtausends aus dem Irakkrieg zurückkehrte. Sie erinnert sich an das Lachen ihrer Mutter aus der Küche, an ihren Onkel und ihren Dad, die darüber zankten, wer sich an was erinnern kann. Jetzt haftet all den glücklichen Erinnerungen ein Gefühl der Niederlage an. Kommt es nur davon, dass die Zeit vergeht? Niemandes Leben hat sich so entwickelt, wie es einmal vorgesehen war. Jeder kennt den betäubenden Stich dessen, was hätte sein können. Sie hatte gedacht, in ihrem jetzigen Alter auf eigenen Beinen zu stehen, abgesichert, mit Wohneigentum, dass sie die Kontrolle über ihr Leben hätte, etwas, das sie der Zukunft bieten könnte, und wenn es nur ein paar Ratschläge wären.

Im Großen Haus leben die Schwestern im Schatten der Erschöpfung ihrer Mutter. Voller Schuldgefühle, die sie noch nicht einmal aussprechen müssen, wissen die Schwestern, dass auch sie, ihr zum Stillstand gekommenes Leben, die Mutter auslaugen. Sie sollten es sein, die ihre Mutter an Thanksgiving in eines ihrer Häuser einladen. Aber sie werden niemals eines besitzen.

Das Essen ist an diesem Thanksgiving ein bisschen besser. Nicht so viel, dass etwas übrig bleibt, aber vorerst mehr als genug. Es gibt wieder Truthahn und Kartoffelbrei mit richtiger Butter. Es hat etwas öfter geregnet, und die Ernte des Gartens war gut. Es werden Bohnen mit Mandelblättchen, Karotten, Rote Bete, Süßkartoffeln und Kraut aufgetragen. Die ganze Familie ist versammelt, so wie immer. Alle sind sich darüber einig, dass Reisfüllung mit Salbei besser schmeckt als eine Füllung aus Brot.

Was ist passiert? Als die Produzentin versucht, es rückblickend zu verstehen, kommt sie zu keinem Schluss. Die Systeme, die uns am Leben erhalten, sind geisterhaft, unsichtbar. Wenn sie weg sind, werden wir nicht einmal mit Sicherheit sagen können, was wir verloren haben. Manchmal gibt sie sich selbst die Schuld, manchmal den Zeiten, in denen sie lebt. Mit beidem hat sie recht. Wie ihr Land ist auch sie von Krise zu Krise getaumelt. Und das Schmerzhafteste daran ist, dass all die Katastrophen, die sie durchlebt hat – die Wirtschaftskrise, die Dürre, der Untergang New Yorks – nur der Anfang sind. Schlimmeres steht bevor. Sie gehören weiterhin zu denen, die Glück gehabt haben. Vorerst.

Die Gewalt greift um sich

D ie Menschen werden es in ihrem News-Feed sehen, oder vielleicht sind sie gerade draußen und sehen es im Vorübergehen auf einem Fernseher in der Ecke eines Cafés, oder jemand, der ihnen nahesteht, ruft an oder schreibt ihnen eine Nachricht. Alle Handys werden zugleich ausgehen. In ihrem Büro, auf der Straße, auf dem Bildschirm, überall schockierte Zuschauer, erstarrt, die Hand vor dem Mund, aufgerissene Augen, manche rennen mit einem vagen Gefühl der Panik los. Über dem Kapitol erhebt sich Rauch – graue und schwarze Schwaden steigen von der Spitze der großen Kuppel auf. Eine schmutzige Bombe im Herzen der Macht.

Die Fotos werden unvergesslich sein – die entsetzliche Wolke, aufgenommen vom National-Friedhof in Arlington, die Flammen, die auf dem Wasser des Spiegelbeckens vor dem Lincoln Memorial gleißen, ein Schnappschuss vom East Potomac Golfplatz, auf dem Golfer gerade abschlagen, während die Regierung hinter ihnen in Flammen steht. Noch bevor bekannt ist, wer die Schreckenstat begangen hat, wird in den Nachrichten berichtet, es habe sich alles geändert, dass Amerika nie mehr das sein wird, was es einmal war.

Die Nachrichten haben recht. Alles wird anders sein. Amerika befindet sich nur einen spektakulären Akt politischer Gewalt entfernt von einer nationalen Krise.

Die Macht der Geste

Ein Funke wird genügen, ein schwerer inländischer Terroranschlag, der die Wahrnehmung des Landes verschiebt – ein regierungsfeindlicher Patriot, dessen Wut sich gegen die Bundesbehörden richtet und in einer mit Sprengstoff beladenen Drohne ihren Ausdruck findet, die von ihm in die Kuppel des Kapitols gelenkt wird. Weder der politische Hintergrund des Terroristen noch die Gewalt selbst werden annähernd so viel Bedeutung haben wie der Schock, den die Gewalt hervorruft, die Bilder, die sie heraufbeschwört.

Selbst eine kleine Geste kann das Sicherheitsgefühl der Öffentlichkeit komplett verändern. 1970 entführte eine separatistische Gruppierung in meinem Heimatland Kanada einen Minister der Provinz Quebec und einen britischen Diplomaten. Das genügte Premierminister Pierre Trudeau, eine Leitfigur des Liberalismus, als Anlass, den Ausnahmezustand zu verhängen und die bürgerlichen Freiheiten auszusetzen. Die Entführungen selbst waren natürlich schrecklich, aber weit weniger bedeutsam. Die Gefahr für die Stabilität der Regierung unerheblich. Die fragliche Separatistengruppe, die Front de Liberation du Quebec, war schlecht organisiert und klein. Sie verfügte über keinen Einfluss. Vielmehr ging es um eine Frage der Wahrnehmung: Wenn es so schien, als habe das Land die Kontrolle verloren, dann musste die Regierung reagieren.

Dieses Kontrollgefühl ist in Amerika bereits angegriffen. Am 6. Januar 2020 prügelten Randalierer einen Polizisten auf den Stufen des Kapitols zu Tode, schmierten Fäkalien an die Wände, machten in der Kammer des Repräsentantenhauses Selfies und ließen als Andenken Gegenstände mitgehen. Das Ereignis wurde häufig als Aufstand (»insurrection«) beschrieben. Aber das war es nicht. Die Randalierer waren nur lose organisiert, hatten wenig politische und keine militärische Unterstützung. Sie feuerten keine Waffe ab. Doch das könnte sich leicht ändern. Denn was wird passieren, wenn sie wiederkommen und schießen? Die Ausschreitungen am 6. Januar sollten vor allem als Hinweis darauf betrachtet werden, wie Parteigänger die Anfänge politischer Gewalt behandeln werden: 45 Prozent der republikanischen Wähler sprachen sich für den Angriff auf Washington aus. »Da draußen gibt es jede Menge Leute, die ein Ende der Gewalt fordern«, sagte zum Beispiel der rechtskonservative Radiomoderator Rush Limbaugh in seiner Sendung am darauffolgenden Tag. »Ich bin froh, dass Sam Adams, Thomas Paine, die echten Tea-Party-Männer, die Männer in Lexington und Concord, da anderer Meinung waren.« Je weiter der 6. Januar mit der Zeit aus den Nachrichten verschwindet, desto deutlicher versuchen die Republikaner die Bedeutung dieses Tages kleinzureden. »In den Fernsehaufzeichnungen von denen, die ins Kapitol eindrangen und durch die Statuary Hall liefen, sah man Menschen, die ganz gesittet zwischen dem Besucherleitsystem und den Absperrseilen standen und Videos und Fotos machten«, sagte Andrew Clyde, der die Republikaner in Georgia im Repräsentantenhaus vertritt, im Mai. »Hätte man nicht gewusst, dass die Aufzeichnung ein Video vom 6. Januar war, hätte man tatsächlich gedacht, es wären ganz normale Touristen.«

Die Republikanische Partei hat sich zu einer Bewegung mit einem politischen und einem militanten Flügel entwickelt. Beide Flügel treten jedoch selten in direkten Kontakt miteinander – so wie im Fall des Abgeordneten in Oregon, der Randalierern buchstäblich die Tür öffnete. Häufiger kommt es zu indirekten Übereinkünften, sei es durch Gesten wie Senator Hawleys erhobene Faust zur Bestärkung der Randalierer, sei es in Form von Gesetzen wie den neuen Beschränkungen des Stimmrechts, mit denen die Zweifel an der Legitimität der Wahl von 2002 untermauert werden. Indes tritt die Schwäche der Regierung nur noch deutlicher zutage: Der Senat, die mächtigste beratende Institution der Welt, vermag es kaum noch, einen Angriff auf seine eigenen Mitglieder aufzuklären. Ein Ausschuss beider Parteien konnte nur trotz größter Widerstände innerhalb der Republikaner seine Arbeit aufnehmen.

Die Frage nach der Möglichkeit eines neuen Bürgerkriegs ist im Kern vielmehr eine nach dessen Ausmaß. Einzige Voraussetzung dafür wäre, dass sich die Gewalt, die sich bereits manifestiert hat und die heute durch die vom Hass befeuerten Mechanismen des Internets immer weiter angefacht wird, nach einem auslösenden Ereignis in einem flächendeckenden Konflikt Bahn bricht. Die Unruhen in Los Angeles 1992; der Widerstand Arkansas' gegen die Bundesbehörden 1957; die Sagebrush-Rebellen, die in den vergangenen Jahren wieder Beamte der Bundesbehörden erschießen; der Sturm auf das Kapitol am 6. Januar; White-Power-Gruppierungen, die den Einzeltäter-Terror propagieren: Rückblickend betrachtet, wird das auslösende Ereignis völlig natürlich erscheinen, eine logische Konsequenz der Entwicklungen des Landes.

Die Vereinigten Staaten sind besonders anfällig für die Bildgewalt des Terrors. Der 11. September war ein Akt massiver Zerstörung, doch seinen ikonischen Status, die Bedeutung, die er im amerikanischen Bewusstsein eingenommen hat, war übergroß. Der Widerhall, den der 11. September im öffentlichen Leben fand, veranlasste die Vereinigten Staaten dazu, in zwei verfehlte Kriege zu ziehen, und den Krieg gegen den Terror, auch lange nachdem er nationalen oder globalen Interessen diente, weiterzuführen. Ein von inländischen Terroristen begangener 11. September würde die gleiche unaufhaltsame Dynamik heraufbeschwören. Ein schwerer Angriff auf die politischen Symbole, das Gefühl, die Nation als Ganze wäre bedroht, würde unweigerlich einen Anlass zur Rache geben und das Verlangen nach Ordnung wecken.

Die Vereinigten Staaten würden auf einen Angriff auf das Kapitol nicht mit Rationalität reagieren. Es würde dem Land nicht gelingen, zu einer wohlüberlegten Politik zu gelangen, die dem Ziel, den Frieden des Landes wiederherzustellen und die Spannungen zwischen seinen sektiererischen Fronten abzubauen, förderlich wäre. Denn die unterschwelligen Spannungen im Land sind bereits jetzt zu stark, das Gefühl der Bedrohung zu ausgeprägt. Wenn die Geschichte auch nur im Geringsten als Richtschnur dienen kann, wäre die Reaktion mit Sicherheit extrem. Sie wäre brutal. Sie wäre allumfassend. Sie wäre ein Akt der Rache.

Wie wenig noch fehlt

In den vergangenen fünfzehn Jahren gab es zwei Fälle, bei denen gewaltbereite Rechtsextreme sich Zugang zu radioaktiven Substanzen verschaffen konnten. Man entdeckte sie durch Zufall. Den Ersten in Maine. »Am 9. Dezember 2008 wurden im Haus des verstorbenen James Cummings in Maine Gerätekomponenten zur Verteilung radioaktiven Materials, einschlägige Literatur sowie radioaktive Substanzen gefunden«, berichtete die *Bangor Daily News*. Den Zweiten in Florida. 2017 erschoss einer der Mitbewohner des Nationalgardisten Brandon Russell zwei weitere Mitbewohner. In ihrer gemeinsamen Wohnung fand die Polizei einen mit HMTD gefüllten Kühlschrank, außerdem Thorium und Americium, beides radioaktive Brennstoffe. Russell hatte Verbindungen zur Atomwaffen-Division. Cummings war weißer Suprematist. Sowohl Cummings als auch Russell wurden durch Zufall erwischt, nicht durch Anstrengungen zur Terrorbekämpfung. Cummings wurde von seiner Frau erschossen. Russells Mitbewohner erschossen sich gegenseitig. Es waren diese peripheren Verbrechen, die zur Entdeckung der nuklearen Substanzen führten, und nicht etwa die Ermittlungsbemühungen der Strafverfolgungsbehörden. Wie viele Cummings und Russells mag es dort draußen zum heutigen Zeitpunkt wohl geben?

Was eine schmutzige Bombe anrichtet

»Die Auswirkungen der Strahlenbelastung wären minimal«, stellt der Bericht des Ministeriums für Innere Sicherheit bezüglich der Folgen schmutziger Bomben klar. Weit problematischer ist das Spektakel, die Furcht in der Bevölkerung.

»Die psychischen Folgen, die auf die Angst, Strahlung ausgesetzt zu sein, folgen, könnten eine der schwerwiegendsten Auswirkungen einer schmutzigen Bombe sein.« Ein Anschlag mit einer schmutzigen Bombe auf das Kapitol wäre eher ein Akt der Vernichtung eines Symbols als ein Akt tatsächlicher, physischer Zerstörung. Seine Macht würde dadurch jedoch nicht gemindert. »Zu den Auswirkungen könnte unter anderem gehören, dass bei der Reinigung des kontaminierten Bereichs Leben und Lebensgrundlagen beeinträchtigt werden. Diese Folgen könnten selbst nach der Reinigung des Tatortes weiterwirken, sollten die Menschen zögern, in das betroffene Gebiet zurückzukehren.« Die Erschütterung der gesetzgebenden Organe würde das Vertrauen der Bevölkerung in deren Fähigkeit, Lösungen friedlich auszuhandeln, schwer beeinträchtigen.

Wie sich das Land verändert

Zunächst wird nicht unbedingt eine große Veränderung festzustellen sein. Amerika wurde schon immer durch Gewalt definiert. Jede Nachrichtenmeldung hatte schon immer zwei Seiten. Die *New York Times* und MSNBC werden die Katastrophe dem Secret Service und dem FBI anlasten, die sich ihrer Meinung nach zu lange vor der Bedrohung durch Inlandsterrorismus gedrückt haben. Fox News und die anderen konservativen Medien werden die zunehmende Grobheit in der amerikanischen Politik beklagen. Online werden Verschwörungstheorien sprießen. Jeder, der beschuldigt werden kann, wird beschuldigt – die Juden, die Muslime, Einwanderer. »Die weiße Demokratie verschlingt sich selbst«, werden die radikalen Stimmen aufseiten der Linken behaupten. Andere werden froh sein, oder behaupten, froh zu sein, jetzt, wo die Demokratie ihrer Fassade entledigt wurde. White-Power-Gruppierungen werden behaupten, all das sei eine verdeckte Operation unter falscher Flagge und dass der lang ersehnte Rassenkrieg nun endlich kurz bevorstünde. All das geschieht nach politisch motivierten Gewaltakten bereits heute in den Vereinigten Staaten.

Um dem Inlandsterror den Riegel vorzuschieben, wird der amerikanischen Regierung keine andere Wahl bleiben, als die Waffen zu regulieren, die Bewegungen der Menschen zu überwachen und Hassrede im Zaum zu halten. Selbst die erste dieser Anforderungen wird sich als quasi undurchführbar und kontraproduktiv erweisen. Ein erheblicher Teil der amerikanischen Bevölkerung betrachtet jeglichen Versuch, den privaten Besitz von Waffen einzuschränken, oder selbst die Registrierung von Militärwaffen, als grundsätzlich unamerikanisch. Für wie viel unamerikanischer werden sie da wohl die Einschränkung der Bewegungsfreiheit oder der Redefreiheit erachten? Um zu überleben, wird die amerikanische Regierung das heiligste aller Symbole der amerikanischen Politik aussetzen müssen, die Grundrechte, die Bill of Rights. Zu einem solchen Krieg gehört es unweigerlich dazu, dass ein Großteil der amerikanischen Bevölkerung, annähernd die Hälfte, die Handlungen der amerikanischen Regierung von Anfang an als unamerikanisch betrachtet. Und sie hätten damit nicht unrecht.

Die Vereinigten Staaten haben sich mehr als fünfzig Jahre lang an der Bekämpfung von Aufständen beteiligt. Doch haben sie daraus bis heute nicht gelernt, den ersten Fallstrick dabei zu umgehen: Jede Gewalt, die ausgeübt wird, um Gewalt einzudämmen, führt unweigerlich zu noch mehr Gewalt, zu noch mehr Unruhe. Die Mittel der Aufstandsbekämpfung stehen in direktem Konflikt mit ihren Zielen: Man kann keinen Frieden herbeiführen, indem man Menschen ermordet. Wieder und wieder führen die Methoden der Eindämmung zu neuem Chaos.

Die amerikanische Strategie
zur Aufstandsbekämpfung

Glücklicher- oder unglücklicherweise haben wir eine ziemlich gute Vorstellung davon, wie die Regierung der Vereinten Staaten auf einen Ausbruch politisch motivierter Massengewalt reagieren würde. Nach Jahrzehnten des Scheiterns verfügt das amerikanische Militär über ein komplettes Handbuch zu diesem Thema: *JP 3–24*.

Derzeit sind bei der Aufstandsbekämpfung zwei grundlegende militärpolitische Strategien am Werk: Sie tragen die Akronyme SCHBT und ISIR. SCHBT steht für »Shape, Clear, Hold, Build, Transition« (»Gestalten, Säubern, Halten, Aufbauen, Übergang«) und ISIR für »Identify, Separate, Influence, Renunciation« (»Identifizieren, Isolieren, Druck-Ausüben, Überlaufen«). Letztlich unterscheiden sich beide nicht sonderlich von der »Oil-Slick-Strategie«, die während des Algerienkriegs angewandt wurde: Das Militär kontrolliert loyale Gebiete und bewegt sich von diesen weiter nach außen. Die erste Anforderung liegt darin, loyale Gebiete zu bestimmen. Als es aufgrund der Aufhebung der Rassentrennung in Arkansas zu einer Krise kam, lautete Präsident Eisenhowers erster Befehl, die in Arkansas stationierten Truppen der Nationalgarde in ihren Kasernen festzuhalten. Er wollte ihre Loyalität nicht auf die Probe stellen. Ein dem entgegengesetztes Beispiel wären etwa Streitkräfte, die von Portland, wo die Legitimität der Regierung kaum angezweifelt wird, Bezirk um Bezirk ins ländliche Oregon vorrücken, in dem der regierungsfeindliche Patriotismus um sich greift.

Bei ISIR handelt es sich um eine Strategie, mit der junge Menschen in kontrollierten Gebieten entradikalisiert werden sollen. Wie aber entradikalisiert man junge Menschen, wenn man ihnen zugleich ihre grundlegendsten Rechte verwehrt? Es ist nicht möglich. Denn wo bitte findet man junge Menschen, die so dumm sind, dass man ihre Eltern töten oder ins Gefängnis werfen kann und die einem danach dennoch abnehmen, dass man sie liebt. Das hat weder im Irak noch in Afghanistan funktioniert. Es wird auch in den Vereinigten Staaten nicht funktionieren.

JP 3–24 ist das Resultat eines jahrzehntelangen Scheiterns. Ein Handbuch, das verlorenen Kriegen entsprungen ist. Da es aber von Menschen geschrieben wurde, die gezwungen sind, so etwas wie ein Einsatzziel zu artikulieren, entwirft es die Möglichkeit eines Sieges. Diejenigen, die an der amerikanischen Aufstandsbekämpfung beteiligt waren, haben jedoch so viel durchgemacht, dass sie alle falschen Hoffnungen begraben haben, selbst wenn diese einem institutionellen Ziel dienen. Nicht, dass es da keine unterschiedlichen Auffassungen gäbe. Während manche altgedienten Offiziere darauf bestehen, dass die Aufstandsbekämpfung niemals von Erfolg gekrönt sein kann, glauben andere, dass sie unter bestimmten Bedingungen und mit einem klaren Rahmen sehr wohl einige klar definierte Ziele erreichen kann.

Daniel Bolger, ein pensionierter Generalleutnant und Geschichtsprofessor an der North Carolina State University, ist Autor des Buches *Why We Lost*, ein Vor-Ort-Protokoll der Niederlagen aus zwei Jahrzehnten amerikanischer Aufstandsbekämpfung. Bereits auf der Militärakademie beschäftigte er sich mit den Strategien zur Aufstandsbekämpfung und verfasste sogar einen spekulativen Roman über den Afghanistankrieg der späten 1980er-Jahre aus russischer Perspektive. Als er sich als Teil einer Besatzungstruppe in Dschalalabad wiederfand, wusste er nicht mehr als jeder andere über den Wahnsinn der Besatzung. »Es ist eine militärisch aussichtslose Sache, unklug, sich auf so etwas einzulassen. Die meisten Länder bereuen es«, sagt er. »Man kann bis zu den Römern zurückgehen, ins alte China. Wann immer man in solche Situationen gerät, bluten meist die Besatzer.« Seine Meinung über das Handbuch zur Aufstandsbekämpfung ist entschieden. »Das meiste davon ist völliger Mist. Wir machen uns selbst etwas vor, wenn wir glauben, dass dieses Zeug funktioniert. Dem Feldhandbuch zur Aufstandsbekämpfung liegt eine fehlerhafte Annahme zugrunde. Wenn wir glauben, wir als Außenstehende könnten die Bevölkerung schützen, liegen wir bereits falsch. Wie können wir uns so etwas als Außenstehende überhaupt anmaßen?« Die falsche Prämisse der Aufstandsbekämpfung ist, dass man das Bewusstsein der Menschen mit Gewalt verändern kann. Denn Kriege der Aufstandsbekämpfung sind Kriege der Wahrnehmung. Man kann sich nicht in die Wahrnehmung anderer Menschen morden und erwarten, dass man als etwas anderes betrachtet wird als ein Mörder.

Es liegt in der Natur aufständischer Konflikte, dass aus Gewalt neue Gewalt hervorgeht. Die symbolischen Gräueltaten hallen nach. Der Widerhall verstärkt sich. Das aktuellste Handbuch zur Aufstandsbekämpfung, *JP 3–24,* hat das Problem der Wahrnehmung internalisiert, oder zumindest wird es doch anerkannt. Aufständische und diejenigen, die Aufstände bekämpfen, konkurrieren um die narrative Hoheit. »Rebellengruppen nutzen Narrative, um Missstände, Ziele und Rechtfertigungen für ihre Taten sowohl einem in- als auch einem ausländischen Publikum zu vermitteln«, heißt es im *JP 3–24.*

»Die Narrative von Aufständischen weisen drei Elemente oder Komponenten auf: Akteure und die Bedingungen, unter denen sie tätig sind, Ereignisse entlang eines zeitlichen Kontinuums sowie Kausalität – Ursache und Wirkung, bezogen auf die ersten beiden Elemente.« Das Schlüsselwort lautet an dieser Stelle »Publikum«. Und wie gut kann eine Militärmacht schon darin sein, einem Publikum etwas vorzuspielen?

Das spektakuläre Wesen des Konflikts
im 21. Jahrhundert

Die Bürger Amerikas selbst werden das Publikum sein. Sie werden das Schlachtfeld sein, auf dem der Konflikt ausgetragen wird. Denn bei diesem Krieg geht es vor allem um ihre Einstellung zum Krieg. Man wird entweder auf der einen oder auf der anderen Seite stehen. Es werden sich Nachrichtenmeldungen häufen. Soldaten werden die Straßen füllen. Aus den Fenstern werden Fahnen hängen. Der Eindruck eines jeden Bürgers wird es sein, die andere Seite bestünde ausschließlich aus Terroristen, und diese andere Seite wird das Gleiche denken. So wie sie das ohnehin bereits tut.

Zunächst werden die Gräuel fern erscheinen. Man wird sich mit seinen Freunden darüber unterhalten. Das Militär lässt Panzer auffahren, um eine Gruppe apokalyptischer Sektenanhänger zu zerschlagen, die sich auf den militärischen Widerstand vorbereitet – ob das wohl eine Überreaktion war? Souveräne Bürger schließen sich zu Truppen zusammen, suchen Chicago und die Städte des Nordwestens heim und ermorden Demonstranten – sollten bewaffnete Gruppierungen vom linken Spektrum vor Ort sein, um darauf zu reagieren? Nachdem ein Gouverneur aus dem Süden die demokratische Präsidentin kritisiert hat, enthebt ihn das Parlament aufgrund von Hassrede seines Amtes – was aber ist mit dem Ersten Verfassungszusatz, oder sollte er in diesem Fall ausgesetzt werden? Der Versuch, einige Three Percenters aus Oregon zu entwaffnen, nachdem sie einen staatlichen Informanten erhängt haben, verwandelt sich in ein Blutbad mit Todesopfern auf beiden Seiten. Über das Recht, Viehherden auf den Bundesgebieten im Westen zu halten, entbrennt ein Streit, der in Feuergefechten mündet. Rassistisch motivierte Terroranschläge werden in den Vereinigten Staaten ebenso alltäglich, wie es aktuell Amokläufe sind. Die Regierung verhängt den Ausnahmezustand und setzt Habeas-Corpus-Anträge aus.

Die Anzahl der Orte, die noch bereist werden können, schrumpft. Wo ist es sicher? Wer ist sicher? Kontrolle und Chaos steigern einander und steigern die Verzweiflung. Sieht man einen Polizeibeamten, fragt man sich, auf wessen Seite er steht. Öffentliche Plätze sind gefährlich. Man kann nicht ins Kino gehen, ohne sich zu fragen, wer es wohl unter Beschuss nehmen wird. Die Spaltung wird zur akuten Gefahr.

Alle werden eine klare Haltung zu alldem haben. Je verwirrender Amerika ist, desto klarer wird es allen erscheinen. Auch wenn die eigene Seite Gräueltaten begeht, beharren ihre Unterstützer darauf, dass es ein größeres Übel gegeben haben muss, das sie rechtfertigt.

Die Bedeutung des Militäreids

Wer das Militär kontrolliert, ist die wichtigste Frage. Das amerikanische Militär ist eine transnationale Institution. Eine Gallup-Umfrage von 2017 fand heraus, dass das Vertrauen der Amerikaner in das Militär doppelt so groß ist wie das in den Präsidenten und sechs Mal so groß wie das in den Kongress. Die Verehrung der Streitkräfte ist seit Beginn des Irakkriegs tief im amerikanischen Alltagsleben verwurzelt. Kein Sportereignis, das ohne die Ehrung eines Soldaten über die Bühne geht. Zahlreiche Fluggesellschaften geben Militärangehörigen bei Flügen in die USA vorrangigen Zutritt zum Flugsteig. Einige Supermärkte bieten Militärfamilien bessere Parkplätze. Das amerikanische Militär beansprucht zwei Prozent der Bundesgebiete des nordamerikanischen Kontinents.

Seine Wirtschaftsleistung beläuft sich auf 3,1 Prozent des Bruttoinlandsproduktes. Es gibt fast 20 Millionen Veteranen. Besorgte Militäranalytiker beschreiben das Entstehen eines »Vertrauensmonopols«, ein Maß an Verehrung, das sie nicht wollen. Das Militär funktioniert wie ein Werkzeug. So betrachtet es sich selbst. Es ist nicht dazu bestimmt, Verantwortung zu tragen. Soldaten dienen jeder verfassungsmäßig gewählten Regierung, egal, ob sie diese als legitim erachten oder nicht. Da der Eid und die Kommandostruktur des Militärs unumstößlich sind, gibt selbst seine Unterwanderung von rechts weniger Anlass zur Sorge als etwa ein Eindringen der Hyperpolarisierung in die Strafverfolgungsbehörden.

Aus globaler Perspektive wäre ein Putsch kaum einzigartig: 1973 spitzte sich in Chile die politische Lage zu. Die seit 45 Jahren bestehende konstitutionelle Demokratie glitt in eine Politik der Siegermentalität, eine Nullsummenpolitik der Spaltung ab, bis das Militär für Stabilität sorgte. Andere Länder, selbst so etablierte Demokratien wie Kanada, haben in unruhigen politischen Lagen schon den Ausnahmezustand verhängt. Aber in den Vereinigten Staaten ist ein »harter« Putsch mit Panzern, die die Pennsylvania Avenue entlangrollen, um das Land unter die Kontrolle des Militärs zu zwingen, eher unwahrscheinlich. Die tiefer liegenden Gründe beinahe jeden Putsches, egal wo, sind laut Professorin Taeko Hiroi, die an der University of Texas die Gründe und Auslöser von Umstürzen untersucht, »Armut, eine Wirtschaft, die überwiegend auf Landwirtschaft basiert, und hybride politische Systeme«. Länder, die weder autoritär noch demokratisch sind, sind am anfälligsten. Die unmittelbaren Auslöser von Staatsstreichen sind häufig »soziale Instabilität, regierungsfeindlich gesinnte Proteste, Wirtschaftskrisen und Regierungswechsel«. Es ist nicht so, dass man sich das nicht auch in den Vereinigten Staaten vorstellen könnte, doch der wahre Grund, warum ein Putsch unwahrscheinlich ist, liegt einfach darin, dass es noch nie einen gegeben hat. »Einer der wichtigsten Faktoren hinsichtlich dessen, ob ein Land einen Putsch erlebt, ist seine Geschichte«, sagt Hiroi. »Ein Putsch widerfährt weit eher Ländern, die bereits Putschsituationen durchlebt haben.«

Die Ausgangslage

Sowohl die Rechte als auch die Linke haben strukturelle Vorteile. Die Rechte wird von der Brutalität und Militarisierung ihrer Basis profitieren, von der erheblichen Unterwanderung des institutionellen Lebens durch rechtsradikale Kräfte und vom Vermächtnis des Senats und des Wahlleutegremiums. Die Linke ihrerseits stellt die Mehrheit des Landes, und sie haben das Geld. Die Bezirke, in denen 2020 überwiegend für Biden gewählt wurde, erwirtschafteten 70 Prozent des Bruttoinlandsprodukts. Aufgrund der jeweiligen Stärken auf beiden Seiten wird nicht von Anfang an feststehen, wer die Übermacht hat oder als klarer Sieger hervorgehen wird.

Die unmögliche Lösung

Das Problem der Aufstandsbekämpfung ist für Bolger im Grunde kein militärisches. »Es spielt keinerlei Rolle, ob man eine Reihe von Gefechten in Folge gewinnt. Die Menschen vor Ort brauchen ihre eigene Regierung.« Wenn man Bolgers Buch *Why We Lost* liest, wartet man auf die Niederlagen. Die Amerikaner gewinnen beinahe jedes Gefecht, und zwar haushoch. Sie haben exzellente Pläne, die gut ausgeführt werden. Doch ihre gesammelten Triumphe haben keinerlei Bedeutung. »Man ist von vornherein der Besatzer, und alles, was man tut, beweist der lokalen Bevölkerung nur, dass ihre Regierung vor Ort nichts weiter ist als ein Platzhalter oder Werkzeug«, sagt er. Es ist ein klassischer Fall von »wer verliert, verliert, wer gewinnt, verliert auch«.

Taktische Überlegungen für Auseinandersetzungen zwischen den Einsatzkräften des Militärs und Milizen auf amerikanischem Boden wären völlig überflüssig. Niemand mit auch nur der geringsten taktischen Expertise kann sich etwas anderes vorstellen als einen einseitigen Kampf. Professionelle Streitkräfte sind nun einmal professionell. Niemand, der die geringste Ahnung von Aufstandsbekämpfung hat, käme jedoch darauf, dass einer dieser Siege von Bedeutung sein könnte. Vielmehr würde die eigentliche Krisensituation mit jeder weiteren von den Marines zerschlagenen Widerstandszelle nur zusätzlich verschärft.

Im ersten Szenario habe ich skizziert, wie eine Auseinandersetzung zwischen dem amerikanischen Militär und regierungsfeindlichen Patrioten aussehen könnte. Jeder Militärexperte, mit dem ich gesprochen habe, war der Meinung, es stehe außer Frage, wer aus der Schlacht als Sieger hervorgeht. Aber dennoch haben die Vereinigten Staaten eine Reihe von Kriegen verloren, in denen sie die überwiegende Mehrheit an Kämpfen gewonnen hatten. »Hin und wieder werden andere Menschen sagen: *Ich mach mir keine Sorgen wegen eines Aufstands, weil die Armee doch über diese ganzen Panzer verfügt und die Air Force über ihre Bomber*«, sagt Bolger. »Wenn es das ist, worauf Sie reduziert werden, einfach einzuschreiten und Menschen zu töten, werden Sie keinen Aufstand beenden. Im Gegenteil, Sie werden dafür sorgen, dass er sich ausbreitet, Sie werden für seine Eskalation sorgen.« Man kann Menschen nicht dafür bestrafen, dass sie einen hassen. Das Militär aber ist ein Instrument der Bestrafung. Seine Funktion macht es daher nutzlos. Für Bolger, der diese Untauglichkeit aus jedem Blickwinkel betrachtet hat, ist die Aufstandsbekämpfung durch das Militär somit ein Widerspruch in sich. Es ist ein Spiel, in dem die einzige Erfolg versprechende Strategie darin bestünde, nicht zu spielen. Doch nicht jeder hat den Luxus, nicht spielen zu müssen.

Der pensionierte Offizier Mansoor vertritt da eine andere Ansicht. Für Mansoor ist eine erfolgreiche Aufstandsniederschlagung zwar fast, aber eben doch nicht völlig unmöglich. Ein bedeutsamer Unterschied. Zum Beispiel scheitern Aufstände, wenn sie bei der lokalen Bevölkerung keinen Anklang finden, wie etwa im Fall des Leuchtenden Pfads in Peru oder bei Che Guevara in Bolivien. »Das Wichtigste ist, dass man die Politik in Ordnung bringt, denn erst wenn man die Politik in Ordnung gebracht hat, kann man auch einen Aufstand niederschlagen«, sagt Mansoor und räumt zugleich ein, dass »der Grund, warum sich diese Aufstände überhaupt ereignen, in erster Linie die Politik ist«. Die Rolle des Militärs liegt nach Mansoors Auffassung darin, rigoros gegen Gewalt vorzugehen, damit politischer Fortschritt erzielt werden kann. »Wenn Gewalt herrscht, ist die Politik wie erstarrt«, sagt er. Der Truppenaufstockung im Irak 2007 lag die Annahme zugrunde, dass Stabilität erforderlich sei, um den Dialog zu stärken. Und dort machte eine erweiterte Strategie zur Aufstandsbekämpfung die Politik auch tatsächlich erst möglich. Es ist nur so, dass sich die Beteiligten danach genau dort wiederfanden, wo sie vor der Gewalt angefangen hatten.

Die Wurzeln der Hoffnungslosigkeit

Der Ausweg aus dem nächsten Bürgerkrieg wird der Ausweg aus den Krisen sein, denen sich Amerika bereits jetzt gegenübersieht. Das Militär könnte bestenfalls Raum schaffen, damit die Vereinigten Staaten ihre Probleme verhandeln können. Wenn Amerika diese Probleme jetzt nicht lösen kann, warum sollte es sie dann nach einem massiven Ausbruch von Gewalt lösen können?

Wenn die Aufstandsbekämpfung erst einmal begonnen hat, ist es kaum noch möglich, die Streitkräfte zurückzupfeifen. Wie schafft man es, inmitten eines Kampfes ums Überleben den Durchblick zu behalten? »Man konzentriert sich, weil es um Leben und Tod geht; bei Patrouillen, Hinterhalten oder nächtlichen Angriffen steht dein Leben auf dem Spiel«, sagt Bolger. »Währenddessen hofft man, dass jemand weiter oben in der Befehlskette denkt: *Hey, ich lasse diese Jungs das tun, weil es uns dem, was auch immer wir wollen, näherbringt.* Meiner Erfahrung nach haben sie uns unsere Befehle für Einsätze einfach deshalb erteilt, weil es das ist, was das Militär in solchen Situationen eben tut. Ich glaube nicht, dass sie einen umfassenden Plan hatten. Wenn es aber um das eigene Land geht, steht sehr viel mehr auf dem Spiel.«

Im *JP 3–24* gibt es eine raffinierte Abbildung, die erklärt, wie man bei der Niederschlagung eines Aufstands Erfolg haben kann. Sie zeigt drei klare politische Ziele (siehe Seite 215).

Muss ich darauf hinweisen, dass so etwas für die Vereinigten Staaten völlig außer Frage steht? Es existieren ganze Bibliotheken, die sich den Wurzeln der amerikanischen Missstände widmen. Den unmittelbaren Problemen des Landes entgegenzuwirken, übersteigt die Kapazitäten der Regierung in immer größerem Maße, ganz unabhängig davon, wer sie

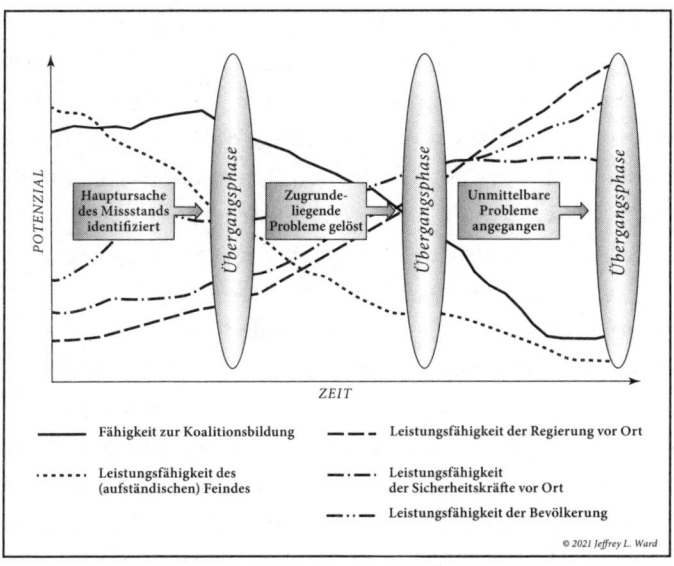

Diagramm-Beschriftungen:

POTENZIAL

Hauptursache
des Missstands
identifiziert

Übergangsphase

Zugrunde-
liegende
Probleme gelöst

Übergangsphase

Unmittelbare
Probleme
angegangen

Übergangsphase

ZEIT

—————— Fähigkeit zur Koalitionsbildung

· · · · · · · Leistungsfähigkeit des
(aufständischen) Feindes

— — — Leistungsfähigkeit der Regierung vor Ort

— · — · Leistungsfähigkeit
der Sicherheitskräfte vor Ort

— · · — Leistungsfähigkeit der Bevölkerung

stellt. Und was soll so etwas wie »die Lösung der zugrunde
liegenden Probleme« überhaupt sein? Was für eine Lösung
kann es geben für ein Land, das sich der Freiheit verschreibt,
aber von Sklaven errichtet wurde? Wie könnte eine Lösung
für ein Land aussehen, dessen politische Ordnung auf einem
revolutionären Umsturz basiert? Wie kann man die glorrei-
chen Widersprüche der Republik auflösen, die Widersprüche, die sie erst groß gemacht haben? Wie soll so etwas überhaupt funktionieren?

Die Vergänglichkeit der Demokratie

Mit der Zeit würde immer mehr auf dem Spiel stehen, da jeder Versuch, die Gewalt einzudämmen, zu noch mehr Widerstand führen würde, und die eskalierende Gewalt des Wi-

derstands zu noch brutaleren Versuchen, sie zu bremsen. Massenerschießungen auf Militärbasen, die es bereits gab, werden Vergeltungsdurst wecken und restriktivere Sicherheitsbestimmungen nach sich ziehen. Schreckenstaten werden in immer grelleren Farben erblühen. Die Reichen in ihren Gated Communities werden mehr und besser geschulte private Sicherheitsleute einstellen. Die Armen werden, wie dies bereits heute der Fall ist, die Gangs fürchten und sich ihnen anschließen. Die Maschinerie der amerikanischen Demokratie wird weiterhin funktionieren. Das Land wird Wahlen abhalten. Parteien werden die Machtverhältnisse verschieben. Aber sie werden zunehmend unwichtig. Hat sich der Staat erst auf politische Gewalt eingelassen, erübrigt sich das Prozedere der friedlichen Machtübergabe. Die Aufständischen werden politische Macht für sich beanspruchen. Doch wenn man sie ihnen verweigert, was geschehen muss, um den Staat aufrechtzuerhalten, ist seine Maschinerie nutzlos.

Die Unwahrscheinlichkeit eines »harten« Putsches in den Vereinigten Staaten

Einer der Gründe, warum »harte« Putsche, bei denen das Militär die Zivilregierung mit Gewalt stürzt, allgemein so selten geworden sind, liegt darin, dass Aufständische auf der ganzen Welt sie zunehmend als unnötig erachten. »Es gibt viele verschiedene Arten, den Präsidenten zu beseitigen«, bemerkt Taeko Hiroi. Ein Amtsenthebungsverfahren ist weit weniger riskant. Die Unterstützer angeklagter Präsidenten – in Brasilien, in Israel – betrachten die Machtwechsel, die ihre Anführer zu Fall bringen, durchaus als »Putsch«, doch deren Mechanismen liegen nicht außerhalb der Verfassung. »Weiche

Coups«, auch »Selbstcoups« genannt, sind die bevorzugte Methode, mittels derer ein amtierendes Staatsoberhaupt seine Macht festigt. 1992 entsandte der demokratisch gewählte Präsident Perus Alberto Fujimori noch Panzer zum peruanischen Kongress, damit er das System reformieren und seine Macht sichern konnte. Weder Erdoğan in der Türkei noch Putin in Russland sahen sich dazu veranlasst. Es ist durchaus möglich, den Regeln der Verfassung zu folgen und zugleich dafür zu sorgen, dass sich die gesamte Macht in den Händen des Regierungschefs konzentriert.

In Amerika ist ein Selbstcoup bereits in vollem Gange. Die Zunahme der Exekutivgewalt ist eine der wenigen wahrhaftig überparteilichen Entwicklungen. Der Einsatz von Dekreten, die es dem Präsidenten erlauben, am Kongress vorbei zu regieren, nahm mit Ronald Reagan an Fahrt auf, wurde unter Clinton weitergeführt, unter Bush ausgeweitet und unter Obama und Trump zum Standard. Was früher einmal eine Ausnahme für nationale Notfälle war, findet heute kaum noch Erwähnung.

Das Problem der Kontrolle

Mansoor zufolge wäre allein die Größe der Vereinigten Staaten, das schiere Ausmaß ihrer Herrschaftsgebiete und Bevölkerung, ein massives militärisches Problem. »Dort, wo man viele Sicherheitskräfte einsetzt, um Gewalt zu bekämpfen, braucht man verhältnismäßig viele Truppen. Die Vereinigten Staaten sind ein riesiger Kontinent mit einer großen Bevölkerung. Ich glaube nicht daran, dass wir je so viele Menschen in Uniform bereitstellen könnten, um umfassende Sicherheit zu gewährleisten. Sehr viel wahrscheinlicher erscheint mir eine

Zunahme von Milizen auf beiden Seiten.« Die Rolle des Militärs wird es daher vornehmlich sein, gegen Gewalt vorzugehen. Der einzige Weg, die Gewalt in Schach zu halten, wäre jedoch, einen Lockdown über das gesamte Land zu verhängen.

»Man muss die Bevölkerung kontrollieren«, sagt Mansoor. »In Bagdad haben wir das erzielt, indem wir die Stadt durch Zementbarrieren unterteilt, indem wir das Kriegsrecht verhängt und Personendaten der Bewohner erhoben haben. Es gab eine Ausgangssperre. Es gab überall Kontrollposten. Wir haben die Häuser der Menschen umstellt, uns Zutritt verschafft und sie nach Waffen und Munition durchsucht. Es handelte sich um eine umfassende geheimdienstliche Operation mit dem Ziel, Terroristen und Anführer der Aufständischen aufzuspüren. Wir beobachteten die Stadt, ohne auch nur einmal zu blinzeln, rund um die Uhr. So etwas ist ein massiver Eingriff in die Bürgerrechte. Den Terroristen und Aufständischen wurde es im Grunde unmöglich gemacht, sich zu bewegen oder zu kommunizieren.« Siedlungsgebiete wurden nach ethnischer Zugehörigkeit und durch dreieinhalb Meter dicke, stahlverstärkte Mauern unterteilt. Die Bewohner der Stadt wurden jedes Mal befragt, wenn sie ihr Viertel verließen oder es betraten. Jeder, der verdächtig schien, wurde verhaftet. »Dann würden überall in den Vereinigten Staaten riesige Haftanstalten errichtet, in denen Menschen, die in den Verdacht gerieten, nicht auf der Seite der Regierung zu stehen oder tatsächlich nicht auf der Seite der Regierung stünden, in großem Stil eingesperrt würden«, sagt Mansoor.

Ein Bürgerkrieg in Amerika, dem einzigen Land der Welt, in dem es mehr Waffen als Menschen gibt, würde alle vorhergegangenen Bürgerkriege in den Schatten stellen. Das Land ist weit diverser als jedes andere, mit einer äußerst heterogenen Bevölkerung. Schon heute wird der Widerstand gegen die Kontrolle des Staates unverblümt zur Schau gestellt.

Der Kreislauf spektakulärer Gewalt und Unterdrückung

Spektakuläre Gewalt ist nichts Neues für Amerika. Im Jahr 1867 berichtete die *New York Times* über einen öffentlichen Fonds, der in Colorado eingerichtet wurde. »Bei einer Massenversammlung, die kürzlich in einer der kleinen Städte in diesem Territorium abgehalten wurde, hat man 5000 Dollar gesammelt mit dem Ziel, damit indianische Skalps zu kaufen. Jeder einzelne Skalp ist 25 Dollar wert, jedoch nur, sofern er mit beiden Ohren abgeliefert wird. Demnach können die Bürger dieser reizenden Stadt einander in einer Sache nicht trauen, die doch von so großer Bedeutung für sie ist, und fordern, dass jeder Skalp mit beiden Ohren vorgelegt wird, damit kein betrügerischer Strolch zwei aus einem machen könne und so mehr erhält als seinen Anteil vom Blutgeld.« Sollte ein zweiter Bürgerkrieg in Amerika ausbrechen, wird es ihm nicht an Vorbildern vernichtenden Zorns und willkürlicher Morde mangeln.

Die Grausamkeiten bei dieser Art Konflikt sind bodenlos – die Raserei nährt sich selbst, das Spektakel schaukelt sich immer weiter hoch. Im syrischen Bürgerkrieg spießten die Regierungsstreitkräfte Köpfe auf, um ihre Bereitschaft für einen totalen Krieg zu demonstrieren. Truppen der Aufständischen begingen Völkermord an kleineren Stämmen. Die internationalen Kriegsabkommen – das Verbot chemischer oder biologischer Waffen beispielsweise – verloren bald schon an Bedeutung. Folter wurde zur gängigen Praxis.

Die Anwendung von Folter zur Aufstandsbekämpfung

aber ist einer der größten Fehler, die man begehen kann. Trotz des Nutzens in Einzelfällen, der groß sein kann, war Folter gemeinhin niemals effektiv. Man kann Gewalt nicht eindämmen, indem man Leid erzeugt. Die Franzosen lernten die korrumpierende Verführungskunst der Folter im algerischen Unabhängigkeitskrieg kennen. Ohne Folter hätten sie die Schlacht von Algier zufolge beinahe aller Einschätzungen verloren und hätten sie die Schlacht von Algier verloren, hätten sie Algerien verloren. Durch ihren Einsatz von Folter verloren sie Algerien dennoch, und obendrein auch ihre Seelen. Albert Camus fand dafür die klarsten Worte: »[D]ie Folter hat vielleicht um den Preis einer gewissen Ehre erlaubt, dreißig Bomben aufzufinden, aber sie hat gleichzeitig fünfzig neue Terroristen auf den Plan gerufen, die auf andere Art und anderswo noch mehr Unschuldige in den Tod schicken werden.« Der französische Autor Pierre-Henri Simon, ein scharfer Beobachter seiner Zeit, betrachtete die völlige Sinnlosigkeit des ganzen Vorgehens. Durch die Anwendung von Folter »verletzt [der Polizist] in seinem Inneren die Essenz des Menschlichen.« Doch beim Militär steht weit mehr auf dem Spiel: »Hier wird die Ehre einer ganzen Nation darin verwickelt.« Amerika ist bereits seit Langem am Einsatz von Folter beteiligt, seit Generationen. 1999 stimmte der Kongress dafür, die School of the Americas zu schließen, und erkannte damit die Gräueltaten an, die diese hervorgebracht hatte – denn wie sich herausstellte, hatte das Trainingscamp des amerikanischen Militärs der Kritik zahlreicher Menschenrechtsorganisationen zufolge mehrheitlich rechts gerichtete Kadetten ausgebildet und rechte Militärdiktaturen in Südamerika massiv unterstützt.

Wie lange könnten solche Repressalien andauern? »Wir sprechen von einem künftigen Bürgerkrieg in den Vereinigten Staaten, der Einsatz würde sich also aufgrund des Feuers, das er entfacht, auf unbegrenzte Zeit ausdehnen«, sagt Mansoor. Für Bolger ist es als Historiker und pensionierter Offizier schwer nachvollziehbar, wie wenig die Vereinigten Staaten aus den Aufständen auf eigenem Boden gelernt haben. Im amerikanischen Unabhängigkeitskrieg gewann die britische Armee fast jede offene Feldschlacht. Dennoch konnten sie das Land nicht gegen den Willen seiner Bewohner halten. »In den Vereinigten Staaten gab es von Anfang an ein großes Ausmaß an politischer Gewalt, und sie mussten mit einem großen Ausmaß an Gewalt fertigwerden«, sagt er. Die Verfassung ist ein Dokument revolutionär gesinnter Menschen. Wie die Verfassungen Jugoslawiens oder Algeriens enthält das Dokument Elemente seines revolutionären Ursprungs, der Zweite Verfassungszusatz pocht auf die Rechte von Milizen. Er wurde von Milizionären verfasst.

Das Scheitern der Reconstruction nach dem ersten Bürgerkrieg schließlich offenbart, dass es schier unmöglich ist, Amerikaner unter ein Regime zu zwingen, das sie nicht tolerieren. Der Norden gewann zwar den Krieg, versagte dann aber bei der Besatzung. »Was sich damals wirklich zugetragen hat? Die Streitkräfte des Nordens kämpften, hatten zu wenig Waffen, zu wenig Männer, erhielten nur vorübergehend Unterstützung der Regierung, waren bis 1877 eine sehr kleine Besatzungsmacht, blickten jedes Jahr auf ihre Uhr und fragten sich: *Sind wir endlich fertig?*«, sagt Bolger. »Was geschieht also? Die afroamerikanische Bevölkerung, die nur dem Namen nach frei ist, wird 1877 über Nacht zu Tagelöhnern mit fast keinen Rechten, sie sind praktisch in jeder Hinsicht rechtlos, und die Menschen im Norden nehmen es hin, weil sie wissen, dass sie nichts dagegen ausrichten können. Sie konnten ja nicht jeden Südstaatler umbringen.« Der Kompromiss von 1877 war im Grunde ein Rückzug der Bundes-macht. »Von da an war der Süden weitgehend selbstbe-stimmt«, sagt Bolger. In gewissem Sinne war die Zeit der Reconstruction die erste gescheiterte amerikanische Besatzung.

Die Erschöpfung

Die Menschen werden ihr eigenes Land, ihre Zeit nicht wie-dererkennen. Die meisten werden noch immer einen Job ha-ben. Sie werden zur Arbeit gehen. Sie werden ihre Kinder großziehen. Es wird gerade so möglich sein, sich an ein Ge-fühl von Normalität zu klammern, obwohl es gerade das nor-male Leben ist, das immer weniger möglich sein wird. Städte werden brennen. Die Krankenhäuser werden sich füllen. Die Polizei wird Partei ergreifen. Man wird Papiere brauchen, um rauszugehen, und andere, um nach Hause zu kommen. Kin-der werden Papiere benötigen, um in die Schule zu gelangen. Man wird ständig mit Angehörigen des Militärs zu tun haben. Rechte, die die Menschen ihr gesamtes Leben lang für gege-ben hingenommen haben, werden ausgesetzt werden. Die Medienberichte nehmen zu – von einem sich immer stärker ausbreitenden Stammesdenken, einem sich stetig vertiefen-den Hass. Es steht immer mehr auf dem Spiel bei diesem mon-strösen Spektakel. Nach einer Weile wird man nicht mehr ge-nau wissen, was man glauben soll. Alle Information wird zur Propaganda. Die Nachrichten werden voller Hassverbrechen sein: öffentlichen Lynchmorden; Massenhinrichtungen rechts-extremer Personen als Vergeltungsmaßnahmen; städtische Unruhen, die übergreifen; Menschen, die an Lastwagen fest-gebunden zu Tode geschleift werden. Man wird sich fragen: Wann werde ich eine dieser Nachrichten sein?

Das Ende der Union

Für gewöhnliche Menschen, für Amerikaner, die versuchen, ihr Leben zu leben, die zwischen die Fronten der willkürlichen Gewalt der Terroristen und die alles zermalmenden Repressalien des Staates geraten, werden sich Sieg und Niederlage kaum voneinander unterscheiden. »Wenn man sich in einer Situation befindet, in der man versucht, die Bevölkerung eines Landes mit Waffengewalt niederzuschlagen, wird man entweder ein paar von ihnen töten müssen oder man zieht sich zurück und überlässt ihnen selbst die Kontrolle vor Ort«, sagt Generalleutnant Bolger. »Man wird sie niemals dazu bringen können, es so zu sehen wie man selbst.« Einen Bürgerkrieg haben die Vereinigten Staaten bereits als Ganzes überstanden. Die Frage, die sich hinsichtlich des nächsten Bürgerkriegs stellt, lautet somit nicht unbedingt, ob die Vereinigten Staaten auch diesen überstehen würden, sondern vielmehr, ob man sie danach noch wiedererkennen würde.

Was ein Sieg bedeuten würde

Charakteristisch für das Ende aufständischer Konflikte ist nicht der Sieg einer Seite, sondern Erschöpfung auf allen Seiten. Erschöpfung würde die neue politische Landschaft Amerikas prägen. »Welche Geschäfte oder Tauschhandel würden wohl mit lokalen Autoritäten ausgehandelt werden, um die Gewalt zu stoppen?«, fragt sich Bolger. Eine Übergabe der Macht würde noch nicht einmal eine formale Gesetzgebung erfordern. Der Machtwechsel könnte im Geheimen vollzogen werden. Aber welche Gesetze würde die Bundesregierung durchsetzen? Es gibt Präzedenzfälle. In einigen Bundesstaaten wurde Frauen das Wahlrecht zugesprochen, bereits fünfzig Jahre bevor es Bundesgesetz wurde. »Würde das, was dabei herauskommt, dem Amerika, das wir heute kennen, überhaupt noch ähneln? Ich weiß nicht. Die Frage ist, an welchem Punkt die Gesellschaft als Ganzes zerbricht. An welchem Punkt geht es zu weit, und man sagt: *Okay, das ist kein Land mehr?* Wir alle tun nur so, als wäre es wie immer.« Diese Frage gilt nicht nur künftigen Amerikanern, sondern auch dem Präsidenten. Ob mit oder ohne Bürgerkrieg, wird sich den Amerikanern eine existenzielle Frage stellen: Sind die Vereinigten Staaten noch immer das Land, das sie einmal waren? Oder tun sie nur noch so?

Szenario fünf:

Das Ende der Republik

Auf die eine oder andere Weise gelangen die Vereinigten Staaten an ihr Ende. Die Kluft ist unüberwindbar geworden. Die politischen Parteien stehen einander unversöhnlich gegenüber. Die Möglichkeiten der Regierung, effektive Politik zu machen, schwinden. Die Symbole nationaler Einheit verlieren ihre repräsentative Macht. Die Risikomultiplikatoren aus Wirtschaft und Umwelt treiben ein dem System zugrunde liegendes Stammesdenken voran, das die Fähigkeit der politischen Ordnung zunichtemacht, auf gegen sie gerichtete Bedrohungen zu reagieren. Die Verfassung steht nicht mehr in Einklang mit den Menschen.

Eine mögliche Folge ist Gewalt. Die andere eine zivilisiert verlaufende Trennung. Zum heutigen Zeitpunkt kann die Teilung der Union als eines der Best-Case-Szenarien für die Vereinigten Staaten betrachtet werden.

Die Möglichkeit einer Sezession

Angesichts der Spannungen, von denen die Vereinigten Staaten auseinandergerissen werden, wäre eine Sezession keine Niederlage. Separatismus ist ein globaler politischer Trend: Die Anzahl der Staaten in der Welt hat sich seit 1945 verdreifacht. Und bald wird es weitere geben. »Heute gibt es weltweit mehr als sechzig sezessionistische Bewegungen. Im historischen Vergleich ist das eine beachtliche Anzahl«, sagt Ryan Griffiths, der sich als Professor an der Syracuse University den Dynamiken der Sezession und der Erforschung staatlicher Selbstbestimmung verschrieben hat. »Auf lange Sicht wird es eine weitere Separaistenbewegung in den Vereinigten Staaten geben. Es geht gar nicht anders. Kein Land ist von Dauer. Es wird sich verändern. Es wird auf irgendeine Weise auseinanderbrechen.« Die eine Art auseinanderzubrechen, erfordert massenhaft Tote. Die andere politischen Mut und die Fähigkeit, sich harten Wahrheiten zu stellen.

Die erste harte Wahrheit, der man sich stellen muss, ist die grundlegendste: dass die Vereinigten Staaten nicht mehr als Nation funktionieren. Die Ideen, auf denen ihr System basiert, tragen nicht länger. Die Symbole, die ihr Volk geeint haben, überzeugen nicht mehr. Das Land als solches ergibt keinen Sinn mehr.

Der Wunsch, sich zu trennen

Immer mehr Amerikaner stehen der Idee einer Sezession offen gegenüber. 2014 fragte die Nachrichtenagentur Reuters die amerikanische Bevölkerung: »Unterstützen oder lehnen Sie die Vorstellung ab, dass Ihr Bundesstaat friedlich aus den Vereinigten Staaten von Amerika und der Bundesregierung austreten könnte?« Jeder vierte entschied sich für einen Austritt. Nicht nur jeder vierte aus einem Bundesstaat mit einer aktiven separatistischen Bewegung wohlgemerkt. Sondern jeder vierte aus der Union als Ganzes. Amerika hat seinen Geschmack an der Sezession nie verloren. Selbst in Zeiten größter Einigkeit war im Hintergrund stets ein teils gewalttätiger Umtrieb sich überlagernder und miteinander in Konkurrenz tretender Identitäten am Werk.

Seit der Wahl Trumps haben Intellektuelle auf beiden Seiten begonnen, zögerlich für eine Teilung Amerikas zu plädieren. Das rechts-konservative Onlinemagazin *The Federalist* hat bekundet: »Inzwischen stimmen beide Seiten überein, dass es vollkommen inakzeptabel ist, unter dem Wertesystem der jeweils anderen zu leben.« Das linksgerichtete Politikmagazin *The New Republic* stieß ins gleiche Horn: »Machen wir uns doch nichts vor, Leute: Wir sind erledigt.« Für Parteigänger ist eine Teilung Amerikas ein Gedankenexperiment, vor allem aber eine Möglichkeit, im Detail darzulegen, wie monströs die andere Seite doch ist. »Die GOP« – die »Grand Old Party«, wie die Republikaner auch genannt werden – »hat viele Probleme, aber die Demokratische Partei hat sich in etwas vollkommen Unamerikanisches verwandelt. Die Vereinigten Staaten wurden auf zweierlei gegründet: jüdisch-christlichen Werten und einer eingeschränkt befugten Bundesregierung«, tönt der *Federalist*. Die *New Republic* ergreift die Chance und lässt ihrer Verächtlichkeit freien Lauf: »Macht weiter, wählt nur weiterhin gegen eure eigenen wirtschaftlichen Interessen, um euer Verlangen zu befriedigen, die Körper, die Sexualität und die Fortpflanzungsgewohnheiten anderer Menschen zu beherrschen.« Unlängst erschienene Bücher aus beiden Lagern behandeln das Thema seriöser wie *Break It Up* von Richard Kreitner und *Divided We Fall* von David French. Mit jedem Jahr gewinnt die Sezession an Beliebtheit, und Argumente dafür werden salonfähiger.

Unter diesen Umständen ist der Traum einer Spaltung weit mehr als nur ein reines Gedankenexperiment. Immer mehr Menschen meinen es ernst, malen sich realistische Szenarien aus, planen und organisieren. Während die Identität der Vereinigten Staaten dahinschwindet, entstehen neue Identitäten, neue Loyalitäten. Eine Loyalität gegenüber Ländern, die bislang noch nicht einmal existieren.

Wie eine Sezession aussehen könnte

Es ist durchaus möglich, dass die Vereinigten Staaten als einzelne Länder besser dran wären. Wie das vor sich gehen soll? Trotz all des Geredes über eine Sezession hält sich doch kaum jemand in den Medien oder im politischen Establishment damit auf, sich mit den Einzelheiten zu befassen. Man geht einfach davon aus, dass sich die Sezession schon ereignen wird, wenn nur genügend Menschen sie unterstützen. Diese Annahme ist naiv. Eine Sezession ist nicht einfach. Da können Sie bei jeder Unabhängigkeitsbewegung nachfragen.

Die Loslösung eines Staates ist ein bürokratischer Albtraum. Die Unsicherheit selbst bei so trivial erscheinenden Dingen des täglichen Lebens wie Pensionen oder Passdokumenten ist einer der wichtigsten Gründe, warum Schottland und Quebec auch heute noch nicht unabhängig sind. Wie sollen die nationalen Schulden aufgeteilt werden? Wird die doppelte Staatsbürgerschaft erlaubt sein? Welche Verfassungsänderungen wären erforderlich, um eine Sezession zu ermöglichen? Wie würde ein Bundesstaat entscheiden, zu welchem Land er gehören möchte? Wie würden die Vertragsbestimmungen neuer Staatenbünde aussehen? Was würde mit dem Militär geschehen?

Sollte sich der Druck erhöhen, die Vereinigten Staaten zu teilen, sei es durch demokratische Mittel oder Massengewalt, wie würde die Regierung der Vereinigten Staaten darauf reagieren? Wie würde ein neues Verfassungskonvent, ein Nicht-Verfassungs-Konvent also, das Land aufteilen? Wie würde ein zerbrochenes Amerika mit einem nur halb anerkannten Präsidenten und fünfzig Gouverneuren darauf hinarbeiten, sich künftig zu eigenständigen Ländern zu entwickeln?

Wo würden die Bruchlinien verlaufen?

Die Vereinigten Staaten müssten einer Trennung zustimmen. Das Land müsste sich eingestehen, dass seine Zeit abgelaufen ist. Aber dann ist da eben noch die Frage, wie es zerbrechen würde. Entlang welcher Bruchlinien? Wer würde sich von wem loslösen?

Die erste Frage, mit der sich die Verhandlungspartner konfrontiert sehen werden, wird nicht lauten: »Wie soll Amerika aufgeteilt werden«, sondern »Wo verlaufen die Trennungslinien Amerikas?«.

Einfache politische Meinungsverschiedenheiten reichen nicht aus, damit eine Loslösung zur realistischen Option wird. Regionen trennen sich in der Regel nicht aufgrund politischer Differenzen ab. »Der wichtigste Faktor, der den Wunsch nach Unabhängigkeit vorantreibt, der ihn überhaupt erst möglich macht, ist eine eigenständige nationale oder ethnische Identität«, sagt Jason Sorens, Politikwissenschaftler am Saint Anselm College in New Hampshire und einer der führenden Köpfe bei der Erforschung von Sezessionsbewegungen. »Bei uns gibt es keinen Bundesstaat mit einer solchen Identität.« Puerto Rico ist kein Bundesstaat. Hawaii, der einzige Bundesstaat mit einer nichtweißen Mehrheit, hat eine indigene Bevölkerung, die den Amerikanern asiatischer Herkunft zahlenmäßig weit unterlegen ist.

Das soll nicht heißen, dass politische Differenzen nie zu separatistischen Bestrebungen führen, üblicherweise sind sie dann aber zumindest durch regionale Identitäten unterfüttert. Die Lega Nord in Italien etwa wurde aufgrund politischer Differenzen zwischen der Zentralregierung und den nördlichen Regionen gegründet, die bereits vor der Vereinigung Italiens jahrhundertelang regional-autonom bestanden hatten. Selbst im ersten amerikanischen Bürgerkrieg, dessen primäre Ursache ganz zweifellos die Sklavenfrage war, war eine Sezession möglich, weil sich die Bewohner der Südstaaten primär als Bürger ihrer Bundesstaaten fühlten und erst an zweiter Stelle als Bürger ihres Landes. Identität ist von Gewicht, das Gefühl, zu einer Nation zu gehören. Quebec in Kanada teilt zu einem erstaunlichen Grad die politische Vision des restlichen Landes – in Sachen Bildung, Gesundheitswesen, was die Rolle der Regierung angeht –, aber die Menschen dort sind ein eigenständiges Volk, geprägt durch ihre Sprache und Geschichte. Daher gibt es auch dort eine große und aktive Separatistenbewegung.

Das ist wesentlich, um das Risiko für eine amerikanische Sezession zu verstehen. Bloße politische Differenzen werden dafür nicht ausreichen. Es ist eine Frage der Identität und ob aus der Spaltung der amerikanischen Politik unterschiedliche Identitäten erwachsen. Der Zorn, der die amerikanische Politik vereinnahmt, die extreme Spaltung in zwei politische Lager, führen noch nicht per se zum Separatismus. »Es müsste eine allmähliche Entmischung der Bevölkerungsgruppen sichtbar werden, und die Herausbildung eines Konzepts von Nation oder eines nationalen Bewusstseins. Vielleicht gibt es erste Vorboten von so etwas«, sagt Griffiths. Die dunklen Vorboten der neuen Teilung sind bereits erkennbar: Amerikaner, die sich ausgliedern und sich zu separaten ethnischen Identitäten zusammenschließen.

Differenz als Definitionsmerkmal
der Vereinigten Staaten

Die Schönheit der Vereinigten Staaten liegt in ihrer Vielfältigkeit. Als Land haben sie auf allen Ebenen die außergewöhnliche Fähigkeit, vieles zugleich zu sein. Amerika ist seine Unterschiedlichkeit. Differenzen definieren das Land. Meinungsunterschiede. Die Unterschiede zwischen den Races. Unterschiedliche Religionen. Unterschiede zwischen den Reichen und den Armen. Amerika war schon immer von seiner Vielfältigkeit überfordert. Ein Land, das nicht sonderlich viel Sinn macht, wenn es an anderen Normen gemessen wird als den eigenen. Es war schon immer in höchstem Maße widersprüchlich. Und jedes Land, das aus den Vereinigten Staaten hervorgehen würde, stünde dieser Widersprüchlichkeit in nichts nach.

1981 veröffentlichte der *Washington Post*-Redakteur Joel Garreau mit *The Nine Nations of North America* einen Bestseller, in dem er den Kontinent in Kategorien unterteilte, zu denen unter anderem Ecotopia an der Westküste zählten, New England an der Ostküste und das Dixieland im Süden. 2011 hat Colin Woodard mit *American Nations* eine aktualisierte Version von Garreaus These vorgelegt und die Zahl auf elf erhöht. Regionale Identitäten sind komplexer als Norden und Süden. Der Süden beinhaltet für Woodard sechs verschiedene Nationen, und auch die Ost- und Westküste bestehen demnach aus mehreren Nationen. Weder Garreau noch Woodard befassen sich jedoch eingehender mit der indigenen Bevölkerung. Dabei gibt es in den USA über 500 behördlich registrierte Stämme. Auch Afroamerikaner spielen als eigenständige Kategorie in beiden Büchern keine Rolle.

Das Land ist nicht nur auf Grundlage jeder erdenklichen

wirtschaftlichen und sozialen Kennzahl gespalten, sondern auch aufgrund seiner Mentalitäten. 2013 unterteilte eine Gruppe britischer und amerikanischer Psychologen die Vereinigten Staaten anhand eines groß angelegten psychometrischen Testverfahrens in drei »psychologische Regionen«. »Vermutlich sind psychologische Faktoren die Triebfedern des Verhaltens auf individueller Ebene, das sich mit der Zeit in Form sozialer und wirtschaftlicher Indikatoren auf der Makroebene niederschlägt«, lautete ihre Annahme. Sie unterteilten Amerika in eine »entspannte und kreative Region« an der Westküste, »die sich durch ein niedriges Maß an Extraversion, durch eine hohe Sozialverträglichkeit, eine geringe Ausprägung von Neurosen und große Offenheit auszeichnet«; in eine »reizbare und ungehemmte« Region in den Mittelatlantikstaaten und im Nordosten, »die sich durch ein geringes Maß an Extraversion, durch ein äußerst geringes Maß an Sozialverträglichkeit und Pflichtgefühl, durch eine hohe Ausprägung an Neurosen und moderate Offenheit auszeichnet«; und die »freundliche und konventionelle« Region des Südens und der Mitte, »die sich durch ein moderates Maß an Extraversion, durch Sozialverträglichkeit und Pflichtgefühl, eine moderate Ausprägung von Neurosen und einer sehr geringen Offenheit auszeichnet«. Ihre wissenschaftliche Arbeit macht die emotionale Tiefe der Spaltung der Vereinigten Staaten deutlich. »Die gängigsten Erklärungsansätze für die politische Spaltung Amerikas weisen in Richtung Religion, ethnische Vielfalt, Bildung und Wohlstand«, schreiben sie. »Vorliegende Resultate legen eine andere Erklärung für die Unterschiede nahe und gehen von den psychologischen Eigenschaften der Bewohner aus.«

Die psychologischen Eigenschaften äußern sich in einer Vielzahl sozialer und kultureller Unterschiede, und diese Unterschiede können ohne Weiteres geografisch abgegrenzt werden. So ist der Besitz von Waffen im Süden und Mittleren Westen weit stärker verbreitet als im Nordosten oder an der Pazifikküste. Der Zugang zu Abtreibungskliniken ist dort weit begrenzter. Körperliche Züchtigung in Schulen ist in großen Teilen des Südens und Mittleren Westens auch heute noch erlaubt. Die Kirchen sind sehr viel besser besucht. Der Anteil an gleichgeschlechtlichen Ehen ist viel geringer. Und diese wichtigen sozialen Unterschiede – hauptsächlich Unterschiede des Lebenswandels – entsprechen dem, welche Bundesstaaten bei der Wahl 2016 für die Demokraten gestimmt haben und welche für die Republikaner. Diese politische Kluft entspricht darüber hinaus dem, welche Bundesstaaten vor dem Bürgerkrieg freie Staaten waren und welche Sklavenstaaten. Diese tief greifenden Unterschiede sind geografisch und sie sind fest verwurzelt. Das blaue Amerika. Das rote Amerika. Es gibt sie wirklich.

Die politischen Folgen der Spaltung

Die Begründung dafür, warum sich sowohl Republikaner als auch Demokraten okkupiert fühlen, ist, dass sie es beide sind. Das blaue und das rote Amerika repräsentieren zwei Identitäten, zwei Lebensstile: den überwiegend weißen ländlichen gegenüber dem überwiegend multikulturellen urbanen. Bei der Wahl von 2018 war die Bevölkerungsdichte der bestimmende Faktor dafür, wer die Demokraten wählte und wer die Republikaner. Der Grenzwert lag dabei bei 800 Menschen pro zweieinhalb Quadratkilometer. Darunter stimmten 66 Prozent für die Republikaner. Darüber 66 Prozent für die Demokraten. 2018 wurde die Kluft zwischen Land und Stadt

schließlich absolut: Seitdem sind keine urbanen Kongress-
wahlbezirke in republikanischer Hand mehr übrig. Der letzte, der fiel, war Staten Island. Politische Nischen innerhalb
der Bundesstaaten – Austin in Texas oder ländliche Gegenden im Süden Illinois' – ähneln inzwischen ethnischen En-
klaven.

Jedes dieser Amerikas verspricht eine Utopie. Das rote
Amerika verspricht ein Land, in dem sich die Regierung den
Rechten des Einzelnen beugt, wo die traditionelle Familie das
Fundament der Gesellschaft ist, wo gewöhnliche Menschen
sich von der Kraft ihres Glaubens leiten lassen. Das blaue
Amerika hingegen verspricht ein Land der Ideen, wo sich
Menschen aussuchen können, nach welchen Werten sie leben, und wo verschiedene Bevölkerungsgruppen gemeinsam
auf eine aufgeklärtere Zukunft hinarbeiten. Es ist ein Leich-
tes, diese Utopien in ihr Gegenteil zu verkehren. Das rote
Amerika ist ein Haufen scheinheiliger Macho-Rednecks. Das
blaue Amerika ein Haufen Latte macchiato schlürfender
Warmduscher. Beide Seiten halten einander vor, Amerika zu
hassen, was nichts anderes bedeutet, als dass beide hassen,
was der jeweils andere unter Amerika versteht. Die Freude an
der Geringschätzung der anderen Seite hat ganze Medienim-
perien auf den Plan gerufen: Rush Limbaugh und Fox News
für die Roten, Jon Stewart und MSNBC für die Blauen. Verachtung ist der Verkaufsschlager der politischen Unterhal-
tungsindustrie Amerikas.

Auf beiden Seiten herrscht das Gefühl, unter Besatzung zu
leben. Es macht keinen Unterschied, wohin man geht oder
mit wem man spricht. Die Schwarzen Teenager in Baltimore
und Saint Louis fühlen sich von der Polizei belagert. Die
Viehzüchter in Texas und Oregon von der Bundesregierung.
Die beiden großen Parteien haben eine Belagerungsmentali-

tät entwickelt – die Demokraten werden von der politischen Maschinerie der Republikaner bedrängt, die Republikaner vom demografischen Wandel, von Immigration und Populärkultur. Letztlich wollen alle auf die eine oder andere Art eine Mauer bauen.

Die geografische Entzweiung der miteinander konkurrierenden amerikanischen Utopien führt dazu, dass sich jeder, der bei einer Wahl verliert, so fühlt, als wäre er von einer fremden Macht ausgestochen worden. Die Reaktion darauf fällt immer gleich aus: Es beginnt damit, dem Präsidenten die Legitimation zu entziehen – »Obama ist Kenianer« oder »Trump ist nicht mein Präsident« –, und setzt sich darin fort, für eine Verlagerung der Macht weg von der Bundesregierung zu plädieren. Das rote Amerika hat sich bereits vor dem Bürgerkrieg für die Rechte der Einzelstaaten starkgemacht. Das blaue Amerika beginnt nun endlich auch, sich dazu durchzuringen. »Wenn ich in einer blauen Stadt wohne, pflege ich meinen Lebensstil. Wenn Sie in einem roten Bundesstaat oder einer roten Stadt wohnen, pflegen Sie Ihren Lebensstil«, erklärte der Städteforscher Richard Florida kürzlich in einem Interview. »Um die Situation zu entschärfen, müsste man die Bedeutung der imperialen Präsidentschaft und des Nationalstaates herunterschrauben.« Der Weg über die politische Kluft liegt in anderen Worten darin, sie zu akzeptieren. Der Föderalismus ist nur annehmbar, wenn meine Seite an der Macht ist. Das Bedürfnis, sich abzuspalten, ist immer in den Bundesstaaten am größten, in denen die Partei dominiert, die nicht den Präsidenten stellt.

Und wenn Sie davon träumen, dass eine wundersame politische Gestalt aus der Mitte Amerikas emporsteigen wird, um den zwischenzeitlich zum Klischee verkommenen politischen Imperativ »zu einigen, nicht zu spalten« zu verwirklichen, lautet die schlechte Nachricht, dass Ihre Träume bereits Realität geworden sind. Es gab einen Präsidenten, der Einheit und Hoffnung predigte. Die Gegenseite beharrte darauf, er sei Kenianer, und verhalf dem Mann an die Macht, der seine Staatsbürgerschaft verleugnete. Ein wesentlicher Teil der amerikanischen Bevölkerung glaubte, ihre Regierung werde von einer ausländischen Macht kontrolliert, ein anderer gelangte zur Überzeugung, die russische Wahleinmischung sei die Erklärung schlechthin für die Wahl von Donald Trump. Dass Biden im Amt ist, hat daran nichts geändert. Seine größte politische Errungenschaft liegt bislang darin, der parteipolitischen Spaltung eine Absage erteilt und sie nicht weiter gestärkt zu haben.

Das große Aussortieren

Amerika, das sind bereits heute mehrere Länder innerhalb ein und derselben Nation. 2004 prägte der Journalist Bill Bishop den Ausdruck »The Big Sort«, um zu beschreiben, wie Amerikaner mit unterschiedlichen politischen Überzeugungen sich ganz von selbst auseinanderentwickeln, einander »aussortieren«. Die Lebensentscheidungen, die Menschen treffen, sind nicht unbedingt politisch – nur wenige ziehen beispielsweise von Los Angeles ins ländliche Texas, ausdrücklich, weil sie lieber unter Republikanern als unter Demokraten leben möchten. Doch da die Politik der Spaltung das Selbstgefühl der Amerikaner definiert, verorten deren Entscheidungen – wer bin ich, wie will ich leben – sie unweigerlich im einen oder dem anderen Stamm. Wer lieber in Texas als in Kalifornien leben möchte, umgibt sich folglich lieber mit Republikanern als mit Demokraten. Menschen, die aufgrund des Freiheitsgefühls und Individualismus und seiner Möglichkeiten nach Texas ziehen, begeben sich damit zufälligerweise auch auf republikanisches Gebiet.

Seit 2004 hat »das große Aussortieren« sowohl auf nationaler Ebene als auch innerhalb der Bundesstaaten an Fahrt aufgenommen. Die Entwicklungen entsprechen insgesamt dem, was man ohnehin erwartet: Die Demokraten zieht es vermehrt an die Küsten, nach Neu England, in die Mittelatlantikstaaten und in den Pazifikraum, die Republikaner verstärkt in den Mittleren Westen und den Süden. Genau hier liegt der Schlüssel zur Zukunft der Vereinigten Staaten als politischer Einheit: Die Polarisierung ist geografischer Natur. Amerikaner mit unterschiedlichen politischen Einstellungen entfernen sich sowohl räumlich als auch ideologisch stärker voneinander, und diese Trennung wirkt auf das politische System zurück. Weitere Bundesstaaten werden zu Einparteienstaaten wie Kalifornien und Texas. Ideologische Geschlossenheit ersetzt eine offene Debattenkultur. Die geografische Machtverteilung der Bundesregierung wird verzerrt. Massive geografische Ungleichheiten sind Teil des Regierungssystems, das immerhin beinahe 250 Jahre alt ist. Ein Viertel der amerikanischen Bevölkerung wird von 62 Senatoren repräsentiert, ein anderes Viertel von gerade einmal sechs. Dieselbe Diskrepanz, wenngleich in deutlich geringerem Ausmaß, führt dazu, dass Präsidentenwahlen ohne Popular Vote gewonnen werden, was die ungleiche Machtverteilung nur weiter verstärkt.

Neben dem großen Aussortieren findet auch noch ein kleines Aussortieren statt. Amerikanische Politiker haben Jahrzehnte damit zugebracht, ihr Land mithilfe des sogenannten Gerrymandering in immer absurder verwinkelte Wahlbezirke zu zerstückeln, um so ihre Siegeschancen bei den Wahlen zu maximieren. Die Raffinesse, mit der dabei vorgegangen wird, die Vielzahl und Qualität zugänglicher Informationen darüber, wie man Wahlbezirke in unbezwingbare Hochburgen zuschneidet, nimmt immer weiter zu. Die Devise lautet »Schutz des Amtsinhabers« (»incumbent protection«), und sie funktioniert. Wer auch immer an der Macht ist, unabhängig aus welcher Partei, schafft Strukturen, die ihn oder sie an der Macht halten. Alle schreien nach Demokratie – aber zugleich möchte sie keiner. Gerrymandering, eine immer unverhohlener angewandte Taktik, führt auf fast schon natürlichem Wege zu einer gezielten Unterdrückung von Wählern. Hat man erst einmal damit begonnen, die Stimmen seiner Gegner ihrer Macht zu berauben, indem man den Wahlbezirk neu absteckt, warum es dem Gegner nicht gleich auch schwerer machen, überhaupt zu wählen, indem man das Wahlbüro an einen schlechter zugänglichen Ort verlegt? Hat man das erst einmal getan, warum ihre Stimmabgabe nicht gleich mit allen verfügbaren Mitteln unterdrücken?

Jede noch so kleine, aus taktischen Gründen getroffene Entscheidung unterwandert langsam, aber sicher das politische System als Ganzes. Die Menschen Amerikas wollen sich nicht mit der gegnerischen Seite abgeben und versuchen ihr, wo immer möglich, aus dem Weg zu gehen. Und ihre Politiker haben nicht im Sinn, sich auf ein sinnvolles Kräftemessen politischer Ideen einzulassen, und das müssen sie auch gar nicht. Amerika wird geschüttelt wie ein Sieb und trennt dabei Demokraten von Republikanern in politische, soziale, intellektuelle und geografische Lager. Das Sortieren macht das Leben für alle einfacher. Die einzig Leidtragende dabei ist die amerikanische Demokratie.

Die Positionen der amerikanischen
Separatistenbewegungen

Die Männer, die die Zerstörung der Vereinigten Staaten planen, sind lebenslustig, offen, ehrlich und ambitioniert. Bei all den Komplotten, die sie gegen Amerika schmieden, sind sie doch ausgesprochen amerikanisch.

Daniel Miller, führender Kopf des Texas Nationalist Movement (TNM), lebt in Nederland, einer Stadt mit 17 000 Einwohnern an der Golfküste. Das TNM ist die aktuellste Erscheinungsform einer jahrzehntealten Bewegung. Wie die Scottish National Party und zahlreiche andere Separatistenbewegungen begann auch sie bei den Spinnern an den extremen Rändern und mit Splittergruppen, die sich aufgrund ihrer Methoden und Ideologien voneinander unterschieden, dann aber zusammenwuchsen. Das Republic of Texas Movement zerbrach in den 1970ern nach zwei Jahren, so Miller, »in tausend Teile«. In den 1990er-Jahren dann waren fünf texanische Separatisten in eine Konfliktsituation mit den Bundesbehörden verwickelt. Ein paar wurden erschossen, die anderen zu langjährigen Haftstrafen verurteilt. »Als wir 2005 gegründet wurden, verorteten uns alle Umfragewerte, die wir finden konnten, im einstelligen Bereich. Und dort hingen wir dann lange fest«, sagt Miller.

Springen wir im Schnelldurchlauf ins Jahr 2014, etwa in die Zeit des schottischen Unabhängigkeitsreferendums, als das Meinungsforschungsinstitut Ipsos der Bevölkerung von Texas im Rahmen einer Umfrage für Reuters auf den Zahn fühlte und herausfand, dass 36 Prozent die Ansicht vertraten, Texas solle sich abspalten. Und das war, rückblickend betrachtet, in einer Zeit relativ großer politischer Geschlossenheit.

Die Separatistenbewegung Kaliforniens wiederum ist viel

jünger und insofern auch weit weniger etabliert. Im Januar 2017 offenbarte Reuters jedoch, dass auch 32 Prozent aller Kalifornier die Abspaltung ihres Staates befürworteten, eine Zahl, die im Wesentlichen mit den Ergebnissen verschiedener anderer Umfragen zu jener Zeit übereinstimmte. Weitere 13 Prozent waren sich nicht sicher. Der Anführer der Calexit-Bewegung, Marcus Ruiz Evans, lebt in Fresno, einer Stadt mit einer halben Million Einwohner im San Joaquin Valley. Die Wahl Trumps ließ das Interesse an der Bewegung in die Höhe schnellen, aber zumindest für Evans reicht der Wunsch, der amerikanischen Politik zu entkommen, bis zum Irakkrieg zurück, der in den Vereinigten Staaten allgemein breite Unterstützung fand, nicht jedoch in Kalifornien. Divergierende politische Ansichten haben zu einer tiefen Abneigung gegenüber der Bundesregierung geführt, etwas, das Evans »eine schrecklich missbräuchliche Beziehung« nennt, »die seit dreißig Jahren andauert«.

Anders als dies bei anderen Separatistenbewegungen auf der Welt der Fall ist, haben weder das Texas National Movement noch die Calexit-Bewegung eigene Parteien gegründet. Das haben sie auch gar nicht nötig. Denn Kalifornien und Texas sind Einparteienstaaten. Die Demokraten haben seit 1994 keine staatsweite Wahl in Texas gewonnen. Seit 1976 haben die Republikaner Texas bei jeder Präsidentenwahl für sich entschieden. Seit 2003 haben sie das Parlament des Bundesstaates unter ihrer Kontrolle. In Kalifornien sind nur 25 Prozent der registrierten Wähler Republikaner. In San Francisco hat es seit 1964 keinen republikanischen Bürgermeister mehr gegeben. Die Demokarten haben jedes Amt im gesamten Bundesstaat inne. Aufgrund ihres ungewöhnlichen Wahlsystems, in dessen Rahmen sich die beiden Spitzenkandidaten bei den Senatswahlen gegenüberstehen, kommt es sogar vor, dass Demokraten gegen Demokraten antreten. Amerika als Ganzes mag sowohl demokratisch als auch republikanisch sein, doch auf Texas und Kalifornien trifft das nicht zu. Beide Bundesstaaten haben sich in gewisser Weise bereits von einer Hälfte des Landes losgelöst.

Da beide Bundesstaaten Einparteienstaaten sind, treiben Verfechter des Calexit und des Texit ihre Anliegen schlicht mithilfe der jeweils dominierenden Partei voran, deren sektiererische Identitäten bereits auf der Ablehnung der Gegenseite basieren. Beim texanischen Parteitag der GOP 2016 fehlten den Separatisten nur zwei Stimmen, um das Thema für eine vollständige Abstimmung auf die Tagesordnung zu setzen. Die Anzahl der Bezirksparteitage der GOP, auf denen die Unabhängigkeit gefordert wurde, bleibt umstritten, liegt aber irgendwo zwischen zehn und 22 (von 270), was deutlich mehr ist als der eine Bezirk, der 2012, also gerade mal vier Jahre zuvor, eine solche Forderung erhob.

»Wir haben die Unterstützung der republikanischen Wählerbasis«, erklärt Miller. »Die Herausforderung, vor der wir stehen, ist, dass, wenn es zur Führungsriege in Texas kommt, vor allem zur republikanischen Führungsriege, sie alle ein Auge auf ein Bundesamt geworfen haben und auf den Gehaltsscheck und die Sozialleistungen, die damit einhergehen.« Die republikanischen Politiker in Texas spielen ein riskantes Spiel. Sie liebäugeln zwar mit dem Separatismus, wollen aber nicht aufs Ganze gehen. Sie wissen, dass die Mehrheit ihrer Wählerbasis schöne Reden von der Unabhängigkeit Texas' liebt, aber sie wissen auch, dass diese utopisch ist. Miller gibt dafür weniger dem Zynismus die Schuld als vielmehr dem Karrierismus. »Die Führungskräfte sprechen mit doppelter Zunge. Sie lieben es, Unabhängigkeitsbefürworter aufzustacheln, um ihre Stimme zu bekommen. Dann aber versa-

gen sie jedes Mal zu 100 Prozent darin, ihre Versprechen ein-
zulösen.« Auch der ehemalige Gouverneur Rick Perry etwa
sinnierte zwar häufig über eine Abspaltung, doch geführt hat
das letztlich zu nichts.

Miller erinnert sich an ein Treffen mit Rick Perrys parla-
mentarischem Geschäftsführer, einem ehemaligen Staatsse-
nator, der versprach, dass Perry nie für ein Bundesamt kandidieren würde. Innerhalb von zwei Wochen hatte dieser seine
Kandidatur jedoch angekündigt. »Man hört zu, wie sie diese
beifallheischenden Zeilen vorlesen. Der derzeitige Gouverneur Greg Abbott ist der Allerschlimmste darin«, sagt Miller.
»Er liebt es, bei seinen Wahlreden Köder à la *Wenn Texas ein
souveräner Staat wäre* auszuwerfen, dann rasselt er irgendeine traumhafte Wirtschaftsstatistik herunter, schwadroniert
darüber, wie wir uns mit allen Nationen der Welt messen
können. Unweigerlich beschert ihm dies den größten Ap-
plaus. Es vermittelt den Menschen den falschen Eindruck,
Abbott wäre tatsächlich, wenngleich vielleicht nur insgeheim,
ein Fan der texanischen Unabhängigkeit. Dabei ist Abbott
einer dieser Typen, die hinter den Kulissen Überstunden machen, um vieles dessen, was wir erreicht haben, zu torpedie-
ren.«

Politiker wie Abbott, die sich in separatistischer Rhetorik
ergehen, wissen, dass sie nicht auf die Probe gestellt werden
und sie daher ihre Spielchen spielen können. Wenn Schotten
oder Katalanen oder Quebecer sagen, dass sie sich abspalten
wollen, meinen sie es auch. Abbott hingegen schwelgt in
Träumen. Seine Sonntagsreden darf er aufblähen, sie dürfen
bar jeglicher Konsequenz in den Raum gestellt werden, zumindest für ihn, zumindest fürs Erste.

Kalifornische Politiker frönen weniger oft separatistischer
Rhetorik, als die Texaner dies tun, aber hin und wieder bricht

es dann doch aus ihnen heraus. Jerry Brown sprach bei einem Besuch in China von seinem Bundesstaat, als wäre dieser ein unabhängiges Land. »Es ist ein bisschen gewagt, über kalifornisch-chinesische Beziehungen zu sprechen, als wären wir eine eigenständige Nation, aber im Grunde sind wir genau das«, sagte er. »Wir sind eine Geisteshaltung (»state of mind«).« Auch wenn er nur witzelte, hat sich Kalifornien der Bundesregierung unter seiner Führung mit weit mehr widersetzt als nur mit Worten. Es grenzte an Nullifikation*. Manchmal grenzte es nicht nur daran. So reiste der Justizminister der Vereinigten Staaten Jeff Sessions nach Kalifornien, um gegen das Konzept der Sanctuary Cities Stellung zu beziehen, da diese mit ihrer Unterstützung illegaler Einwanderer, zur Not auch gegen die Bundesregierung, gegen geltendes Bundesrecht verstießen. »So etwas wie eine Sezession gibt es nicht«, sah sich der Justizminister gezwungen zu betonen. »Das Bundesgesetz ist das höchste Gesetz des Landes. Ich möchte jeden Zweifler dazu auffordern, nach Gettysburg zu fahren oder zu den Gräbern von John C. Calhoun und Abraham Lincoln. Damit ist diese Angelegenheit geklärt.« Nun, ist sie das wirklich? Das ist die Frage. Vielleicht war die Angelegenheit früher einmal geklärt. Heute jedoch scheint sie immer weniger klar.

---

* In den Vereinigten Staaten ist der Begriff der Nullifikation eng mit der Nullifikationskrise verbunden, einem politischen Konflikt Anfang der 1830er-Jahre, bei dem die Frage im Raum stand, ob ein Bundesstaat das Recht hat, ein Bundesgesetz, das er für verfassungswidrig hält, innerhalb seiner Grenzen für ungültig zu erklären (zu nullifizieren). (Anm. d. Ü.)

Die Verfassungsmäßigkeit einer Sezession

Eine Abspaltung ist nicht verfassungsgemäß – so viel steht fest. Man wird keinen ernst zu nehmenden Verfassungsrechtler finden, der die Meinung vertritt, dass eine Abspaltung, unter welchen Umständen auch immer, legal sei. Sowohl die texanischen als auch die kalifornischen Separatisten beziehen ihre Argumente dafür, warum eine Ablösung der Verfassung entspricht, aus einer abseitigen Auslegung des Falls *Texas vs. White,* eines 1869 getroffenen Gerichtsentscheids über die Legalität von Staatsanleihen, wobei sich in diesem Punkt die Parteigänger beider Seiten im Allgemeinen einig sind. »Ich kann mir nicht vorstellen, dass eine solche Frage jemals vor den Supreme Court gelangt«, schrieb Antonin Scalia 2006. »Vorab: Die Antwort ist klar. Wenn es eine verfassungsrechtliche Frage gegeben hat, die durch den Bürgerkrieg geklärt werden konnte, dann die, dass es kein Recht darauf gibt, sich abzuspalten.« Darauf reagieren die Separatisten mit der offensichtlichen Tatsache, die auch Scalia einräumt: dass die Verfassungsmäßigkeit einer Sezession noch nie vor dem Supreme Court erprobt wurde.

Es stimmt, dass sich das Gerichtswesen noch nie mit der Verfassungsmäßigkeit einer Sezession befassen musste, was hauptsächlich am ersten Absatz des Vierzehnten Verfassungszusatzes liegt: »Alle Personen, die in den Vereinigten Staaten geboren oder eingebürgert sind und ihrer Gesetzeshoheit unterstehen, sind Bürger der Vereinigten Staaten und des Einzelstaates, in dem sie ihren Wohnsitz haben. Keiner der Einzelstaaten darf Gesetze erlassen oder durchführen, die die Vorrechte oder Freiheiten von Bürgern der Vereinigten Staaten beschränken, und kein Staat darf irgendjemanden ohne ordentliches Gerichtsverfahren nach Recht und Gesetz Leben, Freiheit oder Eigentum nehmen oder irgendjemandem innerhalb seines Hoheitsbereiches den gleichen Schutz durch das Gesetz versagen.«

Zuerst ist man Amerikaner. Dann Bürger eines Bundesstaates. Der Bundesstaat kann keine Gesetze erlassen, die den Bürgern ihre Rechte als Amerikaner versagen. Würde sich Texas abspalten, dürfte keinem Texaner seine amerikanische Staatszugehörigkeit verwehrt werden. Ihre Gesetze würden dem amerikanischen Recht unterliegen. Und genau deshalb kann sich Texas nicht der Verfassung gemäß abspalten.

Der Gesetzestext spielt jedoch keine wirkliche Rolle. Manche Fragen sind einfach größer als das Gesetz.

David Strauß, einer der führenden Verfassungsrechtler, schrieb 1998: »Vor dem Bürgerkrieg gab es eine lebhafte, obgleich nicht eindeutig entschiedene Debatte darüber, ob die Verfassung es zulässt, dass sich Bundesstaaten abspalten. Heute gibt es keine solche Debatte mehr; die Frage wurde durch den Bürgerkrieg aus der Welt geschafft. Niemand würde heutzutage ernsthaft behaupten, dass die Verfassung eine Abspaltung erlaubt, zumindest nicht so eine, wie die Konföderierten sie im Sinn hatten. Wo aber steht der Text, der diese Frage beigelegt hat? Die Antwort darauf lautet natürlich, dass diese Frage, wie andere wichtige Verfassungsfragen auch, von etwas anderem entschieden wurde als dem Gesetzestext.« Der gleichen Argumentation bediente sich auch Scalia. Der Gesetzestext sei von geschichtlichen Ereignissen diktiert worden, nicht andersherum. Früher einmal gab es einen erbitterten Streit darüber, ob die Sezession legal wäre. Das war in den 1860er-Jahren. Mehr als 600 000 Amerikaner verloren in diesem Streit ihr Leben.

Ohnehin verfügen nur wenige Länder über Rechtsmechanismen für eine Abspaltung. Kanada hat Vorkehrungen dafür getroffen, unter welchen Umständen sich Quebec abspalten könnte. Großbritannien ist im Fall Schottlands ebenso verfahren. Doch in den meisten Ländern der Welt ist eine Sezession illegal, wie auch in den Vereinigten Staaten. Das heißt nicht, dass es nicht passieren könnte. Denn die Gesetze passen sich der historischen Wirklichkeit an.

Zugleich nimmt der Wille zur Abspaltung zu. »Es ist nicht der Großvater, der den Einzelstern seines Staates über den Stars and Stripes der Union platziert, es sind seine Enkelkinder«, berichtet Miller. Und ausgerechnet in Texas wächst die Bewegung unter Demokraten und Afroamerikanern am schnellsten.

Wie die Verhandlungen ablaufen würden

Die Verhandlungen werden einer Scheidung gleichkommen. Die Anwälte werden ihrer Partei die Filetstücke sichern. In Büros auf neutralem Gebiet wird sich die Hitze leidenschaftlicher Abneigung in die Kälte bürokratischer Beweisführung einschleichen.

Wir wissen bereits eine ganze Menge darüber, wie eine solche Trennung zweier Regionen aussehen würde, da sie ständig geschehen. »Wenn man als unabhängiger Staat anerkannt werden möchte, heißt das, dass man ein anerkanntes Mitglied der Vereinten Nationen werden muss«, sagt Griffiths. »Es gibt einen Staaten-Klub. Um in den Klub zu kommen, muss man einen Antrag stellen. Geht ein Antrag bei ihnen ein, ziehen sie eine kleine Gruppe aus dem Büro der Rechtsabteilung hinzu.« Kommt diese Gruppe zum Schluss, der Antrag sei zu geringfügig, lehnt sie ihn ab. Hält sie ihn für gewichtig genug, was sie ermittelt, indem sie andere Staaten hinzuzieht, wird er schließlich an den Sicherheitsrat weitergereicht. »Der Sicherheitsrat entscheidet, ob der Antrag befürwortet wird oder nicht. Er muss eine Dreifünftelmehrheit erlangen, ohne Veto. Das ist entscheidend. Wenn das geklappt hat, wird er an den Generalrat weitergereicht, der die Entscheidung des Sicherheitsrats in der Regel routinemäßig genehmigt.« Das bedeutet also, der Sicherheitsrat entscheidet, aber auch, dass der Sicherheitsrat einen Antrag fast immer befürwortet, wenn er erst einmal bis zu ihm vorgedrungen ist. Die Kurden etwa haben beim Sicherheitsrat nie einen Antrag auf Unabhängigkeit eingereicht, weil sie wissen, dass dieser abgelehnt würde. »Dem Mutterstaat, von dem man sich ablösen möchte, wird ein gewaltiges Gewicht beigemessen«, sagt Griffiths. »Er hat ein Vetorecht.« Wenn sie es darauf anlegen würden, könnten die Vereinigten Staaten also ohne Weiteres jeden Bundesstaat blockieren, der seine Souveränität einfordert. Dafür hätten sie den Sitz im Sicherheitsrat ebenso wie das Vetorecht als Mutterstaat.

»Stellen wir uns einmal vor, dass das Texas National Movement wirklich vorankommt«, schlägt Griffiths vor. Sie berufen eine Volksabstimmung ein, erfahren große Unterstützung, und es sieht ganz danach aus, als hätten sie die Mehrheit der Texaner an Bord. »Die Vereinigten Staaten werden hart dagegenhalten, um sie mit der Begründung zu bezwingen, es sei illegal.« Aber es würde keine Rolle spielen. »Die meisten Länder der Welt erklären eine Sezession unterm Strich für illegal. Was nicht heißt, dass diese Dinge nicht irgendwann doch Schwierigkeiten machen könnten.« Wenn es um Landesgrenzen geht, steht die Politik an erster Stelle vor dem Gesetz. »Eine Sezession ist eher ein politischer als ein juristischer Konflikt.« Wenn die breite Mehrheit erklärt, sie wolle, dass Texas sich abspaltet, sind die rechtlichen Bestimmungen irrelevant. Wenn die Sezessionisten auf 70 Prozent kommen, »haben die Vereinigten Staaten ein echtes Problem«.

Die Verhandlungspartner sähen sich einer ganzen Reihe von Zwickmühlen gegenüber. Zunächst wäre da eine aus Sicht der amerikanischen Regierung: »Ein großer Unterschied zwischen Schottland, Quebec und Texas liegt darin, wie Texas verwaltungsrechtlich definiert wird«, sagt Griffiths. Eine Abspaltung Texas' würde einen Präzedenzfall und damit ein Problem schaffen. »Wenn sich die Regierung nicht dafür einsetzt, das Texas Independent Movement zu stoppen, ebnet sie damit auch anderen Bundesstaaten den Weg zur Unabhängigkeit.« Schottland und Quebec sind politisch bereits weitgehend unabhängig. Nicht aber die amerikanischen Bundesstaaten. »Gesetzlich betrachtet, sind sie alle gleich«, sagt Griffiths. Wenn ein Bundesstaat die Union verlässt, wo soll das dann hinführen?

Auch auf der Seite Texas' gäbe es ein Problem. Sie hätten zwar das moralische Recht, sich abzuspalten, und würden massiven Druck von ihren Unterstützern erfahren, die Unabhängigkeit zu erklären. Allerdings hätten solcherlei romantische Ideen von Eigenstaatlichkeit, die aus dem 18. und 19. Jahrhundert stammen, im 21. Jahrhundert wenig Halt. Man kann sich gut einen Haufen unabhängigkeitsgesinnter Texaner vorstellen, die ihre Gewehre in die Luft recken und brüllen: »Legt euch nicht mit Texas an«, und der Welt im Namen ihrer Freiheit trotzen. Das alles ist schön und gut, solange niemand ein Flugzeug auf einem texanischen Flughafen landet. Außerdem hätte ein eigenständiges Texas nicht dieselbe Macht, die die Vereinigten Staaten heute bei globalen Verhandlungen haben. Es wäre einfach nur ein weiteres mittelgroßes Land ohne Geschichte und Verbindungen.

»Es gibt nur ein Spielfeld, auf dem über Souveränität verhandelt wird«, wie Griffiths sagt. Alle brauchen Zutritt zum gleichen Klub, und dieser Klub ist die UN, was jedoch die Zustimmung der USA voraussetzen würde. Manche Staaten spalten sich auch ohne Anerkennung der UN ab. Das kommt vor. Der Kosovo ist kein anerkannter Staat. »Um Anschluss an die globale Wirtschaft zu erhalten, muss man Mitglied der UN sein. Da draußen gibt es Staaten, Quasi-Staaten wie Somaliland, Bergkarabach oder Nordzypern, die mehr oder weniger als Staaten Bestand haben. »Aber es ist schwierig«, sagt Griffiths. »Sie sind sozusagen gehandicapt. Sie können keine internationalen Geldtransfers mit ausländischen Banken durchführen. Sie haben keine internationale Postanschrift. Daher sind sie gezwungen, auf den Schwarzmarkt auszuweichen. All das wird ihnen verwehrt, weil sie keine souveränen Staaten sind.« Wenn man nach Nordzypern möchte, muss man in die Türkei fliegen, weil sie als einziges Land Nordzypern anerkennt. Die Flugzeuge landen also für einen Moment in Istanbul und werden dann nach Ercan umgeleitet.

Beide Seiten hätten durch eine Ablösung viel zu verlieren, aber wenig zu gewinnen. Wie nach dem Zusammenbruch der Sowjetunion läge die oberste Priorität der internationalen Staatengemeinschaft auf der atomaren Abrüstung von Texas oder jedem anderen Staat, der aus einem Scheitern Amerikas hervorgehen würde. Die zweithöchste Priorität läge darauf, ein Blutvergießen zu verhindern. Und natürlich könnten weder Texas noch sonstige Überreste der Vereinigten Staaten weiterhin den Status als Weltmacht beanspruchen.

Die Tatsache, dass für eine Abspaltung kein rechtlicher Mechanismus in den Vereinigten Staaten festgelegt wurde – dass es tatsächlich sogar einen massiven Gegenmechanismus in der Verfassung gibt –, ist paradoxerweise das, was den Gedanken an eine Abspaltung so gefährlich macht. Wenn das Recht, sich abzuspalten, schon einmal durch die Realität außerhalb des Gesetzestextes bestimmt wurde, kann es erneut durch Umstände diktiert werden, die außerhalb des Textes liegen. »Hätte der Bürgerkrieg diese Streitfrage tatsächlich beigelegt, würde niemand auch nur darüber reden«, bringt Miller sein wohl überzeugendstes Argument hervor. Angenommen, Texas oder Kalifornien würden sich unabhängig erklären, würde die Bundesregierung sie dann gewaltsam zurückholen? Könnten sie sie zurückholen, wo doch 48 Prozent der amerikanischen Soldaten glauben, es sei das Recht eines Staates, aus der Union auszutreten? Es mag sein, dass eine Sezession verfassungswidrig ist, aber sie ist ganz gewiss höchst amerikanisch. Was könnte amerikanischer sein als die Idee, dass es »im Gange menschlicher Ereignisse [...] notwendig wird, die politischen Bande zu lösen, die sie mit einem anderen Volk verknüpft haben«, wie es in der Declaration of Independence heißt? Amerika ist auf das Recht gegründet, politische Einheiten zu zerschlagen.

Das macht den amerikanische Separatismus so faszinierend, so anders. Die Separatisten lieben Amerika selbst in ihrem Hass. Sowohl die texanischen als auch die kalifornischen Separatisten sind besessen davon, zu beweisen, dass ihr Wunsch nach Abspaltung verfassungsgemäß ist. Es ist wirklich merkwürdig. Überall sonst auf der Welt ist separatistischen Gruppen die Verfassungswidrigkeit ihres Vorhabens vollkommen gleich. Die Separatisten aus Quebec scheren sich nicht darum, ob ihr Abgang gegen den Geist oder den Wortlaut des British North American Act verstoßen würde. Die Katalanen haben keinerlei Interesse daran, zu beweisen, dass sie die grundlegende politische Ordnung Spaniens wahren. Anders die Separatisten in Texas und Kalifornien. »Wir treten nicht aus Amerika aus«, sagt Miller. »Wir treten aus einem wirtschaftlichen und politischen Bündnis namens die Vereinigten Staaten von Amerika aus. Das ist nicht dasselbe.« Sie leben ihren ursprünglichen nationalen Widerspruch in vollsten Zügen aus – patriotischer Landesverrat und verräterischer Patriotismus.

Es sind Bewegungen, die aus einem Gefühl des Verlusts entstanden sind. Die Separatisten in Amerika lieben Amerika, und ihre Liebe zeigt sich auf die denkbar verdrehteste Weise: Sie haben sich der These verschrieben, Amerika sei in den Vereinigten Staaten von Amerika nicht länger möglich.

Meinen es die Separatisten ernst?

Diese spleenigen amerikanischen Separatisten und ihre gequälte Verehrung und Verachtung für ihr Land sind nichts Neues. Die Vereinigten Staaten haben unter ihren glühendsten Anhängern schon immer eine einzigartige Mischung aus Liebe und Hass hervorgerufen. *Der Mann ohne Vaterland,* eine Kurzgeschichte von Everett Hale, war ein Klassiker seiner Zeit und wurde in Highschools überall in Amerika unterrichtet. Die Geschichte rief damals diese semireligiöse Verehrung hervor, wie Highschool-Lektüren das manchmal tun. Im Jahr ihres 200-jährigen Jubiläums wurde vor dem Bezirksgericht von Covington County in Andalusia, Alabama, sogar ein Grabstein aufgestellt, der dem Andenken an Philip Nolan, die zentrale Figur des Textes, gewidmet ist.

Geschrieben zu Zeiten, in denen der Unabhängigkeitskrieg noch nicht weit zurücklag, veröffentlichte der *Atlantic* die zu diesem Zeitpunkt schon historische Geschichte im Dezember 1863, inmitten der Wirren des Bürgerkriegs. *Der Mann ohne*

Vaterland war in einer Zeit geschrieben worden, in der Amerika unsicher war, ob es als Land Bestand haben würde. Aaron Burr, Vizepräsident unter Thomas Jefferson und der Mann, der Alexander Hamilton in einem Duell tötete, wurde 1807 des Landesverrats angeklagt. Ihm wurde vorgeworfen, geplant zu haben, ein eigenständiges Land im Südwesten zu gründen. Letzten Endes wurde Burr freigesprochen. Philip Nolan, der fiktionale Mitverschwörer Burrs aus *Der Mann ohne Vaterland* hingegen nicht.

Bei seinem Prozess bricht es in einem Wutanfall aus ihm heraus: »Wenn ich doch nie wieder von den Vereinigten Staaten zu hören brauchte!« Seine Strafe besteht in der Erfüllung seines Wunsches. »Angeklagter, vernimm das Urteil des Gerichtshofes! Der Gerichtshof entscheidet vorbehaltlich der Zustimmung des Präsidenten, dass der Angeklagte niemals wieder den Namen der Vereinigten Staaten hören soll.« Man nimmt ihm sogar die Knöpfe seiner Marineuniform ab, auf die »US« eingraviert ist.

Den anderen Matrosen ist es nicht nur untersagt, ihr Heimatland gegenüber Nolan zu erwähnen, sie müssen auch jeglichen Hinweis darauf aus seinen Büchern ausschneiden. »Gerade mitten in einer Schlacht Napoleons oder in einer Rede Cannings fand der arme Nolan dann ein großes Loch, weil auf der Rückseite des Blattes ein Postboot nach New York angezeigt oder ein Ausschnitt aus der Botschaft des Präsidenten wiedergegeben wurde.«

Vor allen Dingen verzehrt er sich nach Informationen über amerikanische Politik. Das andere Geschlecht interessiert ihn im Gegensatz zu seinem Verlangen, irgendetwas über sein Heimatland zu erfahren, nicht im Geringsten. An einer Stelle der Geschichte wird er auf einen Ball auf dem Schiff eingeladen, weil die anderen Matrosen seine Kabine brauchen.

Dort trifft Nolan eine Frau, die er von zu Hause kennt, und versucht, ein paar Informationen aus ihr herauszuquetschen.

»Und was hören Sie aus der Heimat, Mrs. Graff?«
Und dieses glänzende Geschöpf durchschaute ihn, mein Gott, wie sie ihn durchschaute! *Heimat, Mr. Nolan? Ich glaubte, Sie wären der Mann, der nie wieder von seiner Heimat hören wollte!* Und sie ging über das Deck gerade auf ihren Mann zu. Der arme Nolan blieb so verlassen stehen, wie er immer lebte. Er tanzte nicht wieder.«

Zugleich verändert sich das Land immer weiter, aber Nolan bekommt davon nichts mit. Er gehört zu etwas, das er nicht mehr kennt. Und er liebt, wozu er nicht länger gehört.

Auf seiner endlosen Reise zur See begegnet sein Schiff einem Segler, der Sklaven transportiert. Der Kapitän von Nolans Schiff denkt einzig daran, die Sklaven in ihre Heimatländer zurückzubringen. Für Nolan ist ihre Sehnsucht nach zu Hause fast unerträglich, und er hält einem der Jungs an Bord einen Vortrag:

»Denk daran, Junge, hinter allen, mit denen du zu tun hast – hinter den Offizieren, hinter der Regierung und hinter dem Volk selbst –, steht das Vaterland, dein Vaterland. Zu diesem Vaterland gehörst du so wie zu deiner Mutter. Junge, steh dem Vaterland bei, wie du deiner Mutter beistehen würdest, wenn diese Teufel da sie eines Tages ergriffen hätten.«

In gewissem Sinne ist *Der Mann ohne Vaterland* eine äußerst unkomplizierte Geschichte, eine, die man jungen Männern vorlesen könnte, die kurz davorstehen, in den Krieg zu ziehen, eine seltsame, aber süffige Fabel von der Vaterlandsliebe. In ihrem Mittelpunkt jedoch steht ein Widerspruch: Jeder Patriot, jede Patriotin liebt sein oder ihr Land. Wer sein Land liebt, den treibt es in den Wahnsinn. Man kann sein Land nur in seiner Vorstellung lieben, nicht, wenn man dort lebt. Sein Zuhause kann man nur vom Schiff aus lieben.

Am Ende von *Der Mann ohne Vaterland* liegt Philip Nolan im Bett; seine Kajüte ist ein Schrein für das Land geworden, das er verfluchte.

»Vor der Flagge mit den Sternen und Streifen hing ein Bild von Washington. Nolan hatte einen mächtigen Adler gezeichnet, von dessen Schnabel Blitze zuckten; seine Fänge umkrallten die Erdkugel, die im Schatten seiner Schwingen lag. Der gute alte Kerl bemerkte meinen Blick und sagte mit traurigem Lächeln: *Sie sehen, hier habe ich ein Vaterland!* Dann zeigte er auf das Fußende seines Bettes. Ich hatte die große Karte der Vereinigten Staaten vorher nicht bemerkt, die er aus dem Gedächtnis gezeichnet hatte, um sie vor Augen zu haben, wenn er dort lag. Merkwürdige, altmodische Namen las man da in großen Lettern: Indiana-Land, Mississippi-Land, Louisiana-Land. So haben es wohl unsere Väter gelernt.«

Als er im Sterben liegt, erzählt ihm ein Freund namens Danforth endlich alles, was Amerika widerfahren ist – von den Bundesstaaten, die der Union beigetreten sind, den Triumphen des jungen Landes. Doch er bringt es nicht über sich, vom Bürgerkrieg zu berichten, der sich parallel zum Handlungsverlauf der Geschichte abgespielt hat. Selbst am Ende, selbst von einem mitfühlenden Freund, muss Nolan über die wahre Natur seines Landes getäuscht werden.

Der Mann ohne Vaterland ist eine tiefsinnige, dunkle kleine Geschichte darüber, was es bedeutet, an einen Ort zu gehören. Besteht ein Land aus einer Ansammlung irgendwie ähnlich gearteter Individuen, die sich aus eigener Wahl oder durch Geburt an einem kollektiven Projekt beteiligen? Oder kommt es einer Familie näher, mit Absprachen, Geschichten, Symbolen und Ritualen, die es davor bewahren, in seine Einzelbestandteile zu zerfallen? Für Philip Nolan, der auf seinem Schiff dem Tod entgegengeht, ist das Land, das er liebte, ein halb vergessener Traum. Und genau darum geht es: Je ferner die Erinnerung, je verschwommener der Traum, desto einfacher ist es, sein Land zu lieben.

Dan Miller und Marcus Evans sind von einer Liebe für Länder angetrieben, die halb erfundene Träume sind, halb erinnerte Fantasien. Länder ohne die Scham der realen Existenz lassen sich am leichtesten lieben. Für Evans ist Kalifornien der einzige Ort Amerikas, an den er hingehört, wo »Akzeptanz herrscht für eine große Vielfalt, sowohl kulturell als auch ideologisch. Das ist der Ort, wo man hinkommen kann und akzeptiert wird.« Millers Liebe für Texas ist direkter, zugleich aber auch entrückter. »Es sind nicht greifbare, immaterielle Werte. Es ist schwer, das in Worte zu fassen. Ich liebe Texas, weil ich Texaner bin. Mein erster Vorfahre hat an der Seite Sam Houstons in der Schlacht von San Jacinto gekämpft. Es gibt da diese Geisteshaltung, diesen Zauber. Die Leute haben einfach etwas an sich, auch das Land, das Klima, die Geschichte. Irgendwie hat das alles etwas. Letzten Endes ist es einfach mein Zuhause. Es ist Zuhause.« Es verwundert kaum, dass es so einfach ist, Menschen vom Nutzen einer Sezession zu überzeugen. Es ist einfach, unser Zuhause zu lieben. Es ist einfach, die Regierung, die meist im Scheitern in Erscheinung tritt, zu hassen.

Und wenn das Land, das man liebt, ein Traum ist, wie kann die Realität dann jemals etwas anderes sein als eine Enttäuschung?

Amerika überwinden

Die Separatistenbewegungen in Texas und Kalifornien sind zwar die beiden größten ihrer Art in den Vereinigten Staaten, aber es gibt noch Dutzende andere. Dennoch sind Separatistenbewegungen marginale Kräfte der Spaltung. Die steigende Anzahl an Amerikanern, die von ihrem Land enttäuscht sind, ist eine weit zentralere Bedrohung: Sie wollen Amerikas Unterschiede nicht. Sie halten die Widersprüche des Landes nicht länger aus.

Richard Spencer ist die prominenteste Figur der Alt-Right-Bewegung. Die linksliberalen Medien neigen dazu, ihn ausschließlich als Monster darzustellen, und sicherlich hat Richard Spencer viel Monströses an sich. Er hat seine Gegner als »verfluchte Kikes«* und »verdammte Achteln****« bezeichnet. »Dieser Abschaum wird von Menschen wie mir beherrscht«, hört man ihn auf einer Tonbandaufzeichnung sagen, die heimlich bei dem Nazi-Aufmarsch in Charlottesville aufgenommen wurde. Fokussiert man sich jedoch allein auf Spencers Monstrosität, begreift man nicht, was ihn eigentlich so bedrohlich macht. Er ist kein Knast-Nazi mit »Born to Lose«-Tätowierung im Nacken. Der Mann wirkt trotz seiner abscheulichen Äußerungen charmant. Und genau dieser Charme ist das Bedrohliche.

Er ist gebildet und hat Pläne, eine weiße Nationalidentität

---

* Ein amerikanisches Schimpfwort für Menschen jüdischen Glaubens. (Anm. d. Ü.)

zu erschaffen, und aus dieser Identität einen Staat. Fragt man Spencer, wie er sich seinen ethnonationalistischen Staat vorstellt, erwähnt er unbekümmert die japanische Verfassung und Israels Rückkehrgesetz. Der neue Rassismus ist nicht atavistisch. Er ist nicht reaktionär oder dumm. Spencer befürwortet beispielsweise Reparationen für Afroamerikaner: »Weiße Menschen haben in der Vergangenheit Verbrechen gegen Afrikaner begangen, und diese Verbrechen haben beiden geschadet.« Reparationen möchte er nur an diejenigen auszahlen, die nicht zu seinem Volk gehören.

Spencer ist weißer Nationalist, nicht amerikanischer Nationalist – ein wesentlicher Unterschied. »Dem Projekt Amerika stehe ich zutiefst ambivalent gegenüber«, erzählt er mir. Die Identität seiner Identitätspolitik ist nicht amerikanisch. Schließlich sind die Vereinigten Staaten teilweise afrikanisch. Die amerikanische Kultur ist in beinahe all ihren unterschiedlichen Ausprägungen eine Mischung europäischer und afrikanischer Diaspora-Gemeinschaften. Quell des Aufruhrs ist der demografische Wandel. Dabei ist der demografische Wandel nichts, was sich in Amerika vollzieht oder Amerika zustößt. Der demografische Wandel *ist* Amerika, und das weiß Spencer auch. »Weiße Menschen sind davon ausgegangen, dass sie Amerika sind, und jetzt dämmert es ihnen, dass sie es nicht sind.« Er hat noch eine andere, eine unheilvollere Art, dies zu formulieren: »Ich denke, wir müssen Amerika überwinden.«

Spencers Weißsein ist fragil, er fühlt sich darin bedroht. Dieses Gefühl weißer Fragilität ist nicht neu, aber es nimmt rapide zu. Jede vernunftbegabte Person, die die amerikanische Geschichte des Wahlrechts, des Rechts auf Grundbesitz, der Masseninhaftierungen betrachtet, fällt auf, dass die Ideologie der weißen Vorherrschaft die primäre Antriebskraft der

Geschichte des Landes ist: ein ausgeklügelter Plan, um Afroamerikanern den Status freier grundstückbesitzender Wähler abzusprechen. Allerdings wird die weiße Vorherrschaft stets als Vorherrschaft erfahren, die kurz vor dem Niedergang steht. Von Anbeginn war ihr ein Gefühl drohender Auslöschung eingeschrieben. Der 1915 veröffentlichte Spielfilm *Die Geburt der Nation* war ein Historienfilm über weiße Menschen, die von einer multikulturellen politischen Elite bedroht wurden. In seiner großartigen Rede über Rassismus von 2008 zitierte Obama William Faulkner – »Das Vergangene ist nicht tot; es ist nicht einmal vergangen.« –, doch Faulkner beklagte die Verluste seiner Familie, nicht die Verbrechen seiner Mitmenschen gegen Afroamerikaner. Weißsein ist grundsätzlich nostalgisch. In *Der große Gatsby* sieht die Figur des Nick Carraway auf dem Weg von Blackwell's Island nach Manhattan ein Bild der Zukunft, eine Zukunftsvision der Hypermoderne: »Als wir Blackwells Island überquerten, überholte uns eine Limousine, am Steuer ein weißer Chauffeur und im Fond drei schicke Schwarze, zwei Dandys und ein Mädchen. Ich lachte laut, als die Dotter ihrer Augen hochmütig und siegesstolz auf uns zurollten.« Es ist die Zukunft, die Carraway bei seiner Fahrt in die Stadt erblickt. Weiße Amerikaner hatten schon immer den Verdacht, dass Amerika im Grunde genommen kein weißes Land ist und dass ihr Weißsein mit seiner Zukunft unvereinbar wäre.

Im Verlauf unseres Gesprächs frage ich Spencer, wie er sich bei den Wahlkampfveranstaltungen Trumps fühlt, deren Publikum nichts von seiner ruhigen, überlegten Sprachfertigkeit hat. Er müsse doch mit jedem afroamerikanischen Studierenden mehr gemeinsam haben, unterbreite ich ihm. Er hat an der University of Chicago studiert.

Allein der Gedanke, er könne mehr mit einer Schwarzen

als einer weißen Person gemein haben, lässt ihn unwillkürlich zusammenzucken. »Das sind trotzdem meine Leute«, sagt er über das Massenpublikum Trumps. »Das sind trotz allem Menschen, mit denen ich viel, viel mehr gemein habe als mit jedem Afroamerikaner.«

Unter den tadellosen Manieren, unter dem Charme verbirgt sich eine tief liegende Verachtung für Schwarze, die auch all sein gutes Benehmen nicht verhehlen kann.

»Die meisten Menschen möchten sich mit ihresgleichen umgeben. Es ist schwer, das zu erklären, weil es so tief in uns verwurzelt ist. Man sorgt sich mehr um die eigene Familie als um die anderer Menschen.«

Und so läuft alles auf die eine große Frage hinaus: Wer gehört zur amerikanischen Familie? Diese alte, alte Frage.

»Der einzige Unterschied ist, dass diese Themen heute in der Öffentlichkeit verhandelt werden«, erzählt mir DeRay Mckesson. Mckesson ist eine der bekanntesten Stimmen der Black-Lives-Matter-Bewegung, wurde in Baton Rouge bei einer Demonstration festgenommen und ist eine der treibenden Kräfte hinter Campaign Zero, einem Plan für eine umfassende Polizeireform, die konkrete politische Lösungen für die Krise zwischen Afroamerikanern und der Polizei vorschlägt.

»Trump ist nicht der Erste, der eine Mauer bauen will«, sagt Mckesson. »Trump hat den Birtherism* zwar bekannt gemacht, ihn aber nicht als Erster in die Welt gesetzt.«

Die Strukturen, denen Black-Lives-Matter entgegentritt, reichen tiefer.

»Der Civil Rights Act kam noch in einem Kontext zustande, in dem Menschen Gegendruck ausübten. Sie wurden mit

---

* Die Verschwörungstheorie, laut der Barack Obama nicht in den Vereinigten Staaten geboren wurde und folglich nicht Präsident der Vereinigten Staaten hätte werden dürfen. (Anm. d. Ü.)

Tränengas attackiert, mit Wasserwerfern. Damals schlug der Status quo zurück. Und dennoch überwanden sie ihn.«

Schon wieder dieses Wort: »überwinden«. Richard Spencer und DeRay Mckesson sind nicht miteinander vergleichbar. Der eine gehört einer Bewegung an, die auf der fundamentalen Idiotie rassistischer Überheblichkeit basiert, und feiert den Völkermord. Der andere strebt nach sozialer Gerechtigkeit und Gleichheit vor dem Gesetz. Doch zwischen ihnen kann man die Kluft sehen, die Erschütterung der Vereinigten Staaten. Sie beide wollen Amerika überwinden, in all seiner absurden Widersprüchlichkeit.

Die Hyperpolarisierung, die die amerikanische Politik dominiert, verdankt sich zumindest teilweise dem Erstarken ethnischer Identitäten. Die Republikaner sind zu einer Partei mit weißem Rumpf geworden. In den vergangenen dreißig Jahren haben sich Demokraten und Republikaner auseinanderentwickelt: Die Republikaner sind zur Partei des weißen Ressentiments gegenüber der wachsenden Diversität geworden und die Demokraten zur Partei eines auferlegten Multikulturalismus. Das Ausmaß rassistischer Ressentiments hängt nicht mit dem Alter zusammen, erwarten Sie aus dieser Ecke also besser keine Hoffnung. Junge Amerikaner schneiden in Umfragen weniger rassistisch ab, weil sie diverser sind. 2019 führten zwei Rassismusforscher eine »generationenübergreifende Analyse der Beschaffenheit und Rolle rassistischer Einstellungen im 21. Jahrhundert« durch. Sie kamen zum Ergebnis, dass »jüngere Weiße keine nennenswerten Veränderungen des statistisch erhobenen Ausmaßes an rassistischen Einstellungen bewirkten«. Und wie wir bereits im zweiten Szenario gesehen haben, führt eine wachsende Diversität nur dazu, dass die Bedrohungsfantasien aufseiten der Weißen zunehmen.

240 Jahre lang war Amerika ein Land weißer Siedler, das so tun konnte, als lebe es nach hervorragenden postethnischen Werten. Diese Heuchelei lebt auch heute noch fort, derzeit in Form einer Art Trägheit. Doch wie lange noch? »Wir können uns vorstellen, dass sich das im Laufe einiger Generationen ändert. Wir können uns aber ebenso leicht vorstellen, dass sich die Gräben derart vertiefen, dass sich einige Bundesstaaten auf ebendiese politischen Gräben berufen, um sich als eigenständige Nation zu gerieren«, sagt Sorens. »Die Situation könnte durchaus zur Entstehung einer eigenständigen Nation führen.«

Zwei voneinander abgegrenzte ethnische Identitäten zeichnen sich ab: Amerika als weiße Siedlerrepublik und Amerika als multikulturelle Demokratie. Man kann entweder die eine oder die andere haben. Beide zugleich können nicht bestehen. Außer in Form zweier unterschiedlicher Länder.

Der Bildersturm

Wir halten fest: Länder neigen nicht dazu, sich aufgrund politischer Diskrepanzen abzuspalten. Länder spalten sich aufgrund der Entstehung eines Nationalbewusstseins ab, das an einen bestimmten territorialen Bereich gebunden ist und laut Griffiths aufgrund »einer Zusammenballung ethno-nationalistischer Gruppierungen«.

Haben sich die Gräben in den Vereinigten Staaten derart vertieft, dass sich getrennte Identitäten herausgebildet haben? Identität lebt von Symbolen. Und die Symbole, die einst die Vereinigten Staaten zusammenhielten, bröckeln, wo man nur hinsieht. Amerika befindet sich inmitten eines großen Bildersturms. In anderen Ländern und zu anderen Zeiten war die

Zerstörung von Bildern häufig der Auftakt zu einem Bürgerkrieg.

Ein Beispiel des amerikanischen Bildersturms: Silent Sam

Am 20. August 2018 stürzten junge Amerikaner die als »Silent Sam« bekannte Konföderierten-Statue von ihrem Sockel auf dem Gelände der University of Carolina at Chapel Hill, warfen ihn in kollektiver Ekstase um und rissen ihn aus seiner Sicherheit und Stabilität. Als würden sie gerade ein uraltes Ritual erfinden, begannen ein paar aus der Menge, sein Gesicht mit krümeligem Schlamm zu bedecken, den sie mit bloßen Händen aus der feuchten Erde gegraben hatten.

»Ganz ehrlich, das war der beste Moment, den ich je erlebt habe«, sagt Maya Little, wenn sie sich an den Sturz erinnert. Sie promoviert in Geschichte, ist eine Aktivistin, die Frau, die bei einem Event, ein paar Monate bevor Silent Sam fiel, ihr eigenes Blut gemischt mit roter Farbe auf die Statue warf. »Sie gab ein lautes knirschendes Geräusch von sich, und alles wurde still. Einen Augenblick später begannen alle, sich zu umarmen und zu jubeln. Dann fing es an zu regnen. Es war ein wirklich schöner Moment.«

Jake Sullivan, ein ehemaliger Student an der UNC, war ebenfalls beim Sturz der Statue dabei. »Ich war einfach nur traurig«, erinnert er sich. »Natürlich werden wir davor oder danach auch wütend, aber wenn ich das Gesicht eines tapferen jungen Mannes sehe, das in den Schlamm geworfen wird, in dem er im übertragenen Sinne einst gekämpft hat, in dem er gestorben ist, und ihn privilegierte weiße Kids treten und auf ihn spucken, kann jemand wie ich nur traurig sein, zutiefst traurig. Wie konnte es nur so weit kommen? Wie kann man so etwas nur zulassen? Wer sind diese Menschen?«

Maya Little ist Afroamerikanerin, Jake Sullivan leitet die Niederlassung der Organisation Sons of Confederate Veterans in North Carolina. Die Vereinigten Staaten sind ein Land der Maya Littles und der Jake Sullivans. Sie haben unterschiedliche Wahrnehmungen, haben eine unterschiedliche Geschichte, gehören unterschiedlichen Bevölkerungsgruppen an. In gewisser Weise gehören sie bereits zu verschiedenen Ländern, abgesehen davon, dass sie zufällig im selben Land leben. Das Einzige, was sie miteinander verbindet, ist ihr Zorn.

Selbst vor zehn Jahren noch hätte die Verwaltung der University of North Carolina gewusst, was nach der Schändung einer Statue zu tun wäre: den Schaden beheben und die Sache hinter sich lassen. Nach der Ermordung von Martin Luther King jr. im Jahr 1968 bedeckten ein Hammer und eine Sichel in leuchtend roter, gelber und grüner Farbe die Statue; am darauffolgenden Morgen war sie sauber geschrubbt. Auch 2015 noch hatte die Verwaltung ein »Black Lives Matter«-Tag entfernen lassen, das während einer Demonstration aufgesprüht worden war. Aber putzen ist etwas anderes als wieder aufstellen. Es ist das eine, zu wollen, dass ein Konföderierten-Denkmal auf dem Campus sauber ist. Aber etwas ziemlich anderes, es erneut aufzustellen.

Maya Little erinnert sich daran, wie sie Silent Sam zum ersten Mal sah, als sie 2016 über den Campus lief. »Man sieht ihn sofort, wenn man zum McCorkle-Platz geht, der ganz vorn auf dem Campus gelegen ist. Es ist ein schöner Ort, von vielen prächtigen Häusern umgeben. All diese Gebäude wurden von Sklaven errichtet.« Der ursprüngliche Standort von Sam ist eindeutig Teil seiner symbolischen Wirkmacht. »Er steht auf der Vorderseite des Campus und blickt gen Norden. Nicht nur in Richtung des Nordens, gegen den der Süden gekämpft hat, sondern auch in Richtung des nördlichen Teils von Chapel Hill, der seit jeher ein Schwarzer Stadtteil war«, erklärt Little. »Stellen Sie sich also vor, jemand aus diesem Viertel läuft auf die UNC zu. Was sieht diese Person zuerst, wenn sie zum Campus gelangt? Einen bewaffneten Soldaten der konföderierten Armee.« Silent Sam wieder dort zu errichten, wo er war, wäre so, als würde man dem, wofür er steht, wieder seine ursprüngliche Bedeutung zurückzugeben.

Genau das ist es, was Jake Sullivan will. Er kämpft auf vielerlei Weise für die Restauration. Im November 2018 begann er damit, einen Protestflug zu organisieren, und binnen weniger Tage hatten die Mitglieder der Sons of Confederate Victims vor Ort das benötigte Geld gesammelt. Ursprünglich hatten sie ihren Flug am 3. November geplant, dem Homecoming-Spiel der UNC, aber eine Panne des zweimotorigen Flugzeugs verhinderte den Start. Ihre nächste Gelegenheit bot sich am Veteranentag, der hervorragend zu ihrem Vorhaben passte. »Konföderierte Veteranen sind in jeder Hinsicht amerikanische Veteranen«, sagt Sullivan. Dieses Mal war das Wetter klar und ruhig, und das Flugzeug funktionierte. Ein Banner mit der Flagge der Konföderierten Staaten von Amerika und der Botschaft »Silent Sam zurückbringen – jetzt!« flog über Chapel Hill, Durham und Raleigh.

Das Gesetz steht vollkommen auf der Seite von Sullivan und den Sons of Confederate Veterans. So wie die Mehrzahl der Einwohner North Carolinas: 53,7 Prozent befürworteten die Instandsetzung von Silent Sam, von denen wiederum 66,8 Prozent weiße Wähler waren. Als unmittelbare Reaktion auf die seinem Sturz vorangegangenen Proteste gegen Silent Sam erließ der Senat North Carolinas 2015 einhellig ein Verbot, das es untersagt, Konföderierten-Denkmäler zu entfernen.

»Ein Objekt des Gedenkens darf nicht in ein Museum, auf einen Friedhof oder in ein Mausoleum verlegt werden, es sei denn, es befand sich ursprünglich an einem solchen Ort.« Es gibt eine Lösung für Silent Sam. Sie liegt nicht sonderlich fern: Andere Gerichtsbarkeiten haben Konföderierten-Denkmäler in Museen oder auf Friedhöfe bringen lassen, Orte des Respekts, die nicht so markant sind, dass sie jemanden verletzen. So können die Confederate Sons ihre Vorfahren ehren, und Afroamerikaner sind keinen Denkmälern zur Huldigung weißer Vorherrschaft ausgesetzt, wenn sie durch die Straßen laufen. North Carolinas Legislative hat diese einfache Lösung jedoch ausgeschlossen. »Ein Objekt des Gedenkens, das auf einem öffentlichen Platz steht, darf nicht dauerhaft entfernt und nur umgestellt werden«, verordnet das Gesetz.

Die Universitätsverwaltung sitzt somit in der Klemme. Stellen sie Silent Sam wieder auf sein Podest, beschwören sie damit Unruhen herauf. Und man kann zwar darüber diskutieren, was »Rechtsprechung« heißt, und man kann darüber diskutieren, was »an ähnlich prominenter Stelle« heißt, und man kann darüber diskutieren, ob das Gesetz des Bundesstaates gegen Title 6 und Title 9 des Civil Rights Act von 1964 verstößt, aber »darf nicht in ein Museum verlegt werden« ist eindeutig. Man darf das Teil nicht an einen anderen Ort verfrachten. Die Aktivisten beider Seiten, in höchstem Grade organisiert und absolut fähig zur Gewalt, würden einen Kompromiss ohnehin ablehnen. »Nachdem die Vertreter der UNC bereits unzählige Male gesagt haben, dass das Denkmal an der *Haupteinfahrt* der Universität steht, wo soll da ein anderer, ähnlich prominenter Ort auf dem Campus zu finden sein?«, gibt Sullivan zu bedenken und liegt damit nicht falsch. Maya Littles Vorschlag, was mit der Statue geschehen soll, ist einfacher: »Sie sollten das Denkmal auf dem Boden liegen lassen, im Schmutz, dort, wo es hingestürzt ist, und eine Plakette anbringen, die der Menschen gedenkt, die gegen ihn gekämpft haben.« Das wird ein schwerer Brocken auf der Alumni-Tour.

Jetzt, da die alten Mythen niedergehen, sind die des ersten Bürgerkriegs als Erstes an die Reihe. Die Erinnerung an den Krieg wiegt im Süden weit schwerer als im Norden, weil die Zerstörung dort so viel größer war. South Carolina verlor im Laufe des Kriegs 60 Prozent seines Gesamtwerts und 20 000 seiner 60 000 weißen Männer im wehrfähigen Alter. All das Leid, all der Tod müssen doch irgendeinem höheren Ziel gedient haben, oder etwa nicht? Der Südstaaten-Mythos des »Lost Cause« stützte sich zur Rechtfertigung auf die »Rechte der Einzelstaaten«. Der Norden wiederum erfand die Legende, man habe Krieg geführt, um die Sklaverei zu beenden.

Beides wird nur auf zweifelhafte Weise durch historische Aufzeichnungen belegt. Auf Lincolns Denkmal lädt ein Zitat aus seiner zweiten Antrittsrede den Massentod des Kriegs, den er führte, mit der Bedeutung einer erlösenden göttlichen Rache für das Verbrechen der Sklaverei auf: »Er lässt über beide, den Norden und Süden, einen schrecklichen Krieg kommen als Leid für die, von denen die Sünde ausging.« Doch selbst nach dem Ausbruch des Kriegs formulierte Lincoln seine Beweggründe klar und deutlich: »Mein vorrangiges Ziel in diesem Kampf ist es, die Union zu retten und nicht die Sklaverei zu schützen oder zu zerstören«, schrieb er in einem Brief. »Könnte ich die Union retten, ohne auch nur einen einzigen Sklaven zu befreien, würde ich es tun.« Der Wert Schwarzer Leben war immer nur Nebensache.

Christy Coleman, die Direktorin der Freilichtmuseen der Jamestown Yorktown Foundation, ringt mit diesen konkurrierenden Erzählungen, während sie die Wiedereröffnung der

Museen in genau dem Moment plant, in dem die alten Symbole und die alten Geschichten nicht länger funktionieren. Ihre Laufbahn in der Museumsarbeit begann sie mit einem Reenactment der Bürgerkriegszeit, bei dem sie eine Sklavin spielte. Ein mutiges Unterfangen, bei dem sie die Geschichte des Menschen als Besitztum in das historische Gedächtnis einfügte, das diesen Teil der Geschichte allzu gerne vergessen hätte.

Sie weiß, warum der »Lost Cause« in den Südstaaten auch heute noch so eine große Wirkung hat. »Bei einem solchen Ausmaß an Traumatisierung, vor allem für den weißen Süden, gibt es ein Bedürfnis, sich mit seinem Schmerz auszusöhnen«, sagt sie. »Und das hat man getan, indem man die Sklaverei verdrängt hat.« Die Essenz der »Lost Cause«-Ideologie ist ein Vergessen im Erinnern; eine Amnesie, die Voraussetzung für eine moralisch schlüssige Geschichte ist.

Der Triumph des Nordens erforderte seine eigene Art des Vergessens im Erinnern. »Als der Norden und der Süden aufeinander zugingen, war das, worüber sie sich recht schnell einig werden konnten, die weiße Vorherrschaft. Das stand an erster Stelle«, sagt Coleman. Die Unionssoldaten und die der Konföderierten schlossen sich zusammen, um ihre Waffenbrüderschaft in Zeremonien zu festigen, bei denen Denkmäler für die Gefallenen der Konföderierten errichtet wurden, Denkmäler wie Silent Sam. In den Erzählungen des Südens wurde eine Vorkriegszeit voller »glücklicher Darkies« heraufbeschworen, und man erzählte sich von Romanzen zwischen Unionssoldaten und Südstaatenschönheiten, die sich sowohl im Norden als auch im Süden großer Beliebtheit erfreuten. Schwarze Veteranen, von denen es über 200 000 gab, wurden nicht zu den Zeremonien eingeladen. Man könnte sagen, der Norden gewann den Krieg und der Süden den Frieden. Aber das stimmt nicht so ganz. Der Norden gewann den Fortschritt, der Süden die Tradition. Der Norden gewann die Zukunft, der Süden die Vergangenheit. Und es ist keineswegs ausgemacht, was von beidem mächtiger ist. Die Versöhnung beruht in Colemans Worten auf »den Lügen, die wir uns seit mehr als 150 Jahren gegenseitig auftischen«.

Ironischerweise sind Figuren wie Silent Sam weit davon entfernt, die Überwindung Amerikas innerer Feindseligkeiten zu repräsentieren, vielmehr stehen sie für deren Fortsetzung mit anderen Mitteln. Unions-Brigadegeneral James S. Brisbin wurde während der Reconstruction-Ära entsandt, um den Süden zu befrieden. »Diese Menschen sind nicht loyal, sie sind nur bezwungen«, schrieb er zurück. »Ich sage euch, es ist heute im Süden weniger Loyalität vorhanden als am Tag, an dem Lee sich Grant ergab. In dem Moment, als sie ihr Ziel im Feld verloren, machten sie sich daran, auf politischem Wege das zu bekommen, woran sie mit Waffengewalt gescheitert waren.«

Bei den Auseinandersetzungen im Zuge der Wahl von Rutherford Hayes 1876, die Wahl mit der höchsten Beteiligung in der Geschichte Amerikas (über 80 Prozent), beanspruchten beide Seiten den Wahlsieg in Florida, Louisiana und South Carolina. Man schloss ein informelles Abkommen, das Rutherford die Präsidentschaft sicherte und ihn dazu verpflichtete, im Gegenzug die Bundestruppen aus dem Süden abzuziehen und so die gesamte Region der weißen Vorherrschaft zu überlassen. Die Redeemer, konservative weiße Demokraten, kehrten augenblicklich an die Macht zurück und nahmen den Schwarzen Wählern ihre Rechte. Man nannte das Ganze den Kompromiss von 1877. Ein Kompromiss, der auf Kosten der Union ging.

Auch Silent Sam selbst war ein solcher Kompromiss. Um

halb fünf am Nachmittag des 2. Juni 1913 weihte Julian Carr, ein Industrieller und Unterstützer des Ku-Klux-Klan, der einen Ehrentitel von der UNC verliehen bekommen hatte, die Statue mit einer Rede ein, in der er mit seinem Mut prahlte, den er beim Auspeitschen einer Afroamerikanerin an den Tag gelegt hatte: »100 Meter von dort entfernt, wo wir stehen, keine neunzig Tage nach meiner Rückkehr aus Appomatox, peitschte ich ein N****weib aus, bis ihre Röcke in Fetzen an ihr herunterhingen, weil sie eine Südstaaten-Lady auf den Straßen dieses ruhigen Örtchens öffentlich beleidigt und schlechtgemacht hatte und dann in diesen Universitätsgebäuden, wo eine Garnison von hundert Bundessoldaten stationiert war, Zuflucht suchte. Ich führte die erfreuliche Pflicht in unmittelbarer Anwesenheit der gesamten Garnison aus und schlief in den vierzig darauffolgenden Nächten mit einer doppelläufigen Flinte unter meinem Kopf.« Die Aufzeichnungen verraten nicht, ob das Publikum schmunzelte. Nach Carrs Rede zogen sie für die Enthüllung in Richtung Denkmal und sangen dabei »Tenting on the Old Camp Ground«, ein trauriges altes Lied, dessen Text von Soldaten handelt, die einfach nur zurück nach Hause wollen. Und so wurde selbst bei der Einweihung der Statue eine doppelte Geschichte erzählt: die Geschichte der weißen Vorherrschaft und die Geschichte der Leiden gewöhnlicher Männer.

Der Ururenkel von Jefferson Davis, dem Präsidenten der Konföderierten Staaten von Amerika, hat einen guten Teil seines Lebens der Suche nach der Stelle gewidmet, an der sich diese beiden Geschichten kreuzen. »Wenn wir das Böse vergessen, das Teil unserer Geschichte ist, sind wir dazu verdammt, es zu wiederholen«, sagt Bertram Hayes-Davis. »Die Leute, die das Denkmal stürzen wollen, haben absolut keine Ahnung, wofür es steht oder wem es geweiht ist. Andererseits haben die Typen, die sich hinstellen und sagen, das ist der Ort, an dem es unter allen Umständen bleiben muss, ebenfalls keinen Schimmer.« Der Erinnerung an den Bürgerkrieg sind Grenzen gesetzt. Man muss sich entweder für die Erinnerung der Sklaven entscheiden oder für die der geliebten Söhne. Irgendjemand bleibt dabei immer auf der Strecke.

Sowohl Christy Coleman als auch Hayes-Davis wissen, wie mit Silent Sam verfahren werden sollte. Er sollte in ein Museum oder auf einen Friedhof für konföderierte Soldaten gebracht werden, an einen Ort des Innehaltens, wo der historische Aufarbeitungsprozess stattfinden, wo man dem Rätsel näherkommen kann, warum Menschen einst taten, was sie getan haben, um zu verstehen, warum Menschen heute tun, was sie tun. Die Gesetzgebung aber hat diese so offensichtliche Lösung unmöglich gemacht. Denkmäler wie dieses beiseitezuschieben, wäre ein Versagen darin, die Realität vor Ort anzuerkennen: Für Maya Little und Jake Sullivan geht es bei Silent Sam nicht um irgendeine abstruse historische Frage. Für sie ist der Aufstieg und Niedergang der Statue unmittelbarer Teil ihrer Lebenserfahrung. Sie *wollen* die Geschichte wieder aufleben lassen. Sie lehnen den Kompromiss der Vergangenheit ab. Warum auch sollten sie eine neutrale Betrachtung der Geschichte gutheißen? Wie viele Zwischentöne kann man ertragen, wenn der andere versucht, einem das Menschsein abzusprechen? Wie viele Diskussionen nimmt man hin, wenn das Gegenüber die eigenen Vorfahren herabsetzen will? Wie kann man vernünftig sein, wenn einem die Zukunft verwehrt, wie zivilisiert, wenn einem die Vergangenheit genommen wird?

Am 3. Dezember 2018 fuhren Rektorin Carol Folt und der Hochschulrat der UNC ganz im Stil der alten Tradition fauler Kompromisse fort, als sie den Bau eines neuen Gebäudes vorschlugen, das Silent Sam beherbergen sollte. Der Bau sollte 5,3 Millionen Dollar kosten, plus zusätzlichen 800 000 pro Jahr für Betriebskosten. In gewisser Weise war es ein raffinierter Plan. Wenn sie Silent Sam nicht in ein Museum außerhalb des Campus verfrachten konnten, würden sie eben ein Museum auf dem Campus errichten.

Doch die Lösung stellte niemanden zufrieden. »Warum sollten unsere Vorfahren wollen, dass die Erinnerungen an ihren Beitrag, ihre Opfer, von einem öffentlichen Platz an einen Ort gebracht werden, wo einzig wir sie würdigen?«, fragt sich Jake Sullivan. »Freilich legt der Vorschlag für das Bauvorhaben nahe, dass das Gebäude weit abgelegen unten beim Krankenhaus stehen soll, wo nur wenig Fußverkehr hingelangt. Es ist im Grunde nichts weiter als ein Kellergeschoss, in dem die Universität lagern kann, was sie heute als Müll betrachtet.« Maya Little empfindet das neue Gebäude als unmittelbare Bedrohung für die Studierenden, da kaum Zweifel daran bestehen, dass es gewaltsame Proteste beider Seiten geben wird, egal, wo es gebaut wird. »Wo werden sie dieses Mausoleum, diesen Schrein für Silent Sam errichten?«, fragt sie. »An einem Ort, der fünf Minuten von einer Synagoge entfernt liegt. Außerdem ist er auf dem südlichen Teil des Campus gelegen, wo auch heute noch ein Großteil der Schwarzen Studenten lebt, weil die UNC ein stark von der Rassentrennung geprägter Campus ist.« Für Sullivan dient das neue Gebäude zur Müllentsorgung, für Maya Little ist es ein Schrein.

Am 14. Dezember lehnte der Gouverneursrat den Entwurf ohnehin ab. Während ich an diesem Buch schreibe, steht die Antwort darauf, was mit Silent Sam geschehen soll, noch immer in den Sternen. In Wahrheit lag ein Kompromiss nie im Rahmen des Möglichen, aufgrund all der Kompromisse, die

Amerika bereits gemacht hatte, die Kompromisse, auf denen Amerika gebaut ist, mit denen es seit jeher lebt. Es scheint fast so, als hätte die amerikanische Gesellschaft Sollbruchstellen, an denen die Kräfte, die sie auseinanderreißen, nur ziehen müssen. »Wir kämpfen um unsere Leben«, sagte Little. »Wir kämpfen für unsere Würde. Wir werden weiterkämpfen, komme, was wolle.« Monumentale Symbole sollen die Vergangenheit eigentlich mit der Zukunft verbinden. Silent Sam führt diese Rolle gewissenhaft aus. Er wacht über die Risse, die sich neu auftun, so wie er früher über die Vertuschung alter Risse wachte. Die Spannungen, die Amerika seit seinem Ursprung begleiten, bleiben weiter bestehen. Es ist ein doppeltes Land. Schwarze Frau. Weißer Mann.

Silent Sam war eine grausame Lüge, die Amerika zusammenhielt. Wenn die Lügen, die man sich vorgaukelt, keinen Sinn mehr ergeben, wie soll man dann weiterleben?

Die anhaltende Verfassungskrise

Wie jeder psychische Zusammenbruch geht auch Amerikas derzeitiger politischer Wahn auf seine Anfänge zurück. Die Drei-Fünftel-Klausel, die beim Verfassungskonvent in Philadelphia debattiert wurde, stand mitten im Herzen der Verfassung, mitten im Herzen des neuen Landes. Es war der erste Kompromiss, der nicht hätte geschlossen werden sollen, in einem Land, das durch Kompromisse geprägt ist, die nicht hätten geschlossen werden sollen.

Bei dem Streit ging es vornehmlich um die Repräsentation des Nordens gegenüber der des Südens, aber es ging auch um die Besteuerung und darum, was einen Menschen ausmacht. In den Südstaaten erhielten drei von fünf Sklaven eine Stimme, was zwar die Steuern der Besitzer erhöhte, qua größerer Abgeordnetenanzahl aber auch ihre Macht stärkte. In den Debatten vom 12. Juli 1787 beklagte der Gründervater Edmund Randolph, »da solch eine Art Eigentum nun einmal existierte, verlangten die Besitzer diese Absicherung«. Dieses nationale Lamento, die widerwillige Akzeptanz dessen, was als Übel betrachtet wurde, begann den Lauf der amerikanischen Geschichte unverzüglich zu prägen. Ohne die Drei-Fünftel-Klausel hätte Jefferson seinen Rivalen Adams nicht bei der Wahl von 1800 geschlagen. Ohne die Drei-Fünftel-Klausel hätte Virginia die Präsidentschaft nicht 32 der ersten 36 Jahre für sich verbuchen können. Das Wahlleutegremium begünstigte damals wie heute vorrangig den Süden und die reaktionären Elemente, die das Land geformt haben.

Sklaverei und Rassismus sind nichts, was ausschließlich Amerika eigen wäre. Das britische Empire erschuf den transatlantischen Sklavenhandel, und mächtige Interessenvertreter verließen sich für ihren Wohlstand und ihre Privilegien auf die Sklaverei. Und doch wurde das britische Empire nicht vom Abolitionismus auseinandergerissen. Auch Brasiliens Wirtschaft basierte auf Ausbeutung. Im 19. Jahrhundert importierte das Land beinahe die Hälfte aller Sklaven und schaffte die Sklaverei erst 1888 ab. In Brasilien hat die Sklaverei ein schreckliches Vermächtnis grausamer Erniedrigung hinterlassen, und dennoch erforderte ihr Ende nicht gleich die annähernde Zerstörung des Landes. Der große amerikanische Widerspruch liegt darin, die Sklaverei in einem Land zu verankern, in dem die Menschen die Freiheit feiern: zugleich unmöglich und doch real. Die Krise kommt in Form einer Frage, einer Frage, die Amerika sich weigert zu beantworten: Zählen Schwarze Menschen etwas? Da Amerika sich weigert, die Frage zu beantworten, weigert sich die Frage zu verschwinden. Es ist die amerikanische Frage. Die Frage, an deren Antwort sich die amerikanische Geschichte abarbeitet. Zählen Schwarze Menschen etwas? Die Antwort, die Amerika seit jeher darauf gegeben hat, lautet: »irgendwie«. Zu drei Fünfteln.

Die Gründerväter und diejenigen, die ihnen folgten, hofften, das ganze schmutzige Geschäft der Sklaverei würde einfach verschwinden. Thomas Jefferson verkörperte diesen nationalen Widerspruch zu einem solchen Ausmaß, dass er nahezu einem Sinnbild gleicht. Er war ein Mann mit zwei Gesichtern. Er hasste die Sklaverei und lebte von ihr. Zu der Zeit, als er die Unabhängigkeitserklärung verfasste, beschrieb er den Sklavenhandel als »grausamen Krieg gegen die menschliche Natur selbst [, der] die heiligsten Rechte auf Leben und Freiheit der Angehörigen eines fernen Volkes verletzt«. Er war der Überzeugung, dass die Sklaverei sowohl den Herrn als auch den Sklaven zerstöre.

»Nichts steht mit größerer Sicherheit im Buch des Schicksals, als dass diese Menschen frei sein sollten«, schrieb er. Nichtsdestotrotz war Jefferson ganz selbstverständlich zutiefst rassistisch, ein Sklavenhalter und glaubte, Afroamerikaner würden übel riechen und könnten Kummer nur vorübergehend spüren. Jefferson predigte Ideale, schwängerte zugleich jedoch seine Sklavinnen. Seine Scheinheiligkeit war bis in den Kern amerikanisch. Er aß die Früchte der Sklaverei und wusste doch, dass der Baum verrottet war. Er wollte, dass das Leben wie bisher weiterging, und wusste auch, dass dies nicht möglich war. Jefferson glaubte, dass die jungen Männer, die »die Grundsätze der Freiheit aufgesaugt hatten, als wäre es die Milch ihrer Mutter«, die Sklaverei in ein, zwei Generationen beenden würden.

Inkonsequenz, nicht Rassismus, ist das amerikanische

Übel. Zum Wohl der Union, um eins zu bleiben, manipulierte sich das Land eine Realität herbei, die nicht Gegenstand von Manipulation sein kann. Den gleichen unauflösbaren Gegensätzen, denen sich die Schöpfer der Verfassung gegenübersahen, steht noch heute der Hochschulrat der UNC gegenüber. Auf der einen Seite Maya Littles Blut und Farbe, »Black Lives Matter«, und auf der anderen Jake Sullivans Stolz auf seine Vorfahren, die Milde einer althergebrachten Lebensweise.

Heute, 240 Jahre nach ihrer Niederschrift, ist ein großer Teil der amerikanischen Verfassung einfach nicht mehr auf die Realität anwendbar. Demokraten und Republikaner verehren das Dokument gleichermaßen als heilige Schrift und schwelgen in etwas wie einer Art wahnhaften Sentimentalität, die das genaue Gegenteil dessen ist, was den Verfassungsvätern als notwendige Grundlage für ein verantwortungsvolles Regieren vorschwebte. Ich habe Anhänger Trumps auf seinen Wahlkampfveranstaltungen gesehen, auf deren T-Shirts ganze Abschnitte der Verfassung aufgedruckt waren. Während der Wahl 2016 hielt Khizr Khan – dessen mit dem Gold Star dekorierter Sohn bei einem Militäreinsatz im Irak ums Leben kam – bei einer Wahlkampfveranstaltung Clintons eine Taschenausgabe der Verfassung schützend vor sich, als wolle er damit Trumps Beleidigungen abwehren; die *New York Times* druckte den ganzen Text in kommentierter Fassung ab, ähnlich wie den Talmud.

Es ist absurd. Das Verfassungsrecht der Vereinigten Staaten hält mit aller Kraft an Deutungen fest, die längst Geschichte sind. Den brillanten Köpfen, die die Verfassung niederschrieben und sie noch nicht einmal 150 Kilometer entfernt von herrenloser Wildnis unterzeichneten, kam nicht einmal in den Sinn, dass ihre Pläne für eine neue Republik 250 Jahre überdauern könnten. Dafür waren sie zu vernünftig. Die Gründerväter strebten nicht nach Unsterblichkeit. Erst ihre Urururenkel haben die Gründerväter in den Stand von Göttern erhoben. Und so verehren die Amerikaner Ahnen, deren Leben der Überwindung der Ahnenverehrung gewidmet war; sinnloserweise halten sie an einer Tradition fest, deren Errungenschaft die Überwindung sinnloser Traditionen war. Jefferson selbst glaubte, es sei die »ehrwürdige Aufgabe« einer jeden Generation, die Verfassung »alle neunzehn oder zwanzig Jahre« zu modernisieren. Bereits vor Trump und allem, was er getan oder nicht getan haben mag, gab es eine Verfassungskrise. Es ist unmöglich, rational zu regieren, wenn die Grundordnung praktisch tot ist, man ihr aber weiterhin dient.

Die Legitimationskrise, die das politische System Amerikas befallen hat, kann nicht durch eine Wahl beigelegt werden. Es geht nicht um die politischen Entscheidungen dieses Präsidenten oder jenes Präsidenten, dieser Partei oder jener Partei. Die Menschen verlieren ihren Glauben an das Fundament der Regierung des Landes. Den Glauben an ihre politische Klasse haben sie bereits verloren. Auch der Glaube, dass die Regierung ein Instrument der Politik sein kann, schwindet. Sie beginnen, den Glauben an ihre Geschichte zu verlieren. Glaube mag wie ein vages und willkürliches Fundament klingen. Doch letztlich liegt im Kern jeder Nation der Glaube an ihre Wirklichkeit.

Wenn die Vereinigten Staaten fortbestehen sollen, brauchen sie eine neue verfassunggebende Versammlung. Der Hass, der das Land immer fester in seinen Klauen hält, rückt diese Möglichkeit mit jedem Tag in weitere Ferne.

Sind die Voraussetzungen für eine Sezession erfüllt?

Mehr noch als in jedem anderen Land der Welt ist Landesverrat in Amerika eine Frage des Datums. »Auf lange Sicht gesehen, gehen alle Länder ihrem Ende zu«, sagt Griffiths. »Auch die Vereinigten Staaten.« In *Die Geschichte des Niedergangs der amerikanischen Republik*, Autor noch nicht geboren, wird zweifelsohne feststehen, wer oder was die Verantwortung trägt: der Nihilismus des fanatischen Parteigängers Newt Gingrich; Bill Clinton, der Chinas Betritt zur Welthandelsorganisation befürwortete, da er dem Fehlschluss aufgesessen war, Kapitalismus und Demokratie gehörten unweigerlich zusammen und dass die amerikanische Mitteklasse auf den anschwellenden Fluten der Welt emporsteigen würde; *Bush vs. Gore*; die Einschränkung der bürgerlichen Freiheiten nach dem 11. September; die Kriege in Afghanistan und im Irak; Karl Roves unverhüllte Ablehnung der »realitätsbasierten Gemeinschaft«; die Tea-Party-Bewegung; das *Citizen-United*-Urteil; Obamas Versagen, in puncto Einwanderung und Krankenversicherung Einigkeit zu schaffen; Mitch McConnells Entscheidung, eine Nominierung von Merrick Garland als Richter am Supreme Court abzulehnen; die Präsidentschaft Donald Trumps. Und dann sind da Abertausende Politiker, die Privat- und Parteiinteressen vor die Interessen der Institutionen gestellt, die eine Verachtung für die Regierung an sich entwickelt und aus ihrer Verachtung Kapital geschlagen haben, durch die sie zu Macht gelangt sind. Anderen Schuld zuzuweisen, ist ein befriedigendes Spiel. Es ist so etwas wie eine rückwirkende Politik der Spaltung. Schuldzuweisungen aber gehen am Kern der Dinge vorbei. Schuldzuweisungen verbergen die zugrunde liegenden strukturellen Schwächen.

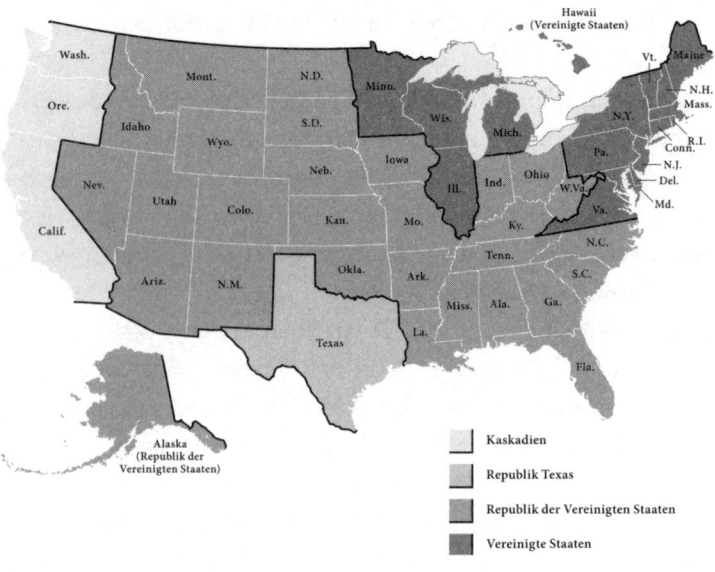

Kaskadien

Republik Texas

Republik der Vereinigten Staaten

Vereinigte Staaten

Die notwendigen Voraussetzungen dafür, dass Separatismus zur Realität werden kann, sind: 1) dass es einen Willen zur Abspaltung gibt und 2) dass die politischen Differenzen im Land klar voneinander abgegrenzte Identitäten innerhalb geografischer Grenzen hervorbringen. Noch ist die Bereitschaft zur Abspaltung keine Mehrheitsposition, aber sie wächst und wächst im ganzen Land konstant. Inzwischen ist der Graben zwischen den Parteizugehörigkeiten tiefer als der zwischen den Races und den Religionen. Bislang wurden keine klar umrissenen geografischen Grenzen gezogen. Angesichts der politischen und kulturellen Unterteilung des Landes sind sie jedoch ohne Probleme vorstellbar.

Diese Regionen werden bereits durch deutlich voneinander abgegrenzte Identitäten, eine eigene Politik, einen eigenen Lebensstil und zunehmend eigene Realitäten geprägt. Natürlich ist das nicht mehr als eine ungefähre Vorhersage. Grenzstaaten wie Virginia, Georgia, Nevada oder Oklahoma müssten durch Volksabstimmung entscheiden, wo sie hingehören.

Die letzte Voraussetzung für eine Sezession wäre die, die am schwersten zu erlangen ist: Wohlwollen zwischen den Verhandlungspartnern. Die Organisationsstruktur der Vereinten Nationen würde der amerikanischen Regierung keine andere Wahl lassen, als die Länder, die sich abspalten wollen, ziehen zu lassen. Die Hüter der Vereinigten Staaten müssten anerkennen, dass ihr großes Experiment beendet ist.

Wie würde ein neues Nordamerika aussehen?

Die Teilung würde den Tod eines Landes bedeuten, wäre aber zugleich die Geburtsstunde vier neuer Länder, die allesamt recht groß und mächtig wären (siehe Karte Seite 278).

Der größte Unterschied zwischen den amerikanischen Separatistenbewegungen und denen im Rest der Welt liegt darin, dass sich die Länder, die aus einer Abspaltung hervorgehen würden, ziemlich bequem als eigenständige Nationen der Weltgemeinschaft anschließen könnten. Wäre Texas ein Land, hätte es ein Bruttoinlandsprodukt von 1;59 Billionen Dollar und befände sich damit leicht hinter Brasilien und ein bisschen vor Kanada an zehnter Stelle im weltweiten Vergleich. Gewiss würde es wie ein Land anmuten: Es stünde an 47. Stelle, was die Bevölkerungszahl betrifft und an 40. in Bezug auf seine Größe. Kalifornien ist sogar noch größer. Mit einem Bruttoinlandsprodukt von 2,88 Billionen Dollar überholte es vor Kurzem das Vereinigte Königreich und wurde so zur fünftgrößten Wirtschaftsmacht der Welt. Bezüglich seiner Einwohnerzahl stünde es auf Platz 36 und hätte obendrein die größten Technologie- und Unterhaltungsbranchen sowie das höchste Durchschnittseinkommen der Welt. Anders als viele andere Regionen, die nach Unabhängigkeit streben, könnten Kalifornien und Texas als unabhängige Länder ohne Weiteres funktionieren.

Würde Schottland hingegen je aus dem Vereinigten Königreich aussteigen, müsste es weiterhin Mitglied der NATO und der Europäischen Union bleiben, um seine Sicherheit und wirtschaftliche Tragfähigkeit zu sichern. Im Grunde möchte sich die schottische Nationalpartei nur einem anderen Superstaat anschließen als dem, dem beizutreten sie 1707 gezwungen wurde. Die Separatisten aus Quebec glauben, die nationale Souveränität sei erforderlich, um ihr Überleben als Volk zu sichern, doch unabhängig davon, ob sie zu Kanada gehören oder nicht, werden sie noch immer eine winzige französische Minderheit auf einem anglosächsischen Kontinent sein, auf dem der Handel und alle anderen wichtigen Angelegenheiten auf Englisch abgewickelt werden.

Texas und Kalifornien haben keine dieser Schwachstellen. Kalifornien und Texas *sind* die New Economy. Beide sind Geberstaaten – sie geben mehr Bundessteuern ab, als sie erhalten. Auch die militärische Infrastruktur wäre kein Problem. In Kalifornien lebt der größte Teil des aktiv im Dienst stehenden Militärpersonals, dicht gefolgt von Texas.

Der Norden wäre nicht länger eine Supermacht, aber weiterhin eine Großmacht. Die Wirtschaftsleistung der Bundesstaaten zwischen Pennsylvania und Maine ist mit der Japans vergleichbar. Der Süden wiederum wäre sehr viel ärmer, ungesünder und weniger entwickelt als seine Nachbarn. Momentan subventioniert die Bundesregierung den Süden mit erheblichen Summen. South Carolina allein bekommt für jeden Steuer-Dollar, das es bezahlt, 7,87 Dollar zurück. Die Lebenserwartung im Süden ist weit geringer als im Rest des

Landes, die Kindersterblichkeitsrate weit höher. Die Wirtschaftsleistung Floridas und Alabamas jedoch ist so groß wie die Mexikos, und die zwölf Staaten des Mittleren Westens erwirtschaften gemeinsam mehr als Deutschland. Die Bürger eines neuen Staatenbundes würden in einem weit schwärzeren Land leben, als die Vereinigten Staaten es heute sind. 55 Prozent der afroamerikanischen Bevölkerung leben im Süden.

Was könnte aus diesen Ländern werden? Es ist eine faszinierende Vorstellung. Derzeit sind beide Seiten durch ihren Zusammenschluss gehemmt. Außerhalb der Vereinigten Staaten stünde es einem neuen Staatenbund frei, seine politische Bestimmung zu erfüllen. Er müsste sich selbst definieren – nicht mehr in Abgrenzung zu den Bundesbehörden. Der Süden könnte sich als christliche Nation neu erfinden, auf der Stelle Abtreibungen und die gleichgeschlechtliche Ehe verbieten. Er könnte alle Einschränkungen für den Besitz von Waffen abschaffen, der progressiven Besteuerung ein Ende setzen. Er hätte die Macht, den Staatsapparat so stark einzudampfen, dass er ihn in einer Badewanne ertränken könnte, wie man so schön sagt. Der Norden für seinen Teil wäre nicht länger durch ein politisches System beschränkt, das stark von Rumpfparteien beeinflusst wird, die immer weniger Interesse an einer Regierung, welcher Form auch immer, haben. Er könnte sinnvolle politische Maßnahmen in puncto Krankenversicherung, Polizeireform, Waffengesetze und Umwelt umsetzen. Die Union, wie sie heute besteht, hindert beide Seiten daran, so zu werden, wie sie sein wollen.

Und war nicht gerade das immer der springende Punkt an den Vereinigten Staaten? Wurden sie nicht gegründet, um Menschen die Möglichkeit zu geben, zu denen zu werden, die sie sein wollten?

Verlust und Gewinn einer Abspaltung

Die Teilung könnte eine Erlösung sein. Selbst ohne einen gewaltsamen Bürgerkrieg macht es der derzeit ständig schwelende Konfliktzustand in den Vereinigten Staaten schwieriger, grundlegende politische Maßnahmen umzusetzen, und das Leben für seine Bürger härter. Diese vier neuen Länder wären nicht annähernd so mächtig wie die Vereinigten Staaten in ihrer gegenwärtigen Gestalt, aber wahrscheinlich wären sie zurechnungsfähiger, normaler.

Allerdings sollte auch eingeräumt werden, dass etwas Großes vorbei wäre, würden sich die Vereinigten Staaten trennen.

Im Kern war das amerikanische Experiment ein Bekenntnis zu einem radikalen Glauben an die Macht der Offenheit gegenüber der Differenz. Was für ein fantastisches Beispiel der Dialektik, der Erlaubnis zum Widerspruch. Und die Gründerväter gingen fast ausnahmslos aufs Ganze: Was die Religionen betrifft, die Redefreiheit, die Architektur der Macht, in jedem Punkt würde es Streitigkeiten geben. Sie glaubten, dass diese Differenzen letztlich zu einer höheren Wahrheit führen würden – das war ihre Überzeugung. »Diese Politik, dem Mangel an besseren Motiven durch entgegengesetzte und miteinander rivalisierende Interessen abzuhelfen, könnte man durch das gesamte System der menschlichen Angelegenheiten hindurch, der privaten wie auch der öffentlichen, verfolgen«, heißt es dazu in den Federalist Papers. Die Debatte, nicht deren Fazit, war ihre Hoffnung für die Zukunft. Jeder hatte das Recht auf eine Meinung, und diese Meinungen sollten nicht angepasst werden. Es ist die Essenz der Gleichstellung: Mensch zu sein unter Menschen, zu einer eigenen Meinung berechtigt. Juden und Hindus, Christen und Muslime, sie alle würden nebeneinander existieren. Niemand hätte ein Monopol auf die Wahrheit. Die Größe dieser grundlegenden Thesen bestand in ihrem Glauben an die menschliche Natur, die politisch zum Ausdruck kommt. Nichts konnte dem bisher das Wasser reichen.

F. Scott Fitzgerald sagte einmal: »Der Prüfstein für eine erstrangige Intelligenz ist die Fähigkeit, zwei entgegengesetzte Ideen zugleich im Kopf zu haben und doch weiterhin in Funktion zu bleiben.«

Alles ausdrücklich Amerikanische war eine Verbindung von Dingen, die hätten Gegensätze sein sollen: Norden und Süden, Weiß und Schwarz. Selbstbestimmung ist ein moralischer Zustand, nicht nur ein wirtschaftlicher. Wie sonst hätten so viele neue Religionen und neue Kunstformen einem einzigen Land entspringen können? Amerika ist Freiheit und Offenheit, seine scheinbar niemals endende Produktion unzähliger Geschichten, seine neuen Technologien, neue Religionen, seine fortwährend neuen Ideen, seine Bereitschaft zur Innovation.

Selbst wenn eine Trennung die vernünftigere Option ist, selbst wenn sie für den Durchschnittsamerikaner besser wäre, muss klar gesagt werden, was hier auf dem Spiel steht. Sollte das amerikanische Experiment scheitern – und momentan tut es genau das –, wird die Welt ein ärmerer, brutalerer, ein schlechterer Ort sein. Die Welt braucht Amerika. Sie braucht die Idee Amerikas, den amerikanischen Glauben, selbst wenn dieser nie mehr war als eine Halbwahrheit. Der Rest der Welt muss sich einen Ort vorstellen können, an dem man zu sich selbst werden, wo man seine Vergangenheit abstreifen kann. Wo Widersprüche, die andernorts im Völkermord enden, zu Wohlstand führen. Heute, da Amerika seine Machtposition abtritt, kommt der Ursprung seiner Macht zutage. Das amerikanische Imperium wurde auf den Geschichten erbaut, die es sich selbst erzählt hat. Es war ein Imperium, das – vielleicht sein größter Widerspruch – auf den Glauben an Selbstbestimmung gründete. Und jetzt, wo seine Geschichte unter dem Gewicht ihrer Widersprüche zerbricht, wird sie der Welt fehlen.

Im Herzen der Tragödie liegt der tragische Schwachpunkt: Was den Helden stark macht, zerstört ihn zugleich. Amerikas tragischer Schwachpunkt ist seine Offenheit. Vielleicht war es von vornherein zum Scheitern verurteilt, mit seinen Sklavenhaltern, die Freiheit und Gleichheit predigten. Aber es wäre eine Lüge, eine niederträchtige Lüge, dem amerikanischen Experiment abzusprechen, was es der Welt gegeben hat: eine glänzende, eine überragende Vision der Menschen, deren Wert durch ihre Unterschiede bekräftigt wird, die in all ihren Widersprüchen lebendig sind. Diese Vision menschlichen Lebens ist auch heute noch eine Vision, für die es lohnt zu kämpfen.

Schluss:
Eine Anmerkung zur amerikanischen Hoffnung

Ich betrachte die Szenarien in vorliegendem Buch nicht als Worst-Case-Szenarien. Best-Case-Szenarien sind es allerdings auch nicht. Ich habe versucht, anhand der besten mir zugänglichen Informationen und so einfach, wie es mir möglich ist, zu beschreiben, was vor sich geht. Daher hoffe ich, dass man mich ernst nimmt, wenn ich sage, dass die amerikanische Hoffnung selbst in dieser Zeit der Dunkelheit existiert. Die Kraft der Hoffnung, die Amerika innewohnt, sollte von niemandem unterschätzt werden, der eine vernünftige Analyse der derzeitigen Missstände anstrebt.

Das amerikanische Experiment war schon immer ein Experiment der Hoffnung. Hoffnung strahlt aus seinem Antlitz. Hoffnung lebt in seinem Inneren. Die Pilger auf Plymouth Rock waren von Hoffnung geblendet, einer Hoffnung nicht nur auf Wohlstand und Freiheit, sondern auch auf eine Art göttlicher Abglanz auf Erden, auf »eine leuchtende Stadt auf dem Hügel«. Auf seinem Weg wurde Amerika mit neuer Hoffnung gefüllt: die auf die Freiheitsstatue gerichteten Blicke; die Mütter, die ihre Babys in der Wüste Arizonas an sich pressen. Die Welt pumpt stetig Nachschub an Träumern in die Vereinigten Staaten, auch wenn das Land sie verachtet und ausbeutet – es ist die goldene Pforte.

Schon immer hat sich Amerikas Platz in der Welt durch seine Hoffnung ausgezeichnet. Als seine Außenpolitik in Zynismus und Brutalität abdriftete, verhielt es sich wie andere Imperien und andere Nationen. Eine zynische Geschichte der

Vereinigten Staaten wäre jedoch keine vollständige Geschichte. Für zahlreiche Menschen auf der ganzen Welt war Amerika während eines Großteils des 19. und 20. Jahrhunderts gleichbedeutend mit Hoffnung.

So etwas wie die radikale Großzügigkeit des Marshallplans in Europa hatte es noch nie zuvor gegeben – jedem anderen Volk zu jeder anderen Zeit wäre der Gedanke, die Wirtschaft eines Feindes wieder aufzubauen, der versucht hatte, es zu vernichten, vollkommen abwegig erschienen. Die Amerikaner versuchten es mit Hoffnung. Die Hoffnung zahlte sich aus. Es stimmt auch, dass die Hoffnung Amerika manchmal in die Irre geführt hat. Nach dem Desaster des Irakkriegs toppte John Bolton seine Naivität auch noch mit einer abscheulichen Arroganz: »Es wäre besser gewesen, wir hätten den Irakern gesagt: *Ihr seid auf euch gestellt. Hier ist eine Ausgabe der* Federalist Papers. *Macht's gut.*«

Obama hat sich während seiner gesamten Laufbahn durch Hoffnung vermarktet; seine Art Hoffnung lässt sich immer verkaufen, selbst wenn sie bereits im Regal vergammelt ist.

Keine der in diesem Buch beschriebenen Krisen liegt außerhalb der Fähigkeit Amerikas, sie zu lösen. Es läge absolut im Rahmen des Möglichen, ein modernes Wahlsystem in den Vereinigten Staaten zu implementieren, die Legitimität der Gerichte wiederherzustellen, die Polizeikräfte zu reformieren, den Inlandsterrorismus auszumerzen, die Steuergesetze zu ändern, um der Ungleichheit entgegenzuwirken, die Städte und Landwirtschaft auf den Klimawandel vorzubereiten, die Mechanismen der Gewalt zu regulieren und zu kontrollieren. All diese Zukunftsentwürfe sind möglich. Eine Hoffnung jedoch muss ohne Umschweife zunichtegemacht werden: die Hoffnung, dass sich schon alles von selbst regeln wird, dass sich Amerika in bessere Zeiten mogeln kann. Das wird nicht geschehen. Die Amerikaner haben geglaubt, ihr Land wäre eine Ausnahme, ein unentbehrliches Vorbild für andere. Wenn uns die Geschichte eines gelehrt hat, dann, dass es auf dieser Welt keine unentbehrlichen Nationen gibt.

Der Hoffnung auf das Überleben der Vereinigten Staaten wohnt etwas inne, das ich nur als ihren Geist beschreiben kann. Mir ist bewusst, dass so etwas wie ein amerikanischer Geist ein etwas fadenscheiniges und wenig klares Phänomen für ein so sachliches Buch ist. Doch obgleich schwammig, ist er real. Für mich war das Schönste am amerikanischen Leben immer, wie die Menschen miteinander reden. Man bemerkt es sofort, wenn man aus dem Ausland einreist. Die Mitarbeiter hinter den Tresen der Fluggesellschaften plaudern offener. Die Taxifahrer und ihre Fahrgäste streiten unverblümter über die Route. Sie flüstern nicht, wie es die Menschen in Kuba tun. Sie sprechen auch nicht so ruhig und ohne all die hohlen Phrasen wie die Kanadier. Die Freimütigkeit der amerikanischen Sprache, mehr gefühlt als klar benennbar, ist ebenso Teil der Hintergrundkulisse wie der Geruch nach kaltem Rauch oder laufende Motoren am Flughafen. Die Amerikaner nehmen die Art und Weise, wie sie reden, gar nicht wahr, da sie diese Angewohnheit haben, davon auszugehen, dass jeder so ist wie sie selbst. Aus diesem Grund fühlen sich so viele Neuankömmlinge, mich selbst eingeschlossen, verwirrt – sowohl befreit als auch verloren. Ihre Offenherzigkeit tritt selbst in den alltäglichsten Zusammenhängen zutage, doch sie ist auch politisch, die Essenz dessen, was es bedeutet, Bürger zu sein – nicht Untertan.

Die Vereinigten Staaten müssen sich ihren revolutionären Geist zurückerobern, und das meine ich nicht im Stil eines inspirierenden Zitats. Ich meine, dass die Vereinigten Staaten, wenn sie denn überleben wollen, ihren Mut zur Revolution zurückgewinnen müssen. Die Krisen, denen die Vereinigten Staaten bezüglich grundlegendster Regierungsaufgaben gegenüberstehen, sind derart tiefgreifend, dass sie einen Neubeginn erfordern. Die Gründerväter wussten, dass die Regierung den Lebenden dienen soll, nicht einem Haufen alter Gespenster. Und nun würgt ihre gespensterhafte, wie eine religiöse Schrift angebetete Verfassung den Geist, der einst dem Unterfangen Leben einhauchte, die Idee, dass man die Politik so formt, dass sie den Menschen dient, und nicht andersherum.

Besitzt das Land die Demut, anzuerkennen, dass seine alte Ordnung nicht länger funktioniert? Hat es den Mut, von vorn zu beginnen? Auf die gleiche spektakuläre Weise wie zu ihrer Geburtsstunde benötigen die Vereinigten Staaten auch heute einen Wagemut, der es ihnen ermöglicht, eine neue Politik für eine neue Ära zu erschaffen. Es liegt absolut im Bereich des Möglichen, dass ihnen das gelingt. Amerika ist schließlich immer noch ein Land, das ganz im Zeichen der Neuerfindung steht.

Die Situation ist eindeutig. Das System ist durch und durch kaputt. Wie früher schon lastet die Hoffnung für Amerika wieder einmal auf den Amerikanern.

Was der drohende amerikanische Bürgerkrieg für Deutschland bedeutet

Ohne die Führungsrolle Amerikas, ohne die amerikanische Stabilität wird Deutschland eine neue Rolle aufgezwungen werden, unabhängig davon, ob es diese Rolle möchte oder nicht, unabhängig davon, ob diese Rolle dem Land zugutekommt oder nicht.

In gewissem Maße wird Deutschland bereits heute ein höherer Stellenwert beigemessen. In meinem Heimatland Kanada wurde es während der Regierungszeit Trumps zu etwas ganz Normalem, Angela Merkel als Anführerin der freien Welt zu betrachten, sich für die Zukunft der internationalen, auf gemeinsamen Regeln basierenden Ordnung an ihr zu orientieren – Kanada ist ein liberales Land, das dieser Ordnung eng verbunden ist, sowohl aus Überzeugung als auch aus Eigeninteresse. Mit seinem vergleichsweise vernünftigen Ansatz in puncto Wirtschaftswachstum, aufgrund seiner Bereitschaft, neue Technologien zu regulieren, mit seiner Aufnahme syrischer Flüchtlinge, durch seinen Einsatz für demokratische Normen und aufgrund seiner Widerstandskraft gegen den inner- und außerhalb der Europäischen Union grassierenden Autoritarismus hat Deutschland unter Merkel die Werte dieser Ordnung verkörpert.

Doch bei der neuen Rolle, die auf Deutschland zukommt, wird es um mehr gehen als nur um Werte. Es wird dabei künftig auch um Wirtschaft und Sicherheit gehen und um die Institutionen, die diesen zugrunde liegen. Deutschland ist ein

Export-Schwergewicht, 47 Prozent seines Bruttoinlandsproduktes und ein Viertel seiner Arbeitsplätze sind vom Handel abhängig. 2019 belief sich das bilaterale Handelsvolumen zwischen Deutschland und den Vereinigten Staaten auf 62 Milliarden Dollar. Auch wenn sie versucht haben, ihre zentrale Stellung innerhalb der NATO zu reduzieren, bleiben die Vereinigten Staaten doch weiterhin deren größter Beitragszahler, sowohl was die Direktzahlungen betrifft als auch den prozentualen Anteil ihres Bruttoinlandsproduktes. Auf Trumps Drängen hin haben andere NATO-Mitglieder ihre Verteidigungsausgaben seit der Annexion der Krim durch Russland im Jahr 2015 um 130 Milliarden Dollar erhöht. Im November 2019 beschloss die NATO – erneut auf Trumps Insistieren –, dass Deutschland künftig den gleichen Betrag an Gemeinschaftskosten abzuführen hat wie die Vereinigten Staaten, nämlich 16 Prozent seines BIP. Allein dieses eine Beispiel sagt etwas über die Situation, in der sich Deutschland immer häufiger wiederfinden wird, während das Chaos in den Vereinigten Staaten zunimmt: Ein desorganisiertes und demoralisiertes Amerika wird Deutschland nach und nach immer mehr Verantwortung für internationale Institutionen übertragen – und insofern mehr Macht.

Für das fünfte Szenario in diesem Buch habe ich Richard Spencer interviewt, einen der führenden Köpfe der Alt-Right-Bewegung in den Vereinigten Staaten und eine treibende Kraft hinter den Nazi-Aufmärschen in Charlottesville 2017. Als ich ihn fragte, warum die Bewegung seiner Meinung nach so viel Aufwind erhält, warum die weiße Identitätspolitik in den Vereinigten Staaten an Einfluss gewinnt, begründete er dies historisch: »Der Mythos des Zweiten Weltkriegs verblasst.« Er bezog sich dabei selbstredend auf einen amerikanischen Kontext, meinte die Aussage als Kritik am Amerikanischen Exzeptionalismus – die äußerst tröstliche Annahme, eine amerikanische Vormachtstellung käme mehr oder minder der ganzen Welt zugute (etwas, das durch das Scheitern im Irak und in Afghanistan jedoch erneut drastisch widerlegt wurde). In seiner Aussage, die von vielen geteilt wird, klingt aber auch noch ein größerer globaler Kontext an. Der Mythos des Zweiten Weltkriegs – Mythos hier als einendes Narrativ verstanden und nicht als Lüge – war, dass Friede und Wohlstand eher durch globale Zusammenarbeit entstehen als durch ein Kräftemessen autoritärer Herrschaftssysteme.

Es liegt eine gewisse Ironie darin, dass das moderne Deutschland, das dadurch entstand, dass ihm nach dem Zweiten Weltkrieg eine neue Ordnung aufgezwungen wurde, durchaus zum wichtigsten Verteidiger ebendieser Ordnung werden könnte. Gewiss, Deutschlands Führungsrolle in der Europäischen Union und der NATO bedeutet, dass seine Interessen direkt an diese regelbasierte Ordnung gebunden sind. Außerdem wird Deutschland eine größere Bedeutung beigemessen werden, allein weil den Institutionen, zu denen es gehört, eine größere Bedeutung zukommen wird. Als Bollwerk gegen zunehmende russische Aggressionen etwa wird die NATO wichtiger sein denn je. Und als Bollwerk gegen die zunehmende wirtschaftliche Dominanz Chinas wird wiederum die EU sich als unverzichtbar erweisen.

Auch Deutschland wird sich der Herausforderung stellen müssen, der sich so viele Länder, darunter auch Amerika, auf der ganzen Welt gegenübersehen: dem Ringen zwischen demokratischen Normen und autoritärer Herrschaft. Gewisse Entwicklungen, die in den Vereinigten Staaten beobachtet wurden, dürften auch den deutschen Leserinnen und Lesern nicht gänzlich unbekannt sein: Die Neue Rechte gewinnt an Macht und baut Verbindungen zur Alternative für Deutschland und dem Militär auf. Deutsche Soldaten mit rechtsextremen Einstellungen wurden festgenommen, nachdem man bei ihnen Waffenlager und rechtsextreme Literatur gefunden hatte. Erst kürzlich hat der deutsche Innenminister Horst Seehofer bekannt gegeben, dass die Anzahl rechtsextremer Straftaten im Jahr 2020 um sechs Prozent gestiegen ist. Kein anderes Land hat sich in der Vergangenheit so in das Übel des Autoritarismus verstrickt. Kein anderes Land hat sich der Erinnerungskultur an diese Übel derart verschrieben. Wie tief aber mögen diese Lektionen angesichts des sich abzeichnenden Rechtsrucks im Land wohl noch verinnerlicht sein?

Nach dem Zweiten Weltkrieg hing Deutschland zwischen zwei Großmächten fest. Die erste zerfiel 1989. Die zweite steht kurz davor, auseinanderzubrechen. Der nächste Kanzler wird sich nie zuvor dagewesenen Herausforderungen stellen müssen – sowohl für Deutschland als auch für die Welt. Deutschlands Rolle wird an Bedeutung gewinnen. Was wird es wohl aus seiner neuen Rolle machen?

Koalitionsregierungen wie die Deutschlands sind naturgemäß nicht vorhersehbar, vor allem, wenn es um Außenpolitik geht. In ihrem Parteiprogramm von 2021 erklärt die SPD jedoch, »dass wir nur mit einer gut ausgestatteten und modernen Bundeswehr unseren Aufgaben als zuverlässiger Partner in Europa und der NATO gerecht werden können«, was auf eine Erhöhung der Verteidigungsausgaben hinzuweisen scheint, die sich einer Größenordnung von zwei Prozent des Bruttoinlandsproduktes annähern.

Trotz der zersplitterten Parteienlandschaft scheinen die Deutschen eine klare Vorstellung ihrer geopolitischen Position zu haben. Eine Mehrzahl ist der Ansicht, China und die Vereinigten Staaten wären in einen Kalten Krieg eingetreten, aber nur achtzehn Prozent geben an, sich selbst als Teil dieses

Krieges zu betrachten. Die große Mehrheit zieht eine neutrale Position vor. In anderen Worten also könnte man sagen, dass sich die Ziele der deutschen Außenpolitik immer stärker von denen der amerikanischen Außenpolitik entfernen.

Mein Dank gilt

den Menschen, die dieses Buch möglich gemacht haben:
meinem Lektor Jofie Ferrari-Adler und meinem Agenten PJ Mark. Ohne die beiden würden Sie dieses Buch nicht in Händen halten.

denjenigen, die mir beim Arbeiten helfen:
Jessica Reed – für ihren Feinschliff meiner Ideen und Fakten; äußerst dankbar bin ich darüber hinaus David Granger – für alles. (Ausschnitte dieses Buches wurden bereits in Essays abgedruckt, die im *Esquire,* im *Guardian,* in *The Globe and Mail* und im *Walrus* erschienen sind.)

der Unentbehrlichen:
Sarah Fulford – ohne die ich noch nicht einmal in der Lage bin, zu schreiben.

Quellen

Einführung in die unmittelbare Zukunft der Vereinigten Staaten

Die angeführten Zahlen, die die Wahrscheinlichkeit eines Bürgerkriegs beziffern, stammen aus einer Meinungsumfrage des Wahlunternehmens Rasmussen Reports, 27. Juni 2018, und aus dem in der Zeitschrift *Foreign Policy* erschienenen Artikel, »What are the chances of a second Civil War«, vom 28. Juni 2017 sowie aus einer Pressemeldung zur Georgetown University Politics Civility Poll, die am 23. Oktober 2019 veröffentlicht wurde. Die Angaben zu den von regierungsfeindlichen Extremisten Ermordeten entstammen dem im Februar 2020 vom Anti-Defamation League's Center on Extremism veröffentlichten Bericht »Murder and Extremism in the United States 2019«. Die hochgenauen Messungen der NASA können unter dem Titel »GISS Surface Temperature Analysis (GISTEMP v4)« auf der Homepage des Goddard Institute für Space Studies gefunden werden. Über Wahlprognostiker, die ihren eigenen Modellen nicht glauben wollen: »One of the best election models predicts a Trump victory. Its creator doesn't believe it«, Dylan Matthews, vox. com, 14. Juni 2016. Der Beleg darüber, dass *The Day After – Der Tag danach* Ronald Reagans Handeln beeinflusste: Reagans Tagebucheintrag vom 11. Oktober 1983. Alle Beschreibungen des Bürgerkriegs entstammen William Freehlings *The Road to Disunion*, Band 1 und 2, Oxford: Oxford UP, 1990, 2007. Die Umfrage des Meinungsforschungsinstituts YouGov, die zeigt, dass 88 Prozent der Republikaner glauben, die Wahl Joe Bidens sei nicht rechtens gewesen, wurde am 19. November 2020 veröffentlicht.

Das Zitat auf S. 21 aus Barack Obama, *Worte müssen etwas bedeuten. Seine großen Reden,* hg. von Birgit Schmitz (Berlin: Suhrkamp Verlag 2017), S. 10. Das Zitat auf S. 88 aus https://usa.usembassy.de/etexts/gov/unabhaengigkeit. pdf.

Szenario eins:
Die Schlacht an der Brücke

Die rechtlichen und politischen Details eines Einsatzes auf Heimatboden wurden auf Basis eines Interviews mit einem pensionierten Offizier nacherzählt, einige Schlüsselpunkte jedoch entstammen dem Artikel »Full Spectrum Operations in the Homeland: A *Vision* of the Future« von Kevin Benson und Jennifer Weber, erschienen im *Small Wars Journal,* Juli 2012.

Am 30. November 2020 twitterte der ehemalige General Michael Flynn einen Link zu einer ganzseitigen Anzeige, die die Tea-Party-nahe Gruppierung »We the People Convention« in der *Washington Times* veröffentlicht hatte und die dazu aufrief, den Ausnahmezustand zu verhängen. Am 31. Mai 2021 wurde Michael Flynn gefragt: »Warum das, was in Minamar [sic!] passiert, hier nicht geschehen kann?« Er antwortete: »Dafür gibt es keinen Grund, ich finde, es sollte hier geschehen.« Später postete er auf einem Parler-Account eine Nachricht, in der er seine Aussage dementierte: »Es gibt absolut keinen Grund für einen Putsch in Amerika.« Der republikanische Politiker Vernon Jones drohte bei einer Wahlkampfveranstaltung Trumps am 5. November 2020 damit, Unterstützer Bidens zu erschießen. Matt Bevin hielt seine gegen Hillary Clinton gerichtete Rede beim Values Voters Summit am 13. September 2016.

Die Reaktion auf Jade Helm 15 wird in Manny Fernandez' am 15. Juli 2015 in der *New York Times* erschienenem Artikel »As Jade Helm 15 Military Exercise Begins, Texans Keep Watch *Just in Case*« beschrieben. Die Details zum Zustand der Brücken in den Vereinigten Staaten stammen aus dem *Bridge Report* der American Road & Transportation Builders Association.

Die Beschreibung von Joseph Arpaios Tent City kann in Maya Salams am 11. Oktober 2017 in der *New York Times* erschienenem Artikel »Last Inmates Leave Tent City, a Remnant of Joe Arpaio« nachgelesen werden. Die Beschreibung der Abzeichen von David Clarke ist Philip Bumps Artikel »Here's What the Pins that Sheriff Clarke wears actually mean« entnommen, *The Washington Post,* 26. Mai 2017.

Zur Ausbreitung von inländischem Terrorismus: George Hawley, »The Demography of the Alt-Right«, veröffentlicht auf der Homepage des Institute for Familiy Studies, 9. August 2018. Seth G. Jones, Catrina Doxsee, Nicholas Harrington, »The Escalating Terrorism Problem in the United States«, veröffentlicht auf der Homepage des Center for Strategic & International Studies, 17. Juni 2020.

Die Detailinformationen über die Souveränen Bürger entstammen einem Interview mit Ryan Lenz. Die 2014 von den Strafverfolgungsbehörden durchgeführte Untersuchung hinsichtlich des Bedrohungspotenzials der Souveränen Bürger wurde von John P. Carlin, der als stellvertretender Generalstaatsanwalt der Vereinigten Staaten eingesetzt war, in einem Redebeitrag bei einer Diskussionsveranstaltung über George Washington zitiert, 14. Oktober 2015.

Eine Beschreibung der Ereignisse im Malheur National Wildlife Refuge in Oregon kann in Julie Trukewitz' und Eric Lichtblaus Artikel »Police Shooting of Oregon Occupier Declared Justified, but F.B.I. Faces Inquiry« nachgelesen werden, *The New York Times,* 9. März 2016. Außerdem in Kirk Johnsons Artikel »F.B.I. Agent Told the Truth, Jury Finds. He Did Not Fire His Weapon During Militia Standoff«, *The New York Times,* 9. August 2018.

Die Einzelheiten über die autonome Zone am Capitol Hill stammen aus Evan Bushs Artikel »Welcome to the Capitol Hill Autonomous Zone, where Seattle protesters gather without police«, *The Seattle Times,* 10. Juni 2020, und von »The Demands of the Collective Black Voices at Free Capitol Hill to the Government of Seattle, Washington«, am 10. Juni 2020 auf medium.com veröffentlicht. Die Details über die Zunahme an Gewalt stammen aus der *Executive Order 2020–08,* die von Jenny A. Durkan, der Bürgermeisterin von Seattle, am 29. Juni 2020 erlassen wurde. Der Vergleich zwischen links- und rechtsextremen Gewalttaten findet sich in dem bereits zitierten Artikel »The Escalating Terrorism Problem in the United States« auf der Homepage des Center for Strategic and International Studies, 17. Juni 2020.

Die Informationen über die Unterwanderung der Strafverfolgungsbehörden durch rechtsextreme Kräfte stammen zum größten Teil aus Interviews mit Michael German, weitere Einzelheiten wurden seinen Berichten für das Brennan Center for Justice entnommen, wo er sich als Mitglied der Forschungseinrichtung insbesondere auf die Themen Freiheit und nationale Sicherheit fokussiert; siehe: »Confronting Explicit Racism in Law Enforcement«, 4. September 2020, und »White Supremacist Links to Law Enforcement Are an Urgent Concern«, 1. September 2020. Zur Infiltrierung des amerikanischen Militärs durch Rechtsextreme siehe Leo Shane III, »Signs of white supremacy, extremism up again in the poll of active-duty troops«, *The Military Times,* 6. Februar 2020.

Über das allgemeine Scheitern, die narrative Komponente von Kriegen zu erfassen: Octavian Manea, »Reflection on the *Counterinsurgency Decade*«, Interview mit General David H. Petraeus, auf der Homepage smallwarsjournal.com, 1. September 2013.

Die statistischen Angaben zur Waffengewalt wurden dem Artikel von Sabrina Tavernise entnommen: »An Arms Race in America: Gun Buying Spiked During the Pandemic. It's Still Up«, *The New York Times,* 30. Mai 2021, sowie Sam Morris, »Mass shootings in the US: there have been 1624 in 1870 days«, *The Guardian US,* 15. Februar 2018, und Amanda Michelle Gomez' Artikel »D.C. Recovered 115 Ghost Guns in 2019, Up From 25 the Year Before«, *Washington City Paper,* 10. Januar 2020.

Die beiden Ereignisse, bei denen Materialien für schmutzige Bomben sichergestellt werden konnten, finden sich bei Walter Griffin, »Report: *Dirty bomb* parts found in slain man's home«, *Bangor Daily News,* 10. Februar 2009, und Dan Sullivan, »National Guard *neo-Nazi* aimed to hit Miami nuclear plant, roommate says«, *Tampa Bay Times,* 14. Juni 2017.

Sämtliche im Buch genannten Informationen aus dem *JP 3–24* finden sich in der online zugänglichen *Joint Publication 3–24, Counterinsurgency,* 25. April 2018, , darauf basiert auch die Karte auf S. 215.

Szenario zwei:
Porträt eines Attentats

Über die Sterblichkeitsrate von Fischern, Jacquelyne Smith, »Fishermen face the most dangerous work in US«, NBC News, 5. September 2011. Über Kampfhandlungen mit Todesfällen, »Trends in Active-Duty Military Deaths Since 2006«, *Congressional Research Service,* 17. Mai 2021.

Jared Loughners Leben wird in dem Artikel »Looking Behind the Mug-Shot Grin« von Jo Becker et al. beschrieben, *The New York Times,* 15. Januar 2011.

Die Informationen über rassistische Ressentiments wurden dem Interview mit Steve Webster entnommen, siehe auch: Alan Abramovitz und Jennifer McCoy, »United States: Racial Resentment, Negative Partisanship, and Polarization in Trump's America«, unter sagepub.com, 20. Dezember 2018, sowie: Dylan Matthews, »One of the best election models predicts a Trump victory. Its creator doesn't believe it«, *Vox,* 14. Juni 2016.

Details zur Hyperpolarisierung der Politik: Keith Chen und Ryne Rohla, »The effect of partisanship and political advertising on close family ties«, online unter science.org, 1. Juni 2018. Bericht des Pew-Forschungszentrums, »Partisanship and Political Animosity in 2016«, 22. Juni 2016. Kevin Drum, »You Hate Me, Now with a Colorful Chart!«, *Mother Jones,* 27. September 2012. Shanto Iyengar und Sean J. Westwood, »Fear and Loathing across Party

Lines: New Evidence in Group Polarization«, *American Journal of Political Science* (59)3, 690–707, Dezember 2014. Aniorban Mitra und Debaj Ray, »Implications of an Economic Theory of Conflict: Hindu-Muslim Violence in India«, *Journal of Political Economy* (122)4, 2013. Jonathan Vespa, David M. Armstrong und Lauren Medina, »Demographic Turning Points for the United States: Population Projections for 2020 to 2060«, auf der Homepage des United States Census Bureau, Februar 2020. Prognose zum Wachstum der Bevölkerung: University of Virginia, Weldon Cooper Center for Public Service, Demographic Research Group, National Population Projections, 2018.

Über positive Reaktionen gegenüber inländischen Terroristen: Zack Beauchamp, »An online subculture celebrating the Charleston church shooter appears to be inspiring copycat plots«, *Vox*, 7. Februar 2019. Matthew Impelli, »Kyle Rittenhouse's Mother Receives Standing Ovation at Wisconsin GOP Event«, *Newsweek*, 25. September 2020. Joe Sonka, »Thomas Massie praises Kyle Rittenhouse, says he shows *incredible restraint*«, *Louisville Courier Journal*, 3. September 2020. Lee Rainie und Andrew Perrin, »Key Findings about Americans' declining trust in government and each other«, Pew-Forschungszentrum, 22. Juli 2019.

Informationen über George Washington: Edward Larson, *The Return of George Washington: Uniting the States, 1783–1789* (New York: William Morrow 2015).

Die Zitate auf S. 135 und 137 aus *Dokumente zur Geschichte der Vereinigten Staaten,* hg. von Herbert Schambeck und Helmut Widder (Berlin: Duncker & Humblot 2007) S. 233-234.

Szenario drei:
Der Untergang New Yorks

Die Angaben zu den durchschnittlichen Familieneinkommen sind dem US Census von 2017 entnommen.

Die Karte von der Greater Manhattan Sea Wall basiert auf Angaben des US Army Corps of Engineers, New York District (https://www.nan.usace.army.mil/Portals/37/20190308_FINAL_HatsAlt2_AreasBenefitingByFeature.pdf).

Die Beschreibung der Umstände zu Thanksgiving in der Corona-Krise wurden der *New York Times* entnommen, 26. November 2020.

Über das Einkommensgefälle: Nick Hanauer, »The Pitchforks Are Coming ... For Us Plutocrats«, *Politico*, Juli/August 2014. Brian Faler, »Bill Gates calls for higher taxes on the rich«, *Politico*, 2. Januar 2020. Estelle Sommeiller und Mark Price, »The New Gilded Age: Income Inequality in the U.S. by state, metropolitan area, and county«, Economic Policy Institute, 19. Juli 2018.

Syukuro Manabe, wie im Text zitiert, über Klimamodelle: Leo Hickman, »The Carbon Brief Interview: Syukuro Manabe«, Carbon Brief, 7. Juli 2015.

Über die Ausfuhrwerte von Kulturpflanzen: »Food Price Volatility a Growing Concern, World Bank Stands Ready to Respond«, Pressemeldung der World Bank, 30. Juli 2012. Michael D. Edgerton, »Increasing Crop Productivity to Meet Global Needs for Feed, Food, and Fuel«, *Plant Physiology* (149)1, 7–13, Januar 2009.

Die Informationen über veränderte Essgewohnheiten aufgrund der Großen Depressionen stammen von Jane Ziegelman und Andrew Coe, *A Square Meal: A Culinary History of the Great Depression* (New York: HarperCollins 2016).

Über die 300-prozentige Zunahme von Hurrikans der Kategorie fünf: »Global Warming and Hurricanes: An Overview of Current Research Results«, auf der Homepage des Geophysical Fluid Dynamics Laboratory, 29. März 2021. Das Ausmaß des Devisenhandels in New York: »Triennial Central Bank Survey: Foreign Exchange Turnover in April 2019«, Bank for International Settlements, 16. September 2019.

Informationen über Supersturm Sandy wurden dem Protokoll einer Anhörung vor dem Senat entnommen: »Hurricane Sandy: Response and Recovery Progress and Challenges«, online veröffentlicht vom U.S. Government Publishing Office, 2015.

Die Karte zum Effekt eines steigenden Meeresspiegels (S. 183) basiert auf https://gothamist.com/news/map-nyc-has-new-hurricane -evacuation-zones.

Das Modell und die Karte von Migrationsmustern in den Vereinigten Staaten (S. 187): Caleb Robinson, Bistra Dilkina, Juan Moreno-Cruz, »Modeling migrations patterns in the USA under sea level rise«, PLoS ONE 15(1): e0227436, 22. Januar 2020. Die Geschichten der Überlebenden des Camp Fire stammen von einer Facebook-Gruppe, ebenjener, für die mir der Moderator den Zugriff erteilte. Aus naheliegenden Gründen werden ihre Geschichten hier anonymisiert wiedergegeben. Über Hurrikan Katrina in New Orleans: Eleanor Krause und Richard V. Reeves, »Hurricanes hit the poor the hardest«, auf der Homepage der Brookings Institution, einer Denkfabrik in Washington, D.C, 18. September 2017.

Über die politischen Auswirkungen der Wirtschaftskrise in den 1930er-Jahren: Alan de Bromhead, Barry Eichengreen, Kevin H. O'Rourke, »Right-Wing

Political Extremism During the Great Depression«, auf der Homepage des National Bureau of Economic Research, Februar 2012.

Szenario vier:
Die Gewalt greift um sich

Darüber, wie sich die Republikaner nach dem Sturm auf das Kapitol herausgeredet haben: Brittany Shamas, »A GOP congressman compared Capitol rioters to tourists. Photo show him barricading a door«, *The Washington Post,* 18. Mai 2021. Die beiden Ereignisse, bei denen Materialien für schmutzige Bomben sichergestellt werden konnten, finden sich bei Walter Griffin, »Report: *Dirty bomb* parts found in slain man's home«, *Bangor Daily News,* 10. Februar 2009 und Dan Sullivan, »National Guard *neo-Nazi* aimed to hit Miami nuclear plant, roommate says«, *Tampa Bay Times,* 14. Juni 2017.

Detailinformationen über die Auswirkungen von schmutzigen Bomben stammen aus: »Radiological Attack: Dirty Bombs and Other Devices«, Merkblatt auf der Homepage der Homeland Security, 2004.

Daniel Bolger, *Why We Lost: A General's Inside Account of the Iraq and Afghanistan Wars* (New York: Houghton Mifflin Harcourt 2014).

Die statistischen Angaben über militärischen Landbesitz entstammen: »Federal Land Ownership: Overview and Data«, Congressional Research Service, 21. Februar 2020. Die statistischen Angaben über das vom Militär erwirtschaftete Bruttosozialprodukt stammen von der Homepage der World Bank, 2019. Angabe zur Anzahl der Veteranen in den Vereinigten Staaten, siehe Katherine Schaeffer, »The changing face of America's veteran population«, Pew-Forschungszentrum, 5. April 2021. Über das große Vertrauen, das das Militär in den USA genießt: Andrew Bacevich, »Why the Military Is Still the Most Trusted Institution in America«, Ausschnitt des Podcasts online zugänglich unter wnycstudios.com, 27. September 2016.

Wirtschaftsleistung von Bezirken, in denen mehrheitlich für Biden gestimmt wurde, gegenüber denen, die von Trump-Wählern dominiert werden, siehe Aaron Zitner, »Biden Counties Account for 70 % of U.S. GDP«, *Wall Street Journal,* 10. November 2020.

Über die grausamen Methoden, mit denen gegen die indigene Bevölkerung der Vereinigten Staaten Krieg geführt wurde: Robert G. Hays, *A Race at Bay: New York Times Editorials on »the Indian Problem«, 1860–1900* (Carbondale and Edwardsville: Southern Illinois University Press 1997).

Die Details über die Schlacht von Algier stammen aus Alistair Horne, *A Savage War of Peace: Algeria 1954–1962*. New York: Viking 1978.

Das Zitat auf S. 220 aus Albert Camus, *Fragen der Zeit* (Hamburg: Rowohlt Verlag 1960), S. 188.

Szenario fünf:
Das Ende der Republik

Die Anzahl an Ländern weltweit: Alberto Alesina und Enrico Spolaore, »What's Happening to the Number and Size of Nations?«, E-International Relations, 9. November 2015. Die Umfrage von Reuters und ihre Auswirkungen: »Journalist Spotlight: Mo Tamman on Reuters Poll on U.S. citizens' opinion of state secession«, Reuters, 24. September 2014.

Über die Wahrscheinlichkeit eines Auseinanderbrechens der Union: Jesse Kelly, »It's Time for the United States to Divorce Before Things Get Dangerous«, *The Federalist,* 10. April 2018. Kevin Baker, »It's Time for a Bluexit«, *The New Republic*, 9. März 2017.

Über amerikanische Nationen innerhalb der Nation: Joel Garreau, *The Nine Nations of North America*, New York: Houghton Mifflin, 1981. Colin Woodard, *American Nations: A History of the Eleven Rival Regional Cultures of North America* (New York: Penguin, 2012). Peter J. Rentfrow et al., »Divided We Stand: Three Psychological Regions of the United States and Their Political, Economic, Social, and Health Correlates«, *Journal of Personality and Social Psychology* 2013, (105)6, 996–1012.

Bevölkerungsdichte und Wahlen, siehe Amy Walter, »Density as Destiny?«, The Cook Political Report, 2. Dezember 2020.

Richard Floridas Anmerkungen zitiert nach Malcolm Burnley, »Richard Florida has an Idea About who Could Win the U.S. Presidency in 2020«, *Next City,* 11. April 2017.

Über »The Big Sort«: Bill Bishop, *The Big Sort: Why the Clustering of Like-Minded America is Tearing Us Apart* (New York: Mariner, 2009).

Zur Unterstützung einer Sezession, siehe Robyn Ross, »Most Likely to Secede«, *Texas Monthly*, September 2015. Sharon Bernstein, »More Californians dreaming of a country without Trump: poll«, Reuters, 23. Januar 2017.

Für die Detailinformationen über den Parteitag der GOP in Texas 2016, siehe Amber Phillips, »Texas Republicans have opted not to secede from the United States, after all«, *The Washington Post,* 13. Mai 2016. Jerry Brown wird zitiert nach Sammy Roth, »California, China join forces to tackle climate change«, *The Desert Sun*, 4. März 2015. Jeff Sessions wird zitiert nach Josh Gerstein, »Trump administration goes on offence, sues California over sanctuary law«, *Politico*, 6. März 2018.

Antonin Scalia zitiert nach Ben Smith, »Scalia: No to secession«, *Politico*, 16. Februar 2010. Zur Unmöglichkeit einer verfassungsgemäßen Sezession, siehe David A. Strauss, »The New Textualism in Constitutional Law«, *66 George Washington Law Review 1153*, 1997, (66)5/6.

Informationen über die Bemühungen zur Wiedererrichtung von Silent Sam und die rechtlichen Vorschriften in diesem Kontext, siehe Timothy J. Ryan und Marc J. Hetherington, »There might be another solution for Silent Sam«, *Raleigh News & Observer*, 8. November 2018.

Zitat von Edmund Randolph, siehe: *The Records of the Federal Convention of 1787*, Band 1 (New Haven: Yale University Press 1966), S. 594.

Über Thomas Jeffersons Beziehungen zu seinen Sklaven, siehe: Henry Wiencek, *Master of the Mountain: Thomas Jefferson and His Slaves* (New York: Farrar, Strauss & Giroux 2012).

Die Karte auf S. 278 basiert auf Informationen von Edison Research und Associated Press.

Die Angaben zum Bruttoinlandsprodukt einzelner Bundesstaaten stammen von der Homepage des Bureau of Economic Analysis. Tim Smith, »SC does better than most in receiving federal dollars«, *Greenville News*, 19. Oktober 2014. Die statistischen Angaben über die Schwarze Bevölkerung im Süden entstammen dem United States Census von 2010.

Das Zitat auf S. 244 aus https://de.wikipedia.org/wiki/14._Zusatzartikel_zur_Verfassung_der_Vereinigten_Staaten.

Die Zitate ab S. 252 aus Edward Everett Hale, »Der Mann ohne Vaterland«, in: *Amerikanische Meistererzählungen von Irving bis Crane*, hg. von Martin Schulze (Köln: Anaconda Verlag 2006), S. 190-223.

Die Zitate auf S. 258 nach Barack Obama, *Worte müssen etwas bedeuten. Seine großen Reden*, hg. von Birgit Schmitz (Berlin: Suhrkamp Verlag 2017), S. 19; Francis Scott Fitzgerald, *Der große Gatsby* (Berlin: Roman Insel 2011), S. 86.

Das Zitat auf S. 282 aus Alexander Hamilton, James Madison, John Jay, *Die Federalist Papers* (Darmstadt: Wissenschaftliche Buchgesellschaft Darmstadt 1993), S. 320.

Das Zitat auf S. 283 aus F. Scott Fitzgerald, *Der Knacks* (Berlin: Merve Verlag 1984), S. 9.

Schluss:
Eine Anmerkung zur amerikanischen Hoffnung

Das Zitat von John Bolton stammt aus: Edward Luce, »Lunch with the FT: John Bolton«, *Financial Times,* 19. Oktober 2017.

Was der drohende amerikanische Bürgerkrieg für Deutschland bedeutet

Das Parteiprogramm ist zitiert laut SPD-Parteivorstand 2021, Das Zukunftsprogramm der SPD (09.05.2021), S. 63.

Zitatnachweis

Zitat auf S. 220: © Albert Camus: »Fragen der Zeit«. In der Übersetzung von Guido G. Meister, Rowohlt Verlag, Hamburg 1960; hier S. 188.

Zitat auf S. 252 bis 254: E. E. Hale: »Der Mann ohne Vaterland«. In der Übersetzung von Anneliese Dangel in: Amerikanische Kurzgeschichten. Von Irving bis Crane. Dt. von E. Seidel [u.a.] Verlag: Leipzig: Sammlung Dieterich 1947 © Aufbau Verlage GmbH & Co. KG, Berlin 1947, 2008; S. 190-223, hier S. 194-195.

Zitat auf S. 283: © Gilles Deleuze / F. Scott Fitzgerald: »Der Knacks«. In der Übersetzung von Michaela Ott und Walter Schürenberg, © Merve Verlag, Leipzig. 1984; hier S. 9.